首都师范大学社会文化史研究中心主办

梁景和　主编

中国近现代社会文化史论丛

北京市民家庭生活研究

（1949~1966）

Family Life of Beijing Residents, 1949-1966

姜　虹　著

社会科学文献出版社
SOCIAL SCIENCES ACADEMIC PRESS (CHINA)

编委会

总　序

梁景和

　　中国社会文化史从 1988 年至 1998 年、1998 年至 2010 年是其发展的第一阶段和第二阶段，2010 年出版的《中国社会文化史的理论与实践》[①] 是对这两个阶段重要文献的一个全面梳理。学界认为："社会文化史是一个新生学科，梁景和主编《中国社会文化史的理论与实践》（社会科学文献出版社，2010）一书，记录了这一新兴学科创生及发展的历程，可以视为中国近代社会文化史学科进入成熟发展阶段的一个标志。"[②] 也有学者指出："《中国社会文化史的理论与实践》一书，汇集了二十多年来十几位学者有关社会文化史理论方法及学科发展的文章，记录了这一新兴学科从创生、奠基到探索、发展的历程，是对中国社会文化史理论方法与学科发展的总结，可以作为中国近代社会文化史学科已走过初创阶段而进入成熟发展阶段的一个标志。"[③] 2010 年是中国社会文化史第三阶段发展的伊始之年。其标志有四：其一是上文提到的《中国社会文化史的理论与实践》一书的出版；其二是 2010 年 4 月 28 日召开的"中国社会文化史的回顾与走向座谈会"，会议对以往 22 年中国社会文化史的发展做了回顾与总结，并对未来社会文化史的走向进行了展望；其三是 2010 年 8 月 17 日《光明日报》理论周刊史学版邀请国内社会文化史研究的学者进行笔谈，商讨社会文化史的理论问题及其发展现状，发表了《社会文化史：史学研究的又一新路径》一文，探讨了中国社会文化史的学科特点以及发展的基本特征，并对未来的发展趋向和远景目标做了展望；其四是 2010 年 9 月 25 日在北京召开了首届中国近现代社会文化

[①]　梁景和主编《中国社会文化史的理论与实践》，社会科学文献出版社，2010。

[②]　王建朗：《2009～2011 年中国近代史研究综述》，《近代史研究》2013 年第 3 期。

[③]　李长莉、毕苑、李俊领：《2009～2011 年的中国近代社会与文化史研究》，《河北学刊》2012 年第 4 期。

史国际学术研讨会。以上这四项学术事象表明，从 2010 年开始，中国社会文化史研究进入了一个新阶段，在至今的七八年里，出现了中国社会文化史研究炽盛和深化的新气象。

首先，这一阶段学术交流的密度频繁，即社会文化史学术研讨会的频频召开。2010 年 9 月、2012 年 9 月、2014 年 9 月、2016 年 9 月在北京召开了首届、第二届、第三届、第四届"中国近现代社会文化史国际学术研讨会"。2011 年 9 月、2015 年 9 月在北京召开了首届和第二届"'西方新文化史与中国社会文化史的理论与实践'学术研讨会"。2013 年 8 月、2015 年 9 月分别在湖北襄阳和河北保定召开了第五届和第六届"中国近代社会史国际学术研讨会"。2013 年 9 月在北京召开了"首届全国青年学者社会文化史理论与方法学术研讨会"。这些学术研讨会无疑推动了社会文化史的向前发展。

其次，这一阶段，学者们对社会文化史的理论方法做了进一步的探索。《近代史研究》2014 年第 4 期发表了刘志琴的《从本土资源建树社会文化史理论》和梁景和的《生活质量：社会文化史研究的新维度》；《近代史研究》2012 年第 5 期发表了李长莉的《"碎片化"：新兴史学与方法论困境》；2012 年《晋阳学刊》第 3 期发表了刘志琴的《走上人文学科前沿的社会文化史》、梁景和的《关于社会文化史的几对概念》、左玉河的《着力揭示社会现象背后的文化内涵》等文章。此外，《学术月刊》2010 年 4 月号发表了李长莉的《交叉视角与史学范式——中国"社会文化史"的反思与展望》；《安徽史学》2015 年第 1 期发表了李长莉的《中国社会文化史研究：25 年反省与进路》；《史学理论研究》2012 年第 1 期发表了常建华的《日常生活与社会文化史——"新文化史"观照下的中国社会文化史研究》；《史学史研究》2011 年第 4 期发表了罗检秋的《从"新史学"到社会文化史》；《史学理论研究》2016 年第 2 期发表了梁景和的《生活质量：社会文化史研究的新领域》；《河北学刊》2015 年第 1 期发表了左玉河的《从传统文化史到社会文化史：近代文化史研究的新趋向》；《南京社会科学》2015 年第 5 期发表了吕文浩的《本土崛起与借镜域外——社会文化史在中国的若干发展》。近年来，还有部分青年学者也在社会文化史的理论和方法等方面做了积极的探索，如黄东的《社会文化史研究须重视转型时代的现代性问题》；李慧波的《社会文化史研究方法之我见》；董怀良的《关于社会文化史研究视角"下移"的思考》；王栋亮的《试论人文史观在近代婚姻变革研究中的运用》；张弛的《电影如何成为社会文化史的研究素材》

等。① 这些社会文化史理论与方法的探索，无疑有益于社会文化史向纵深的层面探索。

最后，在这一阶段，研究维度宽广多样，科研成果精湛丰厚。② 先后出版了王笛著《茶馆：成都的公共生活和微观世界，1900～1950》（社会科学文献出版社 2010 年版）；梁景和著《五四时期社会文化嬗变研究》（人民出版社 2010 年版）；姜进等著《娱悦大众——民国上海女性文化解读》（上海辞书出版社 2010 年版）；刘永华主编《社会文化史读本》（北京大学出版社 2011 年版）；韩晓莉著《被改造的民间戏曲——以 20 世纪山西秧歌小戏为中心的社会史考察》（北京大学出版社 2012 年版）；罗检秋著《文化新潮中的人伦礼俗（1895～1923）》（中国社会科学出版社 2013 年版）；李长莉等著《中国近代社会生活史》（中国社会科学出版社 2015 年版）；郭莹、唐仕春主编《社会文化与近代中国社会转型》（中国社会科学出版社 2016 年版）；李长莉等著《当代中国近代社会史研究》（中国社会科学出版社 2017 年版）等。这些科研成果体现了这一时段社会文化史研究的新面貌。

从 2011 年开始梁景和主编的"中国近现代社会文化史论丛"第一辑共十册已经由社会科学文献出版社出版。即杨才林著《民国社会教育研究》（2011）；黄东著《塑造顺民——华北日伪的"国家认同"建构》（2013）；梁景和等著《现代中国社会文化嬗变研究（1919～1949）——以婚姻·家庭·妇女·性伦·娱乐为中心》（2013）；李慧波著《北京市婚姻文化嬗变研究（1949～1966）》（2014）；李秉奎著《狂澜与潜流——中国青年的性恋与婚姻（1966～1976）》（2015）；黄巍著《自我与他我——中国的女性与形象（1966～1976）》（2016）；王栋亮著《自由的维度：近代中国婚姻文化的嬗变（1860～1930）》（2016）；董怀良著《改革开放以来中国婚姻"私事化"研究（1978～2000）》（2016）；刘荣臻著《故都济困：北平社会救助研究（1928～1937）》（2016）；李俊领著《天变与日常：近代社会转型中的华北泰山信仰》（2017）。这套"中国近现代社会文化史论丛"也体现了这一时段社会文化史研究的系列性专题研究。

---

① 参见梁景和主编《社会文化史的理论与方法——首届全国青年学者学术研讨会论文集》，社会科学文献出版社，2014。

② 参见李长莉、毕苑、李俊领《2009～2011 年的中国近代社会与文化史研究》，《河北学刊》2012 年第 4 期；李长莉、唐仕春、李俊领：《2011～2012 年中国近代社会与文化史研究》，《河北学刊》2013 年第 2 期。

　　本书是姜虹的专著《北京市民家庭生活研究》，这是"中国近现代社会文化史论丛"第二辑的第一册。第一辑的总序主要叙述了 2010 年前中国内地 20 余年社会文化史的发展特征、主要问题以及对未来社会文化史发展的一个期待。第二辑的总序只是对近年来中国社会文化史研究的一个粗略的介绍。

2017 年 2 月 8 日于幽乔书屋

目　录

表 目 录

图目录

绪　论

一　选题缘由与选题意义

（一）选题缘由

中国自古就有"家和万事兴""成家立业""安家落户"的美好憧憬，家庭是社会生活的基础，是各种事业的保障。人自从出生以后，就会生活在一定的社会组织之中，在所有的社会组织中，人第一个接触的与个人关系最为密切的是家庭，世界上绝大多数人都生活在家庭之中。一般来说，一个人在一个家庭中出生、长大，成年后结婚，组成新的家庭，再繁育后代……如此周而复始地循环演进。家庭在华夏民族中自古以来就占有着至高的地位。《三字经》中有"禹传启，家天下"，我国从夏代起就建立了"家国同构"的社会，最高统治者不仅是自己家庭的一家之主，也是家族的族长，还是全天下人共同的大家长，天下人都是他的子民。这种宗法社会的制度和观念从夏代一直延续到清代，历时之久，范围之广，世所独有。到了民国时期，"家国"的概念渐渐被"国家"取代，知识精英与民众慢慢地接受了"国"的概念，"国"的主人是公民，政治首领由公民投票产生并接受公民的监督。华夏民族的政治制度出现了颠覆性的变化，由一人当家做主改变为公民做主，即"民主"。随着社会上层政治制度与观念的转变，社会基层对于家族和家庭观念也随之改变。民国初期出现了大量的批判传统家族主义的思潮，人们开始否定封建家长专制，批评一夫多妻制，反对纳妾，提倡一夫一妻制；批判父母包办婚姻，提倡恋爱自由，婚姻自主；号召妇女解放，提高女性地位，提倡男女平等。到了 20 世纪 40 年代，社会风气较民国初年有了很大的转变。新中国成立之后，政府将一夫一妻制、禁止包办婚姻、婚姻自主、男女平等写进新《婚姻法》，并大力贯彻实施，从此中国的家庭出现了焕然一新的面貌。

本书的家庭史研究将时间定在"共和国十七年"（1949～1966）间，是因为这是个承上启下的时期，国家政治制度转变，个别传统的家庭形式消失，一些新的家庭模式出现。不同职业、不同阶层、不同文化与政治背景的家庭都呈现出不同的模样，所以有必要对这个时期的家庭进行研究。由于中国地域过于广大，要想在一本书中将各地区的家庭做出研究是可望而不可即的，因此本文选择了北京市作为研究对象，第一，因为北京是新中国的首都，可以考查处于政治中心的家庭的日常生活，进而研究家庭生活与政治的互动关系；第二，北京的城市人口较多，构成复杂，家庭形式多种多样，能够较为全面地展现出新中国成立初期的各种家庭风貌；第三，笔者身处北京，查阅资料与进行访谈比较便利。

本书的研究将集中于北京的市民家庭，原因如下：首先，市民家庭的史料较农民家庭、军人家庭多一些，尤其是档案资料的开放程度高一些；其次，北京市民家庭的构成比较复杂，有世代累居的老北京人家庭，有民国时期由外地进入北京的家庭，也有新中国成立后进入北京的知识分子家庭、工人家庭，还有老北京人与新北京人组成的家庭等，每种家庭都呈现出不同的生活方式与精神面貌；再次，史学界对于新中国的市民家庭研究相对较少，所以本书可以在这方面做一点尝试性的研究。

（二）选题意义

1. 学术价值

第一，目前史学界对中国家庭史的研究多集中于古代与近代，很少涉猎新中国成立后的时段，所以本文的研究有一定的填补学术空白的价值。共和国十七年是一个大变革时期，全部的社会文化都处于急速地转变中，家庭是社会演变的一面镜子，北京市民家庭模式多样，组成复杂，是新中国初期全国多数市民家庭的浓缩，可以以小见大地透视社会文化动态变化与静态持续。家庭史是社会文化史的重要内容，在具体而细致的研究中，总结与提炼社会文化史研究的理论与方法。以北京市民家庭为基本视角，可窥探中国共产党政权下的政治、文化与家庭之间的关联与互动，也可分析政治变迁与社会生活的内在联系。

第二，北京市作为中华人民共和国的首都，具有很强的政治敏感性。新中国成立后，在短时间内基本消灭了私有经济，将一部分民间社会变成了国家领导下的组织和单位，家族制解体，大家庭越来越少，小家庭成为社会常态。家庭的结构、人口、规模、生育等问题都因政治状况的改变出现了极大的变化，本书的研究有助于揭示新中国初期家庭的变化状况。

2. 现实意义

第一，当前的许多社会问题如教育、就业、医疗、住房、养老、社会保障，等等，都与家庭息息相关，建设和谐家庭成为政府的工作重点之一，家庭和谐是社会稳定与健康发展的重要保障。在当今中国社会，激烈的生存竞争、频繁的人口流动、资源的不均匀分配使家庭变得越来越不稳定，如何调整家庭成员之间的沟通交流，增加家庭向心力，增强家庭成员的幸福感，应该是家庭研究者的课题。历史具有鉴往知来的功能，本书所研究的新中国初期的家庭，虽然物质上普遍较为贫乏，但家庭成员的幸福感比当今高很多，这到底是什么原因？是当时人们想法单纯？还是当前人们的欲望太多？这很值得探讨。

第二，要建立和谐家庭，不能没有家庭伦理。当代中国社会的家庭伦理不像从前那么明晰，这也是家庭矛盾产生的原因之一。家有老人不赡养，丈夫或妻子感情出轨，孩子叛逆伤透家长的心，等等，都是家庭伦理破坏的表现。传统的中国家庭是重家庭伦理的，老北京人的家庭，特别是满族家庭，礼数较多，夫妻关系与父子关系因为礼数的约束而循规蹈矩，所以多数家庭关系都比较和谐。在新中国成立之初，老北京人家庭的伦理依然延续着。借鉴传统的家庭伦理，为当代家庭问题提供可供参考的解决方案，从这方面讲，家庭史的研究是有意义的。

二　研究综述

（一）国外的研究

家庭史的研究首先起源于国外，是从 1861 年瑞士人类学家巴霍芬的《母权论》开始的，他认为最初人们实行着毫无限制的性关系，这种关系只能以母系来计算世系，因此妇女具有至高的威望。其后是英国的麦克伦南，他在英国被认为是家庭史研究的创始者和这个领域的第一个权威，他认为外婚制"部落"与内婚制"部落"是对立的。然后是美国的摩尔根，他的名著《古代社会》通过对美洲印第安人及世界上许多民族的亲属制度的调查，首次描述了家庭发展史的略图，他确立了原始的母权制氏族是文明民族的父权制氏族以前的阶段。[1]

马克思、恩格斯在摩尔根研究的基础上，揭示出家庭的本质及其发展规律。马克思主义认为家庭的发展经历了杂乱性交—血缘家庭—对偶家庭——夫一妻制家庭的过程，人类史上除上述四种发展顺序相承的家庭之外，尚有一夫多妻制家庭和一妻多夫制家庭，但这是特殊条件下的特殊产物。

到了 20 世纪 50 年代，"家庭史学不再单单是描述某种现象，而是强调家庭方面的理论研究，对已有的理论进行改进，通过跨学科研究和比较研究，发展了一批新理论和方法"[2]。1964 年，剑桥大学成立了"人口与社会结构历史研究组"，用数理统计方法和电子计算机技术对历史上的家庭规模和家庭结构进行研究，"拉斯勒特与沃尔合编并于 1972 年发表的《历史上的户与家》集中反映了这方面的研究成果"[3]。1969 年，在该组织的筹备下，国际性的家庭史问题比较研究讨论会在剑桥召开。1972 年出版的与会学者的论文集，可以被视为对西方家庭史研究成果的一次国际性的总结，标志家庭史研究已走上比较成熟和规范的轨道。20 世纪 60 年代中期，彼得·拉斯勒特发表的《人口与社会结构史》，他与 E. 里格利、D. 埃维斯利合著的《英国历史人口学导论》，以及里格利发表于 1970 年的《人口、家庭和家族》等著作，使历史人口学在历史上的家庭生活方面揭示出许多重要事实。家庭史著作的出版数量不断增长，也从另一角度反映了这门学科的发展势头。1976 年，在"美国家庭关系全国委员会"（The National Council on Family Relations）的支持下，美国创办了《家庭史杂志》，该杂志专门发表家庭史研究成果，实际上，家庭史研究成果可以在很多学术刊物上看到，如《过去和现在》（Past &Present）、《人口研究》（Population Studies）、《社会史》（Social History）、《经济史评论》（Economic Historical Review）、《美国历史评论》（American Historical Review），等等。尤其值得一提的是《跨学科史学杂志》（Journal of Inter disciplinary History）在 20 世纪

---

① 参见〔德〕恩格斯《家庭、私有制和国家的起源》，人民出版社，1999。
② 徐浩、侯建新：《当代西方史学流派》，中国人民大学出版社，2009，第 148 页。
③ 同上书，第 157 页。

70 年代上半期先后三次出版家庭史研究专刊。① 家庭史学主要流行于英国、美国和法国，20 世纪 70 年代这三个国家有关家庭研究的论著占全世界该领域论著总数的 40% 以上。

到了 20 世纪 80 年代，家庭史的研究进入了总结时期，法国年鉴学派第四代主持编撰了三卷本《家庭史》，由著名的结构主义人类学家列维·斯特劳斯、年鉴学派第三代历史学家乔治·杜比、英国著名历史学家杰克·古迪为之作序，该书用人类学的眼光看待亲族关系与家庭，上起上古时代的史前家庭，下至当代家庭，是一部全球通史式的家庭史巨著。

（二）国内的研究

20 世纪 30 年代前后社会史研究进入繁荣期，我国的家庭研究进入了研究者的视线，但还没有专门的家庭史研究著作出现。这时与家庭史相关的妇女史、婚姻史、家族史等研究出现了②，社会学中关于家庭的调查与研究卓有成就③，这是家庭研究的一个繁荣时期。新中国成立初期至 20 世纪 70 年代末，社会学停滞，史学批判封建家族制度，所以没有专门的家庭史研究问世。改革开放后，家庭史研究进入了持续发展的阶段，出现了一些通史性的婚姻家庭史研究著作④，

---

① 参考姜芃主编《西方史学的理论和流派》，中国社会科学出版社，2007，第 278 页。
② 主要有陈顾远的《中国古代婚姻史》（商务印书馆，1925）、陈东原的《中国妇女生活史》（商务印书馆，1928）、吕思勉的《中国婚姻制度小史》（中山书局，1929）、陶希圣的《婚姻与家族》（商务印书馆，1934）、王书奴的《中国娼妓史》（上海三联书店，1934）等。
③ 如李景汉的《北平郊外的乡村家庭》（商务印书馆，1929）和《定县社会概况调查》（北平中华平民教育促进会，1933 年刊行）、潘光旦的《中国之家庭问题》（新月书店，1931）、陈达的《现代中国人口》（1946 年芝加哥大学用英文刊行，1981 年天津人民出版社出版中文本）、费孝通的《乡土中国》（上海观察社，1948）等都是这方面的代表。此期费孝通的《生育制度》（上海观察社，1947）和《江村经济》（1939 年在英国出版，1986 年江苏人民出版社出版中文本）成为家庭研究的名著。潘光旦评价《生育制度》这本书"实在是一门《家庭制度》"。《江村经济》原是费孝通的博士学位论文，该书从一个小型社区入手，考察了乡村的经济生活，而且是从家庭经济生活入手考察的，讨论了家庭的延续、家产的继承、亲属关系的扩展、生产生活日程等问题。
④ 主要专著有：王玉波的《历史上的家长制》（人民出版社，1984）和《中国家长制家庭制度史》（天津社会科学院出版社，1989）、邓伟志的《近代中国家庭的变革》（上海人民出版社，1994）、陶毅、明欣的《中国婚姻家庭制度史》（东方出版社，1994）、麻国庆的《家与中国社会结构》（文物出版社，1999）、史凤仪的《中国古代婚姻与家庭》（湖北人民出版社，1987）、陈鹏的《中国婚姻史稿》（中华书局，2005）、张树标的《中国婚姻家庭的嬗变》（浙江人民出版社，1990）、祝瑞开的《中国婚姻家庭史》（学林出版社，1999）、张国刚主编的《中国家庭史》（广东人民出版社，2007）等。

以及一些断代性的家庭史和相关研究论著。[①] 新中国之后的中国家庭史研究相关的著作也出现了一些[②]，总体来说不算多。关于家庭史的论文太多，实在难以尽数。如关于中国近代、当代家庭史的研究，通过几篇综述性的论文[③]，我们能看出研究的大致状况。

中国家庭史研究总的来说取得了很大成绩，特别是近20年来，研究的内容更加丰富，家庭史成为比较新兴的交叉学科。笔者以为在研究中还存在一些问题。

（1）家庭史与婚姻史研究相互混淆。很多论著冠名以"婚姻家庭史"，把两者当成一种对象来研究。诚然，家庭与婚姻是不可分裂的，但是细细分析，两者各有侧重点。婚姻史研究的重点是择偶、婚礼、完婚及婚姻关系等，而家庭史比较偏重于家庭的日常生活及成员之间的相互关系。家庭史和婚姻史最好能区别研究，才能找出各自的特点。

（2）家庭史与家族史研究混淆。由于我国历史上家族制度特点鲜明，很多地方家族势力强大，所以许多研究者更加热衷家族史研究，对家庭

---

① 主要著作有：谢维扬的《周代家庭形态》（中国社会科学出版社，1990）、朱凤瀚的《商周家族形态研究》（天津古籍出版社，1990）、彭卫的《汉代婚姻形态》（三秦出版社，1988）、岳庆平的《汉代的家庭与家族》（大象出版社，1997）、杨际平等的《五一十世纪敦煌的家庭与家族关系》（岳麓书社，1997）、高世瑜的《唐代妇女》（三秦出版社，1988）、段塔丽的《唐代妇女地位研究》（人民出版社，2000）、张邦炜的《宋代婚姻与社会》（四川人民出版社，1989）、王善军的《宋代宗族与宗族制度研究》（河北教育出版社，2000）、柳立言的《宋代的家庭和法律》（上海古籍出版社，2008）、郑振满的《明清福建家族组织与社会变迁》（湖南教育出版社，1992）、朱勇的《清代宗族法研究》（湖南教育出版社，1987）、郭松义、定宜庄的《清代民间婚书研究》（人民出版社，2005）、定宜庄的《满族的妇女生活与婚姻制度研究》（北京大学出版社，1999）、王跃生的《清代中期婚姻冲突透析》（社会科学文献出版社，2003）等。

② 主要有郎太岩、张一兵的《中国婚姻发展史》（黑龙江教育出版社，1990），该书研究了社会主义时期的中国婚姻家庭的变化，指出在全国多数地区，婚嫁改革还未完全普及到群众中去。肖爱树的《20世纪中国婚姻制度研究》（知识产权出版社，2005），认为婚姻制度变革与社会发展变化之间有着密切的互动关系，一方面标志着20世纪中国传统婚姻制度向当代婚姻制度的转型；另一方面也反映了20世纪中国由农业社会向工业社会的转型。王跃生的《社会变革与婚姻家庭变动——20世纪30～90年代的冀南农村》（三联书店，2006），该书以冀南农村为区域研究对象，探讨了冀南农村20世纪30～90年代社会变革与农民婚姻家庭变动情况。还有李胜渝的《建国初期西南地区婚姻家庭制度变革研究》（中国政法大学出版社，2011），此书主要从制度的角度来写婚姻家庭的变革。

③ 余华林的《近20年来中国近代家庭史研究评析》（《中州学刊》2005年第2期）、肖守库、耿茹的《近20年来中国近代婚姻史研究述评》（《河北北方学院学报》2006年第3期）、潘大礼的《三十年来民国婚姻家庭史研究述评》（《湖北师范学院学报》2011年第1期）、李从娜的《近10年来建国初期中国妇女史研究综述》（《北京党史》2006年第2期）等。

史的关注度低一些。还有的研究把家庭史直接纳入家族史中，造成了家庭史的从属地位。家庭史和家族史应该既是相互独立的，又是密切关联的。①

（3）把家庭史当作研究的途径，造成研究目的与研究对象的颠倒。家庭史作为研究对象，研究者应该先弄清家庭史本身的问题。可是目前有一部分研究把家庭当作了解社会的途径，对家庭本身的问题研究不到位，并没有突出家庭史研究的特点，仅为反映社会而研究家庭。

（4）我国的家庭史理论方法还不成熟。从民国时期开始的家庭史研究，有的是社会学者所做，偏重社会学的内容；有的是法学者所做，偏重法律的方向；历史学者所做的家庭史研究不多，更谈不上根据我国家庭特点形成本国家庭史的研究方法和理论。外国的家庭史因为特殊的文化和历史背景，形成其有别于我国的特点，所以我们不能完全照搬外国的研究理论和方法。

另外，少数学者开始挖掘关于婚姻家庭方面的口述史资料②，这些口述史虽然不是直接研究当代中国的婚姻家庭问题，但是为家庭史研究提供了鲜活的素材。

学位论文方面，目前有两篇硕士学位论文：李静的《新中国家庭文化变迁（1949～1966）》（首都师范大学，2005 年）和李兴锋的《新中国初期北京地区家庭关系与家庭教育研究（1949～1966）》（首都师范大学，2009年）。前者是对新中国成立初期家庭文化的概览式研究，主要从家庭规模、生育、家庭关系三个方面进行讨论。后者讨论新中国初期北京地区的家庭关系和家庭教育，是稍微具体的研究，主要从夫妻关系与婆媳关系这两个角度讨论家庭关系，从品行教育和政治教育讨论家庭教育，说明了一些问题，还可以从更广泛的角度来展开论述。这些研究有较高的学术价值，但还有进一步研究的余地。

---

① 参考王玉波《中国家庭史研究刍议》，《历史研究》2000 年第 3 期。
② 主要有杜芳琴主编《山区妇女口述——大山的女儿：经验、心声和需求》（华北卷、西南卷）；李小江主编《20 世纪（中国）妇女口述史丛书——让女人自己说话》（三联书店，2003），包括《文化寻踪》《民族叙事》《亲历战争》《独立的历程》四本；杨恩洪的《藏族妇女口述史》（中国藏学出版社，2006）；吕铁力的《生育人生田野调查笔记——生育文化·少数民族妇女口述史》（华夏出版社，2002）；梁景和主编的《中国现当代社会文化访谈录》第一辑、第二辑、第三辑（首都师范大学出版社，2010、2012、2013），等等。

三　史料介绍

（一）档案资料

北京市档案馆和北京各区（西城区、东城区、海淀区等）档案馆所藏的开放档案资料，主要包含北京市委、民政局、妇联、宣传部、各街道、派出所的工作文件、总结、来往书信、政策指示、情况汇报、行政部署等关于家庭方面的档案资料。其中比较重要的资料有：关于北京市私营商业调查资料和家庭店调查资料，展示了"三大改造"完成之前的北京市小工商业者家庭的生活状况；历年的职工家庭收支调查综合资料，揭示了当时的职工家庭总收入、人均收入、支出情况，为研究当时的职工生活提供了良好的基础；吸收家庭妇女参加街道工作的材料是研究家庭妇女就业的重要资料；关于干部工资、工人、国家机关工作人员工资待遇标准是研究当时家庭收入的重要材料。此外，还有许多的档案资料，为本书的研究提供了坚实的史料支撑。

（二）方志

本书主要引用《北京志》（北京出版社 1999～2007 年的各卷）中的资料，主要有《北京志·综合卷·人口志》《北京志·综合卷·人民生活志》《北京志·人民团体卷·妇女组织志》《北京志·市政卷·供水供热燃气志》《北京志·市政卷·房地产志》《北京志·商业卷·副食品商业志》《北京志·商业卷·粮油商业志》《北京志·卫生卷·卫生志》《北京志·综合经济管理卷·劳动志》等与市民家庭生活息息相关的方志材料。

（三）报纸、杂志、图片

本书主要引用 1949～1966 年的报纸、杂志资料。报纸、杂志资料因为突出的时代性和鲜活性为本书提供了原始的素材。报纸方面，本书主要引用的是《北京日报》《北京晚报》中与家庭生活相关的内容。杂志方面，本书主要引用《中国妇女》（原名《新中国妇女》）和《北京妇女》中关于家庭和妇女的材料。图片方面，《人民画报》以强大的影响力和独特的影像纪录方式生动地展示了当时的社会生活，成为珍贵的历史材料，本书在行文中引用其中的一些图片作为佐证材料。此外，本书中还将引用当时的一些宣传画，如宣传全民参加储蓄、爱国卫生运动和一些积极向上有生活气息的图片。

（四）口述资料

因为家庭生活琐碎而细致，生动而鲜活，不同类型的家庭有不同的生活方式，每一个家庭都有独特的经历，这些都是纸质资料难以提供的。因为新中国成立初期组建家庭的人很多都健在，所以笔者做了一些访谈，请口述者说出自己的故事，这是直接、真实、不用粉饰的第一手资料。当然，口述资料需要与文献资料相互印证，相互取长补短，共同发挥作用。

（五）资料集

梁景和教授主编的几种书籍和资料：《中国现当代社会文化访谈录》第一辑、第二辑、第三辑（首都师范大学出版社，2010、2012、2013）中的访谈资料；《婚姻·家庭·性别研究》第一辑、第二辑、第三辑（社会科学文献出版社，2011、2012、2013）中的相关材料；《社会生活探索》第一辑、第二辑、第三辑（首都师范大学出版社，2009、2010、2013）中的相关资料等等。

邹仲之编《抚摸北京：当代作家笔下的北京》（生活·读书·新知三联书店，2005）中多位作家笔下亲历的北京家庭生活，是丰富的第一手材料。还有肖复兴、刘心武、刘一达、靳飞、周汝昌、史铁生、张中行、陈凯歌等北京本地文化人或长期居住在北京的文化人的作品，都含有北京家庭生活的材料。

（六）网络资料

当今社会网络信息十分发达，许多资料可以利用网络便捷地搜索出来。本书运用到的网络资料主要有：一部分法律文献的网络版本，检索起来非常方便；一些北京人写的博客，回忆20世纪五六十年代的北京社会生活，是鲜活生动的第一手资料；《人民记忆五十年》原来是纸质书，网上有现成的全文，使用起来极为便利；还有其他的一些反映北京20世纪五六十年代社会文化的资料。这些网络资料极大地丰富了本书的资料来源。

四　概念界定

（一）时间

本书研究的时间范围从 1949 年 10 月 1 日中华人民共和国成立至 1966 年 5 月 16 日"五一六"通知发布为止，即"文化大革命"前的十七年。

（二）北京城

本书采用传统的北京城概念，即北京的"内城"（"四九城"，正阳门、崇文门、宣武门、朝阳门、阜成门、东直门、西直门、安定门、德胜门及城墙以内的部分）加"外城"（永定门、左安门、右安门、广渠门、广安门、东便门、西便门及城墙以内的部分），城墙以内的部分为城里，以外的部分为城外。

1949 至 1966 年，北京市民的居住地点除了城里，在城外的朝阳门、阜成门、东直门、西直门、安定门、德胜门等地靠近城墙的地方有一部分单位宿舍或大院，还有海淀的院校区和东郊（今朝阳区）的工厂宿舍等，其他地区市民居住得相对较少。

新中国成立之后，北京市的行政区划不断地扩大，将原属于河北省管辖的昌平、顺义、通县、大兴、平谷、延庆、密云、怀柔等县都纳入，这些地区在当时均为远郊农村，不在本书的研究范围之内。

（三）老北京人

定宜庄研究员在做老北京人口述史时曾定义过"老北京人"："老北京人都是在 1911 年之前、至迟不晚至 1915 年已经定居于此，后来也世代居住于此的人。"[①] 一般来说，居住三代之上才能称为"老"，从 20 世纪初至 21 世纪初有百年，正好三代以上，所以定宜庄的定义比较合适。但是本书的研究不能笼统沿用定宜庄研究员的界定，因为民国时期，有大量外地人口进入北京讨生活，以河北人、山东人、山西人、东北人居多。这些人于新中国成立后也在北京定居下来，顺理成章地成为北京市民，他们在新中国初期的生

[①]　定宜庄：《老北京人的口述历史》，中国社会科学出版社，2009，前言第 6 页。

活与清末时期就已居住在北京的人并没有太大区别，为了论述方便，笔者把这些人也算做是老北京人。在当下的北京，这些祖上在民国时期进入北京并定居于此的人也自认为是老北京人。所以，笔者将"老北京人"界定为：在新中国之前已经定居于北京，并且在中华人民共和国成立后拥有北京城镇户籍，成为北京市民的人，称为老北京人。①

（四）　新北京人

时下里的新北京人一般是指改革开放后进入北京并定居于此的人。笔者为了论述方便起见，也采用"新北京人"一词，但语义与上述完全不同。新中国定都北京，一大批军人、干部、知识分子、高等院校教师、技术人员、工人及其家属在 1949 年至"文革"前（主要是 20 世纪 50 年代）进入北京并定居于此，人数众多。其中有一部分居住于北京城里，也有一部分居于城外海淀、东郊（朝阳）、南苑（丰台）等地，他们取得了北京城市户籍，享受作为北京市民的各种权利和福利，成为新的北京市民。所以，笔者将"新北京人"界定为：在新中国成立后至"文革"前进入北京定居，而且取得了北京城市户籍的人称为新北京人。

（五）　家庭

本书中的家庭主要是指以婚姻和血统关系为基础的社会单位，包括父母、子女和其他共同生活的亲属。家庭的主要类型包括：核心家庭、缺陷家庭、直系家庭、联合家庭、重组家庭、空巢家庭、其他家庭等。不包含未结婚且未和其他家庭共同生活的单身者。

核心家庭——夫妻和未婚儿女生活在一起的家庭；

缺陷家庭（单亲家庭）——夫妻中缺少一方，另一方与未婚儿女生活在一起的家庭；

直系家庭（主干家庭）——父母和一对已婚儿女或鳏夫寡母和已婚儿女生活在一起的家庭；

联合家庭——父母和多对已婚子女或兄弟婚后仍合为一家；

重组家庭——夫妻一方再婚或者双方再婚组成的家庭；

---

① 笔者在这里强调北京城市户口是因为中国历来是重视户籍，没有当地的户籍，居住的时间再长也难以成为本地人，一般也难以享受到本地户籍拥有的各种权利和福利。本书研究中国家庭史，尊重这一约定俗成的传统。

空巢家庭——只有老两口生活的家庭；

其他家庭——有血缘关系的人的一种松散结合。

（六）市民

市民这个概念主要泛指城市居民。在本书的家庭史研究中，如果"市民"仅指城市居民是不合适的。因为居住在北京市的居民不完全都是北京人，有很多暂住人员。他们中有外省进京打工的，如保姆；有进京投靠亲戚的；还有的是跟随儿女进入北京市养老的，这些人有一部分无北京城市户籍，不能享受北京城市居民的全部社会保障，所以这些人在北京的生活与真正定居下来并取得城市户籍的人不可同日而语。所以，笔者将本书中的"市民"概念界定为：定居于城市且具有本市城镇户籍的居民称为市民。而"市民家庭"就是有市民身份的家庭。① 那些没有市民身份，但长期在北京居住的居民，本研究也会有所涉及。

五 研究方法、视角、思路

（一）方法

（1）采用历史学传统实证的研究方法，搜集、分析史料，对史料进行一定的考订后再使用，尽量使用第一手资料，多联系、多对比地进行研究。需要注意的是，新中国成立初期的档案、报刊等资料的政治宣传意味比较浓烈，尤其是"大跃进"时期的材料往往有夸张的成分，使用的时候一定要多加分析，不能把个别的宣传材料当作信史来用。口述材料难免会带有个人的感情色彩，也有记忆出现偏差的情况，需要与文献材料相互印证之后再使用。

（2）运用历史比较法，时间与空间两方面对比研究。时间上，主要与新中国成立之前的北京家庭情况对比；空间上，与其他的城市家庭进行对比研究，方能突出北京市民家庭的时代特征与地域特色。

（3）适当地运用统计与计量方法，吸取计量史学派和法国年鉴学派的研究方法，使用统计与数据，使研究的对象更具有科学性和准确性，弥补传统

---

① 如果夫妻双方只有一方是北京市民且在北京定居，那么这个家庭也算作北京市民家庭。

史学研究方法的不足。

（4）运用跨学科的研究方法，家庭史的研究在一定程度上要借鉴社会学中对于家庭的研究方法，甚至会用到社会学的术语来表述。历史学与社会学、人口学、民族学、宗教学等学科进行交叉研究，会使研究内容更为全面、研究结论更为明晰，甚至可能交汇出新的研究方法与思路。

（二）视角

本书的书写角度是自下至上的，首先是对家庭史的具体研究，然后从政治对家庭的影响这个视角展开论述，考察政治影响下的市民家庭生活及家庭的结构、规模、人口、生育等方面的变化。

（三）思路

（1）借鉴微观史学的研究思路，家庭史是鲜活而琐碎的，从小处着眼有利于窥探社会文化的细节，我们虽然不能回到那个时代，但是微观史的研究可能帮助我们还原历史现场，寻找历史的真相。

（2）使用"家庭—政治"的研究思路，将微观与宏观结合起来。如果整篇论文全部是细碎的家庭研究，没有联系到社会，那么研究意义尚浅。以家庭反映政治，是本书的一个基本的研究思路。同时，在研究中也会注意到，家庭史研究是基础，先把家庭的研究做扎实，不能为了急功近利地反映政治而把家庭史研究草草了事。

六　研究框架

全书共分六章。

第一章，写新中国成立初期北京市户籍和人口，摸清北京市的户籍人口和暂住人口的概况，描述出当时北京市民的文化程度、民族构成、宗教信仰等，呈现出当时北京市民家庭的人口数量、年龄层次等基本情况，为下文的写作打下基础。

第二章，写家庭的收入问题和妇女工作，1956 年之前除了工资收入，不少家庭有私营领域的收入，1958 年后的家庭收入主要靠工资收入。1958 年"大跃进"之后，妇女外出工作的特别多。对于一般家庭而言，工资收入都不算高，但不同行业、不同级别工资收入差距比较大。

第三章，写家庭的消费问题。当时的普通市民中很多家庭收入都不高，只有精打细算才能过好日子。国家实行票证制度，粮食要定量供应，各项生活用品都要凭票购买，影响最大的是对人们的饮食问题，有不少家庭在困难时期都吃不饱。当时人们的衣着打扮是新旧并存，但越来越多人选择穿着简便实用的列宁装、军便装等。

第四章，写家庭的住房问题和出行状况。新中国成立初期，北京市的住房比较紧张，除少数老北京人有自己的祖屋，多数新北京人进城后要租住公房或私房。而住在四合院和大杂院里的家庭与居住在楼房里的家庭生活各不相同。当时的北京市民出行方式主要有步行、骑自行车、坐公交车等。

第五章，写家庭关系。夫妻、亲子、婆媳关系，家家有本难念的经，很多患难夫妻生活得非常幸福，但也有个别家庭存在丈夫变心之类的情况。当时的亲子关系分为两种情况，一种是亲生父母与子女之间，不同类型的家庭情感表现方式不同；一种是养父母与子女的关系，有和睦的，更有很多虐待养子女的事情。婆媳关系在当时也处于转变时期，传统的恶婆婆虐待儿媳的状况仍然存在，而新式的互相关爱的婆媳关系也在发展中。

第六章，写家庭的休闲娱乐。那时北京市民家庭的娱乐活动不是太丰富，但有几个共同点，如喜欢读书看报、听收音机、看电影、看曲艺节目等。孩子们喜欢各种新式的和传统的游戏、喜欢打仗游戏、喜欢连环画、做手工科技等。

全书的最后一部分是结语，对家庭与政治的关系加以剖析。

七 难点与创新点

（一）难点

（1）可供参考的专著非常少。目前为止，没有一部专门写共和国十七年的家庭史的著作问世，研究方法和框架主要靠自己摸索。

（2）家庭史的研究如果把握不好容易陷入琐碎化，如何做出一部细腻生动而不碎片化的论文，存在一定的困难。

（3）要做好家庭史的研究，最好自己有亲身体验。我本人不是北京人，读博士之前没有在北京市生活的经历，所以对于北京市民的家庭了解得并不多。我为了弥补这一缺憾，只能通过查阅大量资料、进行口述访谈等方式加强对于本专题的了解。

（二）创新点

（1）学界目前没有共和国十七年时期北京市民家庭研究的专著或博士学位论文，本书的研究的对象，可以算是个新问题。

（2）市民家庭是多种多样的，各种家庭因阶层不同、职业不同、居住地不同，呈现出巨大的差异，本书的视角将对准不同类型的家庭，研究视角上是创新的。

（3）本书使用了笔者亲自访问并整理的口述历史材料，是独家而新颖的史料。北京市档案馆和各区档案馆藏有的关于新中国成立初期的家庭资料，是原始的档案材料，很少有人使用。

第一章　户籍与人口

1949 年 1 月 31 日北平城和平解放，中国共产党的军队和政府机关开始全面接管北平城工作，随即着手重建户籍与清查人口。当时迅速开展该项工作具有十分急迫的意义。

（1）北平城人员构成相当复杂，外国特务、汉奸、国民党党政人员和流散兵痞、流氓、小偷、乞丐等，这些人对于建立新政权很不利，可能会有暗中破坏活动，为了筹备新政权，必须将反面势力查出并肃清。重建户籍与清查人口是去除反面势力的前提条件。这是特殊时期的必要之举。

（2）民是国之本，建立户籍和清查人口是中国历代以来基本政治制度，便于政府摸清人口状况，稳定社会秩序。民国以来，经过多年战争与动乱，全国人口迁移和流动非常大，民国政府无法做出全面的人口与户籍统计。即将诞生的新政权必须清查人口数量和户籍情况，才能有的放矢地做好社会安定工作。

（3）中国共产党在接管政权后，将工作重心由农村转向城市，在经济极其凋敝的情况下稳定城市秩序，抑制通货膨胀，解决失业问题。而重新恢复和发展工农业生产，需要大量的人力。选用政治上"靠得住"的人，是社会安定团结的一个前提条件。做好人口和户籍工作，也是"分清敌我"的一个方法。在民间寻找建设新中国的可信赖的人员，是中国共产党政治思想和控制力量"扎根民间"的重要途径。

第一节　重建户籍与清查人口

一　重建户籍

北京解放初期，户籍管理工作由市民政局和市公安局共同负责，市民政局和市公安局的主要领导和工作人员是部队转业到地方的官兵。市民政局户政科负责户籍登记，市公安局治安处户籍科负责户口调查。1949年6月3日，市民政局户籍科移归市公安局；各区、街道的户政同时移归各公安分局和派出所。同年6月20日，市公安局在接收旧北平市政府和各类户政法规及户口簿后，开始在全市进行查对户口工作，至9月5日工作结束。查明全市户数448141户，人口2004807人。

户籍的基本功能是社会身份辨别和家庭信息保存功能，为何户籍工作由民政局和公安局共管改为全归公安局管理？公安局是国家暴力机关，具有镇压和维持社会稳定的功能，由公安局来管理户籍，这种情况从新中国建立时期一直延续到现在，体现了中国户籍工作的倾向性，强化其政治管理功能和社会控制功能。

1949年11月6日，北京市政府决定，废除国民党警察局、民政局关于市民申请户口的规定及各种户口簿册，颁布了《北京市市民声（申）报户口暂行规则》和《违反市民声（申）报户口规则暂行罚则》。市公安局改户口簿册三部制为一部制，即市局、分局建立特户管理制度，保留派出所一部，并设置了新的"户口登记簿""市民户口簿"和"户口迁移证"。

当时规定的立户原则为：凡在一处食宿，共同生活的家庭、商铺、团体单位，不论其人数多少，关系如何，均立一户。如果一家分为两处，分起伙食，分住两个门牌以上者，均分别立户。立户的类型分为很多种，主要有：

住家户：有血缘关系，共同食宿的家庭；

工商户：商店、工厂、公司、作坊、合作社等共同食宿者；

寺庙户：庵、寺、观、庙、教堂等共同食宿者；

锅伙户：共同食宿的小工业者；

公宿户或公寓户：长期住在旅店、公寓者；

此外，把集体单位共同食宿的定为机关户、团体户、医院户、工地户、集体宿舍户（见表1-1）。①

1952年，北京市公安局颁布了《户口管理实施细则》，规定：除人民解放军、人民公安部队、人民警察等武装部队、机关、兵营及各国驻华使馆

---

① 本节参见《北京志·综合志·人口卷》北京出版社，2004。

表 1 – 1　1949 年 10 月北京市按户口分类统计

单位：户，人

户口 ＼ 数目	户	男	女
住　　户	398971	858772	820747
铺　　户	29117	129495	24823
工　　厂	1280	19965	4754
公　　司	110	2085	419
机　　关	607	14288	1770
学　　校	868	39332	20949
报　　社	15	367	55
医　　院	318	2569	1800
会　　馆	876	1940	1628
旅　　栈	965	4876	766
银　　行	80	2352	149
作　　坊	1050	4633	1018
社会团体	229	1827	1670
娱乐场所	90	960	173
妓　　院	222	1058	1577
仓　　库	80	1697	9
教　　堂	190	935	719
庙　　宇	2599	4969	2811
其　　他	1	1	21
合　　计	437668	1092121	885858

资料来源：此表是根据北京市档案馆藏 133 – 010 – 00495 档案材料编制。

之外交人员，凡在城市之中外居民，均一律登记户口。所有居住在本市的市民，不论属籍、民族、职业，均一律调查登记管理。本人经常在哪里住宿，正式户口就登记在哪里。一个人在本市可以有几处寄宿户口，但正式户口只能登记一处。

在常住人口登记中，变动登记项目非常复杂，共分为 18 种：迁出、迁入、出生、死亡、失踪、寻回、收养、认领、雇工、解雇、分户、并户、店铺开张、歇业、更换户主、结婚、离婚及变更更正等。1952 年北京市公安局对《户口管理实施细则》进行了修订，将原来 18 种户口变动登记改为 5 种：即迁出、迁入、出生、死亡、变更更正。其余 13 种项目分别并入迁出、迁入变更更正登记的有关项目内。

1956 年 6 月，北京市开始建立人口卡片，建人口卡片的对象为年满 18 周岁以上的市内常住人口（不包括现役军人）。当年建立人口卡片 230 万张。人口卡片分为登记卡和注销卡，一人一卡。人口卡片的建立，为公安局侦破案件、查获犯罪分子的下落提供了方便。

1958 年 1 月 9 日，《中华人民共和国户口登记条例》公布，北京市公安局根据其关于"一个公民只能在一个地方登记为常住人口"的规定，取消了寄宿户口申报制度。4 月 9 日，市公安局户籍处决定将建筑单位户口改为按活页户口登记表登记管理。建筑单位长期工和正式职工居住在工作处所有迁移证明者，均登记常住户口。（见表 1 - 2）

表 1 - 2　1949 ~ 1958 年户籍制度的酝酿和形成过程

年　份	法规制度	内　容
1949	《北京市市民声（申）报户口暂行规则》《违反市民声（申）报户口规则暂行罚则》	申报户口管理方法
1950	《关于特种人口管理的暂行办法》《城市户口管理暂行条例》	特殊人口管理城市常住人口登记管理
1952	《户口管理实施细则》	户口管理方法
1953	《全市人口调查登记办法》《中共中央关于粮食统购统销的决议》	常住人口调查和登记规定粮食收购和计划供应的范围
1954	内政部、公安部和国家统计局联合通告《建立经常户口登记制度》	普通建立农村户口登记制度人口和户口变动登记管理
1955	《市镇粮食定量供应暂行办法》《关于城乡划分标准的规定》	粮食供应、粮票和粮油转移证管理划分农业与非农业户口
1956	首次全国户口工作会议的三个文件	确立户口管理三项任务
1958	《中华人民共和国户口登记条例》	户口登记办法①

资料来源：本表在陆益龙《1949 年后的中国户籍制度：结构与变迁》（《北京大学学报》2002 年第 2 期）中相关表格的基础上增加了几项内容，修订而成。

到 1958 年，我国的户籍制度基本定型，其中比较重要的是在 1955 年划分了农业户籍与非农业户籍，产生了很大影响。这便于开展粮食及其他生活用品的凭票证购买，在全国范围内开展物资调配工作。户籍制度强化了人口

---

① 参考陆益龙《1949 年后的中国户籍制度：结构与变迁》，《北京大学学报》2002 年第 2 期。

社会身份的代际传承，形成代际延续的局面，这有利于社会秩序的管理，减少人口的流动性，尤其容易将农业人口固定在土地上。划分农业户籍与非农业户籍，虽然在一定程度上解决了当时的社会问题，但从长远角度来说，造成了城市与农村二元制社会的巨大差异，城市享受了更多的优待，而农村奉献了更多的劳动成果，造成了诸多的不公平；严格限制了城乡人口社会身份的转变，给人口迁移和人才流动带来各种困难，造成社会缺乏活力。虽然这种局面在改革开放后得到缓解，但城乡二元制社会带来的问题依然困扰着中国社会，对于国民社会保障机制、人才流动机制、土地流转机制等均有各种不利影响。

二 户口迁移

谈到户口迁移，首先要说明北京市辖区的变化情况。新中国成立之后的户口与人口数量的增加，有时是因为市政辖区的扩大导致的。1952 年 7 月，热河省宛平县和房山县部分村划归北京市。1956 年，河北省昌平县全县和通县所属金盏等 7 个乡划归北京市。1958 年 3 月，河北省通县、顺义、大兴、良乡、房山 5 个县和通州市划归北京市。1958 年 10 月，河北省怀柔、密云、平谷、延庆 4 个县划归北京市。

1. 迁入户口

由于新中国定都北京，党政机关和工业生产、社会服务业均需要大量人员，外省市、农村等地进入北京寻找工作及投靠亲友的人员也有很多，所以在新中国成立之初的几年内由外地迁往北京的人口非常多。1949～1953 年，北京市对外地迁入的户口管理非常宽松，无限制措施。只要迁入人员拟在京长期居住，并持有户口迁移证件，即可入户，登记为常住户口。对无迁移证的外省市居民，如确系在京长住，由公安局派出所审查核实，允许取保入户。这是北京市首次实行的无证入户，于 1953 年 2 月取消。

1954 年 6 月 11 日，北京市公安局规定，暂住人口中连续在本市居住 3 个月以上并提出常住者，均应促其入北京市正式户口即常住户口，办理迁入手续，其中，由其他城市来京者索要迁移证；由农村来京并确已就学、就业及有可靠生活来源者即准报正式户口（常住户口），事后函告注销其原地户口。这是北京市第二次无证入户。1949～1954 年，从外地迁入北京人口共102.2 万人。（见表 1－3）

表 1-3　1950 年 12 月份全市户口增减统计

单位：人，户

数目　项目 项别	11 月份	12 月份	增加数	减少数	比较数
户	439686	441799	5881	3768	+2113
男	1087038	1145247	67526	9317	+58209
女	873871	885739	19284	7416	+11868
计	1960909	2030986	86810	16733	+70077
备考	本表"增加数"包括迁入、出生、婚入、新增的机关团体、公营工厂、学校户口数。"减少数"包括迁出、死亡、嫁出及此次更新户口簿后（内七、外三、外五）经更正减少的户口数				

资料来源：北京市档案馆藏《公安局户籍工作初步意见及户口统计月报》，档案号 002-026-00047，1950。

据笔者访谈了解到，当时落户是比较容易的，许多在 1949~1966 年进入北京的寻找工作、投奔亲属的外地人员都获得了户口。下面受访者于 1949 年由河北农村进入北京"讨生活"，他在北京找到固定工作后，回老家结婚，并把妻子和父母接到了北京，一家人都有了北京户口。

受访者，M 先生，20 世纪 30 年代生于河北固安，新中国成立初到北京定居。

采访者：您和爱人的户口是什么时候给上的？

受访者：我来没多久就上了。她是五几年，1958 年之前给上的，那时候好上。

采访者：您父母来了，也有北京户口吗？

受访者：有。

采访者：父母是什么时候来的？

受访者：五几年。[1]

1955 年，北京市委书记彭真指示：北京市人口增加太快，现在工业还未大发展，人口已达 342 万（含暂住人口），急需加以控制。所以市公安局对于市外迁入申报正式户口者，严格了审批权限，同时取消了寄宿户口。对新

---

[1]　梁景和主编《中国现当代社会文化访谈录》（第五辑），首都师范大学出版社，2016，第 319 页。该书访谈人有董怀良、黄巍、姜虹，引文是笔者，即姜虹访谈的记录，本书所引该书收录的访谈资料，如无特别指出，皆为笔者本人访谈的记录。下同。

中国成立后来京居住的户口，按来京时间先近后远逐步地清理，凡不符合申报正式户口者，一律取消正式户口，改为暂住人口，不发购粮证。

　　1956 年，市外迁入人口出现了新中国成立后的第一个高峰期，人数达到 41.2 万人，这一年从京外调入干部、职工 16.1 万人，随迁家属及投靠亲友生活的 17.1 万人，占当年迁入总量的 80.5%。1957 年中共中央、国务院发出关于制止农村人口盲目外流的指示，国务院下发了关于国家机关停止增设机构、扩大编制的通知，所以农村人口流入北京的较往年减少。同时，党内整风运动开展后各单位机构精简、干部下放劳动、动员职工家属还乡生产等，导致迁入人口减少。

　　笔者访谈了解到，当时外地人到北京投奔亲友的，要想落户，也要看亲友所在单位的层次。一位受访的老年妇女谈到 50 年代时，她的婆婆在山东老家，她希望婆婆能来北京生活，说"我那时在银行上班，农村来人都能给你落户，多好啊"①。她说的"银行"是指中国人民银行北京分行，是重要的国家单位，所以如果她婆婆来北京投靠她，是一定可以落户的。

　　1958 年，首都十大建筑陆续开工，工商企业单位大量增加，劳动力严重不足，各单位自行从京外、农村招来大量人员，因当时粮油、副食供应凭正式户口，这部分来京务工人员生活非常不便。所以市委决定将这些人转为北京市常住户口，办理了 7.9 万人入户，这是北京市第三次无证入户高潮。1958 年开始，市外迁入人口增长幅度加大，1959 年和 1960 年，北京市外迁入人口出现了第二个高峰期，两年均突破 50 万人大关，共迁入 103.3 万人（见表 1-4、1-5、1-6）。

表 1-4　北京市 1958 年 1 月分区户口统计

单位：户，人

分局别　项别	户　数	共　计		
		人　数		
		计	男	女
东　单	58368	269768	141176	128592
西　单	74258	353241	180102	173139
东　四	81840	369108	187965	181143
西　四	71307	333119	169082	164037

①　梁景和主编《中国现当代社会文化访谈录》（第五辑），第 332 页。

续表

分局别 \ 项别	户 数	共 计		
		人 数		
		计	男	女
前 门	48556	217098	117490	99608
崇 文	59139	266250	142498	123752
宣 武	69458	329564	174571	154993
东 郊	68292	344355	181764	162591
南 苑	44992	204252	109211	95041
海 淀	88872	540921	308255	232666
石 景 山	24018	113750	61530	52220
京西矿区	60593	259897	139681	120216
丰 台	44319	203885	106542	97343
昌 平	69784	291327	145351	145976
总 计	863796	4096535	2165218	1931317

资料来源：根据北京市档案馆藏，档案号002-010-00050中的统计表节选，这里的户口包括一般户口、工地户口和暂住人口。

表1-5 北京市1958年1月工地户口统计

单位：个，人

分局别 \ 项别	工地数	工地户口		
		人 数		
		计	男	女
东 单	28	2308	2284	24
西 单	29	6252	6108	144
东 四	21	2251	2193	58
西 四	19	2924	2854	70
前 门	2	231	224	7
崇 文	10	997	982	15
宣 武	25	2528	2479	49
东 郊	37	9152	8768	384
南 苑	24	886	880	6
海 淀	78	18985	18433	552
石 景 山	7	3796	3684	112
京西矿区	9	2877	2729	148
丰 台	4	361	356	5
昌 平	3	331	331	0
总 计	296	53879	52305	1574

资料来源：本表根据北京市档案馆藏资料，档案号002-001-00050档案中节选整理，1958。

表1-6 1958年3月底全市暂住人口情况统计

单位：人，户

项 目		由何处来					分布情况			
		计	专辖以上城市	城镇农村	港澳台	国外	机关团体企业户	工地户	旅店户	一般户
总计	计	118608	30167	88193	10	238	10552	7036	13579	87441
	男	52647	18275	34178	7	187	8903	7021	12230	24493
	女	65961	11892	54015	3	51	1649	15	1349	62948
投亲访友		71217	14031	57085	4	97	1216		696	69305
做预约临时工		11020	465	10555			1905	6556	561	1998
当保姆		4758	552	4206			162		5	4591
公干		11164	9361	1728	1	74	5929	480	4140	615
参观、游览、路过		4139	2719	1363	2	55	192		3579	368
治病生育		9573	1912	7655		6	628		612	8333
购卖物品		688	185	498	2	3	31		574	83
文艺演出者		232	82	150			46		176	10
小商小贩		1129	54	1075					1052	77
谋求职业		542	62	480			6		87	449
补习或考学		1951	191	1758		2	9		1366	576
拉排子车、蹬三轮、赶大车		741	35	706			1		613	127
随带家属		797	62	735					13	784
训练班学员		113	113				113			
农民拾粪		38		38						38
其他		506	343	161	1	1	314		105	87

资料来源：北京市档案馆藏《1958年3月底全市暂住人口情况统计表》，档案号：002－001－00050，1958。

1960年10月，根据中央紧缩城市人口的方针，北京市对于入户贯彻了严格控制的精神：首次对干部、职工调入，招收和录取学生规定了入户标准，严格了审批手续。对于外地农民来京入农户的，即外地妇女与本地农民结婚的，准予入农户。采取严格控制入户措施后，1961～1963年，市外迁入本市人口逐年下降，1961 年为 12.6 万人，1962 年为 10.3 万人，1963 年为 8.1 万人。1966 ~ 1972 年，北京市共迁入 42.4 万人，年平均迁入 6 万人，成为新中国成立后北京市迁入人口最少的年份。

笔者访谈中，也遇到过外地来京生活，没有很快给上户口的情况。

受访者：J 先生，58 岁，年轻时在昌平生活，后来到北京市里工作并定居。

采访者：到北京来了，干什么职业？

受访者：到北京来生活了几年，也不行，没有户口，只能到昌平农村了……我爷爷去找当地政府……政府给解决了，把我们送到林场里，是国家职工了。[①]

政府给这一家解决工作之后，因为有了国家职工的身份，自然有了北京户口，成为北京市民。

2. 迁出户口

1949 年 10 月 28 日，华北人民政府批转了《北京市移民察北办法》，北京市首次开展移民工作，各派出所和民政部门对本市失业、无业而又无原籍的人员，在自愿的原则下，动员他们迁往察哈尔省、绥远省，到 1951 年共迁出人口 8800 人。（见表 1-7、1-8）

表 1-7 1949 年北平市 17 个区管内疏散对象统计（节选）

单位：户，人

项目 \ 数目	户 数	人 数
逃亡地主	5675	24778
国民党流散党政人员	4770	18047
流散军人 被解放官兵	8157	28975
失业的公教人员 知识分子	3330	11322
失业的工人 苦力 店员	9102	31432
乞丐	231	388
小偷	461	1494

① 梁景和主编《中国现当代社会文化访谈录》（第五辑），首都师范大学出版社，2016，第 350 页。

续表

项目＼数目	户　数	人　数
流氓	954	2681
难民	3328	9979
无业游民	6993	24571
合　计	43001	153667

资料来源：北京市档案馆藏《北京市户口统计月报（1949 年 8~12 月）》，档案号 133－010－00495，1949。档案中完整的表格括的项目比较多，笔者特意节选出主要内容列出。档案中有备注："本表之数字包括内外城郊 17 个区（门头沟、石景山、长辛店三区未在内）的统计，因当时时间短促材料要得很急，下边未很好深入调查，此数字十分不精确。"制表时间为 1949 年 9 月 12 日。

表 1－8　1950 年 12 月全市迁入迁出统计比较

单位：户，人

项目数目		户　数	人　数		
			男	女	计
迁　入	市内移动	5980	11317	9834	21151
	本市外	2060	3777	2829	6606
迁　出	市内移动	6041	11738	10485	22223
	本市外	3203	6051	5273	11324
比较数	增减	1254	2695	3095	5790

资料来源：北京市档案馆藏《公安局户籍工作初步意见及户口统计月报》，档案号 002－026－00047，1950。

由表 1－8 可见，1950 年 12 月，全市人口迁出比迁入的数量大，人口数量在当月处于减少的状态。

1951~1953 年，向宁夏移民 1300 人，为北京市第二次移民。

1955~1956 年，向甘肃、青海两省移民 1.66 万人。

1955 年 7 月，成立北京市人口办公室，目的是动员闲散人员回乡生产。当年动员还乡而迁出户口的有 17 万多人。同年 12 月，北京市公安局、劳动局、民政局、粮食局组成联合办公室，开展经常性的动员还乡工作，1956~1957 年，迁往市外人口达 45.5 万人。由于人口增长的过快，造成粮食供应、住房条件等方面的紧张，所以北京市政府决定控制人口数量。

中共北京市委关于控制北京市人口的请示报告

（1957 年 1 月 14 日）

中央：

　　兹将我们对控制北京市人口增长的意见报告如下：

　　一、北京市的人口在 1949 年底大约是二百万左右，其中农业人口约三十八万，城市人口约一百六十五万。1956 年底已增加到四百一十二万人，其中农业人口八十四万，城市人口三百零九万，暂住人口十九万。几年来商业、饮食业、服务业、市政设施和城市房屋等虽然都有很大增加（1956 年与 1952 年比较，社会商品零售额增加了 103.6%，棉布销售量增加了 93%，肉食供应量增加了 90.5%，电车、公共汽车车辆增加了 72.8%，住宅增加了约七百万平方公尺建筑面积），但是由于城市人口增长的速度更快，加以就业人数增加，工资增加，社会购买力提高，以至 1956 年以来各方面都出现了严重的紧张情况。为了改善城市供应和房屋各方面的紧张情况，除了大力发展生产、努力改善供应工作外，还需要积极设法控制城市人口的增长。

　　二、几年来北京人口的增长，在农业方面除了自然增长以外，主要是历年来划入北京的宛平、房山、良乡以及昌平等地区的人口。城市人口的增长，主要有以下几个方面：

　　（1）机关工作人员的迅速增长。几年来中央机关的建设和发展很迅速，中央各部门都有一套附属机构，如勘查设计机构、研究实验机构、出版社、印刷所、干部学校、训练班、招待所等等。每增加一个机构，就要增加一批干部；每增加一个干部，其中绝大多数连同其家属、保姆等就要增加五、六个人。根据我们粗略估计，中央机关及其附属机构、在京的军事机关和军事学校（不算部队）及其附属机构共约三十四万人。市级机构的扩大也很快，现在共有三万人。

　　（2）随着生产和城市建设的发展，职工人数也有很大增长。1956 年基本建设工人共有十四万人，大部分是解放以后陆续由外地招来或调来的。工业职工 1956 年比 1949 增加了十二万人，其中决〔绝〕大部分是吸收本市中小学生和失业、无业人员，只有一小部分是由外地调来或招来的。

　　（3）高等学校、中等学校和各种专业学校都有很大发展，学生人数较 1949 年增加了二十万人。其中大部分大学生和一小部分中等专业学校学生、中学生，是由外地来京的。

（4）由于人民生活水平不断提高和卫生事业的发展，人口出生率不断增加，死亡率逐年下降，自然增长率逐年上升。据市卫生局统计，北京城市人口的自然增长率，1952年为2.57%，1955年增至3.51%。几年来城市人口由于自然增长而增加的共约四十多万人。

（5）解放以后机关干部和职工家属由农村和外埠大量迁来北京。1955年通过粮食管理对人口控制较严，家属来京的较少，并且动员了一部分职工回农村参加生产。但是由于对家在农村或外埠的职工没有放假制度，同时在困难补助、劳保制度、房租、房贴制度等方面，许多规定不合理，影响一部分职工要接家属来京；去年在批判不关心职工群众生活的官僚主义以后，在某些宣传上错误地、不看条件地强调接家属来京，去年以来，粮食管理又较松，因此，1956年职工家属来京人数又迅速增多，这一年由农村迁来的人数较迁往农村的人数多十万人，其中大部分是职工家属。另外，在十九万多暂住人口中，也有八万多人是来京的职工家属的亲戚朋友。①

与此同时，中共中央也做出了批复迁出中央属企业、事业单位离京人员的留京家属工作：

　　总理最近指示，将历年来中央一级机关及其在京的直属企、事业单位调离北京人员的留京家属。动员迁出北京。调离北京人员的留京家庭数量很大，他们长期住在北京，给各方面带来了不少的困难和问题。一方面，留在北京的家属占用了中央机关大量的住房，使新调进人员及其家属的宿舍难以解决；甚至有的留京家属因无人管教发生了不少严重问题，造成很坏的影响。另一方面，不少调离北京的人员，由于和家属两地分居，而不安心工作。将这些留京家属迁出北京，即有利于解决上述问题，同时在减少首都城市人口等方面也是具有重大政治意义的。这是一项艰巨的和复杂的工作。各地、各部门必须按照总理指示，加强领导，坚持政治挂帅。相互配合，切实采取有效措施，充分做好思想工作和组织工作，以保证此项工作顺利完成。②

---

① 《1957年北京市委市政府关于北京市人口政策及人口规模等问题文件一组》，《北京档案史料》2002年第4期，新华出版社，2002，第61~62页。

② 北京市西城区档案馆（北馆）藏《［西城区人民委员会人事科1965年］市人事局关于动员外调职工留京家属迁出费用开支问题的座谈会纪要等》，档案号：008－002－00186，1965。

从 1960 年下半年开始，北京市政府执行中央方针，精简职工，压缩城市人口，1961 年至 1962 年，全市共精简职工和动员职工家属及社会居民回乡生产 25.3 万人。1961 年因各种原因迁往外地人口总数为 35.1 万人。1959年到 1961 年，由于"三年困难"时期，全国粮食产量减少，城市居民粮食定量也减少，所以动员许多临时户口的居民还乡。下面是一则相关的档案材料。

关于动员临时户口还乡，和整顿粮食当中的一些情况和问题

（1960 年 8 月 20 日）

（一）暂住人口出、入情况：

从 8 月 13 日到 8 月 20 日，共走了六万八千人，进入三万五千人，净走，三万三千人。

（二）收容盲流的数字：

从 8 月 12 日到 21 日止，共收容一万一千人，已迁送走八千五百多人，还有二千五百人待迁送。

（三）这八天中暂住人口（不包括流浪的盲流）离京的有六万八千人。全市暂住人口十八万人，其中正常往来约五万多人，动员对象十二万七千人，现在已走约七万人，还有五万七千人未走（新来的三万五千人有多少盲目流入的农民，尚未查清，未计算在内）。

据公安局从各个派出所推算，暂住人口中的动员对象，表示要走的占 45%，目前观望的占 32%，不打算走的占 23%。

另据对四个片的典型调查，表示不走的比重较大。计：要走的占35%，观望的占 23%，不打算走的占 42%。

据以上两个调查，估计不打算走的大约有二万人到三万人。

例如：

大栅栏派出所两个片，崇外派出所一个片，东华门派出所一个片的典型调查，共有居民四千一百四十一户，在 8 月 12 日有暂住人口六百四十七人，平均每 6.4 户有一个暂住人口；到 8 月 17 日止，共有暂住人口四百九十人，即平均每 8.4 户有一个暂住人口。

这四百九十人中，据公安局认为非正常往来，应动员回去的有二百七十一人，其中有以下几种情况：

1. 投靠亲属的 181 人。

（如大栅栏一个责任区的需要动员的 50 人中，即有 40 人是投靠的，其中投靠子女的 14 人，投父母的 8 人，投丈夫的 8 人，投非直系亲属的 10 人。）

2. 自称看病，但系慢性病的 22 人。

3. 找对象（都是女人）8 人。

4. 为亲友看孩子、当保姆的 35 人。

5. 来北京找工作的 12 人。

6. 来北京考学校的 5 人。

7. 外地工作跑回来不工作的 2 人。

8. 移民跑回来的 6 人。

（四）当前存在的问题：

1. 暂住人口中有一部分人员动员走还有困难，有的赖着不走，寻死觅活。其中，一种是老婆来找丈夫的，有的表示死也不走，有一些职工本人也不愿意动员她们回去；一种是没有劳动力的老太太来投靠儿子、女儿，有的还带着孩子来，表示：养儿为防老，有我儿女吃的就得有我吃的。

（我们考虑，对暂住人口中，动摇、观望的应坚决动员他们回去，最后剩下夫妇关系实在不走的，可以考虑安排他们到本市郊区参加农业生产。）

2. 在正式户口中（不包括因家中有临时户口吃了他们粮食而不够的人），在粮食问题上发生问题的主要是过去经常要求补粮的人。

有些人过去不参加劳动，现在参加劳动；

有些人是过去经常不够吃，要求补粮的，如清洁队工人，三轮工人等，有的因这两天缺粮，已影响生产。例如西城区清洁队工人，定量是 49 斤，实际上有些人吃到 59 斤。过去 500 人中有 100 多人要补粮，每月补 2,600 多斤，现在不给补了，队里组织人脱产去城外打野菜。

有些人过去经常每月排队吃几天饭馆来弥补不足。8 月份，有的人上半月去吃了几天饭馆，这月粮食没有什么问题；有些人准备下半月去吃，宣布收粮票后，便不够吃（差几天）。以上情况，有些是如果计划好，还可能够吃，但 8 月份，月中动员，16 日起实行，已经吃了 20 天

（由 7 月 25 日起吃 8 月粮食），剩下 10 天计划来不及。例如北京开关厂汇报该厂 7 月底苦战了三天，吃了 8 月份的粮食 1,000 斤，现在补不了粮食，吃到 25 号就不够了。①

1965～1969 年，五年间北京市迁往外地人口达 91 万人，形成 1949 年后外迁人口的高峰期。此期间迁往外地人口数上升的主要原因是：1965 年战备疏散人口和在京单位外迁支援三线建设；1966 年"文化大革命"开始后，遣送五类人员及其家属还乡；1968 和 1969 年干部下放劳动及知识青年上山下乡，这两年中全市组织去外地上山下乡的知识青年有 24.5 万人。②（见表 1-9、1-10、1-11、1-12、1-13）

表 1-9　1949～1966 年常住人口变动情况

（按当年区划统计）

单位：万人

年　份	常住人口	自然变动			迁移变动			
		出生	死亡	自然增加	迁入本市	迁出本市	净迁移量	人口粗迁移率（%）
1949	203.10	3.67	2.20	1.47	11.3	31.9	-20.6	21.3
1950	204.27	7.27	2.92	4.35	11.9	15.1	-3.2	13.2
1951	221.98	7.88	3.26	4.62	25.6	12.5	13.1	17.2
1952	248.80	7.99	2.53	5.46	19.3	11.0	8.3	12.2
1953	276.62	9.74	2.73	7.01	27.9	7.1	20.8	12.7
1954	310.38	12.11	2.56	9.55	32.6	12.0	20.6	14.4
1955	320.11	12.83	3.03	9.80	25.9	26.0	-0.1	16.2
1956	383.23	13.26	2.56	10.70	45.7	22.5	23.2	17.8
1957	401.15	16.65	3.24	13.41	27.5	23.0	4.5	12.6
1958	631.85	14.86	3.24	11.62	31.4	30.2	1.2	9.7
1959	684.10	20.10	6.32	13.78	56.0	17.5	38.5	10.7
1960	732.13	23.59	6.52	17.07	53.4	22.4	31.0	10.4
1961	721.02	18.70	7.86	10.84	12.7	35.5	-22.8	6.7

① 北京市档案馆藏《动员临时户口还乡和整顿粮食当中的一些问题和一些典型调查材料》，档案号：002-020-01023，1960。
② 北京市地方志编纂委员会编《北京志·政法卷·公安志》，北京出版社，2003，第 362～373 页。

续表

年 份	常住人口	自然变动			迁移变动			
		出生	死亡	自然增加	迁入本市	迁出本市	净迁移量	人口粗迁移率（%）
1962	723.64	25.79	6.29	19.50	32.2	48.5	－16.3	11.2
1963	747.38	31.92	5.96	25.96	8.1	10.1	－2.0	2.4
1964	765.01	22.98	6.25	16.73	11.1	10.1	1.0	2.8
1965	775.93	17.73	5.21	12.52	15.5	17.2	－1.7	4.2
1966	770.06	15.03	5.61	9.42	6.1	21.1	－15.0	3.5
合计	—	644.08	228.39	415.69	725.5	562.3	163.2	—

资料来源：《北京志·综合志·人口卷》，北京出版社，2004，第27～28页。

表1－10　常住人口分阶段变动

（按当年区划统计）

单位：万人

年 份	各阶段人口增加	自然变动			迁移变动		
		出生	死亡	自然增加	迁入本市	迁出本市	净迁移量
1950～1960	529.03	149.95	41.11	108.84	368.5	231.2	137.0
1961～1970	29.12	198.09	57.00	141.09	108.5	209.2	－100.7
1971～1978	78.42	85.72	41.34	44.38	73.9	39.3	34.6
1979～1994	212.08	210.32	88.94	121.38	174.6	82.6	92.0
合　计	858.65	644.08	228.39	415.69	725.5	562.3	163.2

资料来源：《北京志·综合志·人口卷》，北京出版社，2004，第30页。

表1－11　1953年底～1956年底北京市人口职业分布情况

单位：人

项　目	1953年底	1954年底	1955年底	1956年底
全市人口总计	2871000	3258400	3280300	3978000
城市人口			2670700	2950000
1. 基本人口			547530	642839
其中工业职工			134482	157132
建筑业职工			128214	157132
对外交通运输职工			26231	27718
高等学校师生员工			81340	108768
非市属学生师生员工			18801	27797

续表

项　　目	1953 年底	1954 年底	1955 年底	1956 年底
非市属科学文化机构工作人员			24880	40472
2. 服务人口			497152	522726
其中公用事业职工			35478	35522
市内交通运输职工			52290	62595
市属商业金融业工作人员，其中另〔零〕售业工作人员			133487	134944
文教事业工作人员			38947	
医疗卫生保健机构工作人员			23559	62187
服务性行业职工（已列公用事业）				
3. 家务劳动者				
4. 被抚养人口			1626018	1784435
5. 其他人口			26736	
（一）城区人口	1772120	1825920	2017696	
（二）郊区人口	1331673	1375197	1767906	
农业人口			530400	840000

资料来源：《1957 年北京市委市政府关于北京市人口政策及人口规模等问题文件一组》，《北京档案史料》2002 年第 4 期，新华出版社，2002，第 65～66 页。表格标题为作者所加。

表 1－12　20 世纪 50 年代常住人口分阶段变动

（按当年区划统计）

单位：万人

年　　份	各阶段人口增加	自然变动			迁移变动		
		出生	死亡	自然增加	迁入本市	迁出本市	净迁移量
1950～1952	45.70	26.81	10.90	15.91	68.1	70.5	-2.4
1953～1957	152.35	64.59	14.12	50.47	159.6	90.6	69.0
1958～1960	330.98	58.55	16.09	42.46	140.8	70.1	70.7
合　　计	529.03	149.95	41.11	108.84	368.5	231.2	137.3

资料来源：《北京志·综合志·人口卷》，北京出版社，2004，第 31 页。

表 1－13　20 世纪 60 年代常住人口分阶段变动

（按当年区划统计）

单位：万人

年　份	各阶段人口增加	自然变动			迁移变动		
		出生	死亡	自然增加	迁入本市	迁出本市	净迁移量
1961～1962	－8.49	44.49	14.15	30.34	44.9	84.0	－39.1
1963～1965	52.29	72.64	17.43	55.21	34.7	37.4	－2.7
1966～1970	－4.68	80.96	25.42	55.54	28.9	87.8	－58.9
合　计	39.12	198.09	57.00	141.09	108.5	209.2	－100.7

资料来源：《北京志·综合志·人口卷》，北京出版社，2004，第33页。

表 1－14　非农业人口分阶段变动情况

（按当年区划统计）

单位：万人

年　份	各阶段人口增加	自然变动			迁移变动		
		出生	死亡	自然增加	迁入本市	迁出本市	净迁移量
1950～1960	290.66						
1961～1970	－52.45	81.39	17.8	63.59	54.9	117.46	－62.56
1971～1978	63.88	31.08	15.98	15.1	64.42	31.65	32.77
1979～1994	216.81	101.9	44.78	57.12	154.44	71.77	82.67
合　计	518.90	214.37	78.56	135.81	273.76	220.88	52.88

资料来源：《北京志·综合志·人口卷》，北京出版社，2004，第35页。

由上述资料可见，1949～1966 年，北京市人口总体上呈现逐渐增长的态势。1949～1952 年，新中国成立后各行各业逐渐复兴，人口数量出现较为平缓的增加趋势。1953～1957 年，虽然由政府主导向外地迁出一部分人口，但由于行政区划的不断扩大、经济建设需要调入大量外地劳动力等因素，总体上人口增长速度比较快。1958～1960 年人口增长速度有所减慢，但自然增加人口也是比较多的。1961～1966 年人口总体上依然呈现增长状态，以 1963 年自然增加人口最多，1962 年和 1964 年次之。

三　市民基本情况

要了解当时的北京市民的基本情况，必须先弄清楚市民的文化程度、民族构成、宗教信仰等状况。

1. 文化程度

由表 1-15 可见北京解放之初市民受教育程度的情况，当时的统计可能不太完善，但也可以估量出市民文化程度的大致状态。大学以上文化程度者 1267 人，大学程度者（包括毕业和肄业，下同）40535 人，专科 10184 人，中等教育 165641 人，初等教育 441097 人，识字者（包括私塾）280769 人，不识字者 785332 人。图 1-1 是相关的饼状图，不识字者占了 48%，识字者占 17%，初等教育者占 26%，中等教育者占 10%，专科及以上一共占 3%。可见文盲几乎占了一半的比例。总体来说，北京市民在解放初期受教育程度比较低。

表 1-15 北京市市民文化程度统计

（1949 年 10 月）

单位：人

文化程度			男	女	合 计
大学以上	留 学		743	102	845
	研究院		310	112	422
受大学教育者	毕 业		17102	4583	21685
	肄 业		14059	4791	18850
受专科教育者	毕 业		5622	1709	7331
	肄 业		1876	977	2853
受中等教育者	高中	毕业	24565	11849	36414
		肄业	17035	8400	25435
	初中	毕业	38871	19147	58018
		肄业	28969	16805	45774
受初等教育者	高小	毕业	54928	23011	77939
		肄业	39857	20500	60357
	初小	毕业	99830	40094	139924
		肄业	111699	51178	162877
私 塾			113780	9998	133778
识字者			85253	61738	146991
不识字者	六岁至二十岁		82825	132666	215491
	二十岁以上		224251	345590	569841
共 计			961575	753250	1724825

资料来源：此表是笔者根据北京市档案馆藏 133-010-00495 档案材料绘制，当时统计的区域包括内城七个区，外城五个区，东南西北四个郊区及长辛店、石景山、门头沟、丰台区。

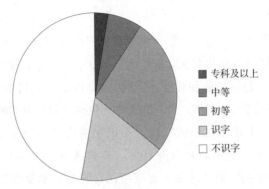

图 1－1　北京市市民文化程度（1949 年 10 月）

笔者根据表 1－15 中的数据，总结出男女受教育程度简表。（见表 1－16）

表 1－16　男女受教育程度对比

单位：人

教育程度	男	女
大学以上	1053	214
大　学	31161	9374
专　科	7498	2686
中　等	109440	56201
初　等	306314	134783
识　字	199033	71736
不 识 字	307076	478256

根据此简表总结出男女受教育程度对比柱状图：

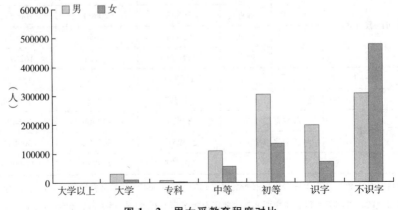

图 1－2　男女受教育程度对比

由此可见，识字及受大、中、小学教育者，男性比例皆远远高于女性；而不识字者，女性远远多于男性。于是妇女识字成了新中国初期中国教育的重要工作之一。

2. 宗教信仰

再看北京市民的宗教信仰状况。北京自身特殊的历史原因，元代定都，回族人从元代开始在牛街及广安门内外聚居，延续至今。清代满族皇室贵胄、八旗子弟与蒙古族皆有不少信仰喇嘛教者。基督教虽然在古代已经传入中国，但成规模信仰是近代以后的事。而佛教与道教在中国各地都有较多信仰者。表 1-17 是北京解放初期市民宗教信仰统计情况。

表 1-17　北京市市民宗教信仰统计

（1949 年 10 月）

单位：人

人数＼类别	佛教	道教	回教	喇嘛教	天主教	耶稣教	其他
男	579145	1508	35387	377	9656	7851	62186
女	477115	1038	28828	158	9292	6927	43796
总计	1056260	2546	64215	535	18948	14778	105982

资料来源：此表是笔者根据北京市档案馆藏 133-010-00495 档案材料绘制，原资料形成时间为 1949 年 10 月，当时统计的区域包括内城七个区，外城五个区，东南西北四个郊区及长辛店、石景山、门头沟、丰台区。

其中佛教信仰者占 85%，回教占 5%，信仰其他宗教的占 8%，道教、天主教、耶稣教共占 2%。可见有宗教信仰者，绝大多数信仰佛教。（见图 1-3）

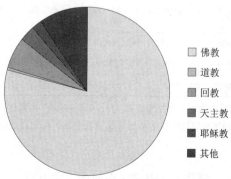

佛教
道教
回教
天主教
耶稣教
其他

图 1-3　北京市市民宗教信仰对比

这里的"其他"没有道明是什么宗教，档案资料中也没有说明，但占的比重不小，据笔者分析，有可能是会道门一类的封建迷信，因为不少误入迷途者家破人亡，影响恶劣，所以史料中没有明确标明。新中国成立后政府大规模打击封建会道门活动，解救了不少受蛊惑的民众。

调查发现男女宗教信仰人数以男性为多（见图1－4）。

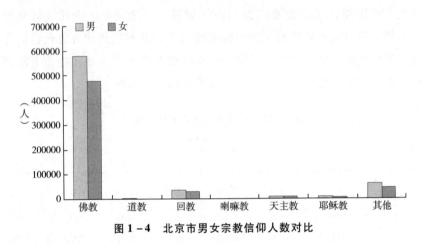

图1－4　北京市男女宗教信仰人数对比

3. 民族构成

由于北京是元明清三代古都，所以蒙古族、回族、满族人数较多，表1－18的统计虽然可能不够全面，但也有一定的价值。

表1－18　北京市少数民族统计

（1949年10月）

单位：人

类别 人数	满　族	蒙古族	回　族	藏　族	苗　族	总　计
男	15808	714	32816	17		49355
女	15204	506	27440	7	1	43158
总数	31012	1220	60256	24	1	92513

资料来源：此表是笔者根据北京市档案馆藏133－010－00495档案材料绘制，资料形成时间为1949年10月，当时统计的区域包括内城七个区，外城五个区，东南西北四个郊区及长辛店、石景山、门头沟、丰台区。

由表1－18可见，满族人三万多，而回族人六万多，事实会是如此吗？北京作为昔日清王朝的定都之所，从清王朝灭亡到新中国成立不到40年的时间，

1949 年 10 月时满族人只会有三万多吗？当然不是。笔者访谈得知，许多老满族人在民国时期和新中国成立初期都将自己的民族改成了汉族，那时候随便改，也没有人会问原因。改民族的原因，多数是出于政治上的考虑。笔者在北京西城区档案馆查阅档案时遇到了一对老夫妻，女方是老满族，其祖父是贵族身份，曾在皇宫里有营生，专门给后妃提供首饰，家住地安门。她的丈夫来北京生活五六十年了，但保留着浓重的南方口音。老先生陪着妻子到档案馆查档案，希望能找回满族的身份，无奈派出所与档案馆中，都没有相关的档案保存下来。笔者还采访过一位祖上把满族身份改成汉族的满族人。

> 采访者：大爷您好！您是老北京人吗？
>
> 受访者：是。
>
> 采访者：是满族还是汉族？
>
> 受访者：原来是满族，后来改成汉族了。那时候户口松，管得不严。
>
> 采访者：是什么时候改的？
>
> 受访者：我奶奶活着的时候改的，是日本人来的时候吧。我们满族管奶奶叫"太太"，我父亲管我奶奶也叫"太太"，跟我叫的一样。我奶奶说，咱们满族也不拿皇粮了，就改了吧。
>
> 采访者：日本人对满族和汉族有什么不一样吗？
>
> 受访者：一样。那时我很小，才几岁，我 1937 年出生的。[1]

曾经是吃皇粮的贵族身份，到民国时期与汉族一样，身份已变得平常，因此轻易地更改了自己的民族。

据 1953 年的普选运动户口调查，"本市现有少数民族四十八种，一十六万八千一百八十八人"[2]，从档案资料中得知，其中多是新中国成立后进入北京工作和学习的少数民族人口。此后，北京的少数民族人口越来越多。

第二节　家庭人口

传统的中国社会是宗法家族制社会，累世聚族而居是非常普遍的情况，

---

[1]　梁景和主编《中国现当代社会文化访谈录》（第五辑），首都师范大学出版社，2016，第325 页。

[2]　北京市档案馆藏《普选运动户口调查工作报告、总结》，档案号：014-002-00073，1953。

一个大家族，往往四世同堂乃至五世、六世同堂，常常是几十口甚至上百口人共同生活在一地，当然这种现象以南方居多，但北方也有不少大家族直到民国时期仍然聚居一处。北京作为清代的首都，是皇室和达官贵人聚居之处。随着清代满族政权统治的结束，皇室崩溃，八旗子弟沦为平民，满族不再享受特权，也不再领取俸禄，养尊处优的北京满族人的生活突然遭到巨大变故，一大批满族家族败落为四分五裂的小家庭。生活在北平的汉族和其他民族家庭也当然遭遇相同的命运。加之日本侵华战争中北平城沦陷，在民国末期，多数北平的大家庭都变成规模较小的家庭，甚至一些家庭绝迹，当然也有新组成的家庭。

老舍先生的小说《四世同堂》描述的是老北京人家庭祁家四代人在抗日战争时期的生活，虽然是小说，但因为存在真实的发生背景，使得小说不仅具有可读性，也同样具有历史性。正如历史学家齐世荣教授所言："有些小说，经过仔细分析，可以作为史料使用。小说中虚构的故事虽无个性的真实，但有通性的真实。"[①] 老舍先生以当时人当地人写当地事，所以他的小说具备"通性的真实"。小说中交代，祁老太爷在"七七事变"那年七十五岁，在"小羊圈"胡同中的一所房子里住了四五十年，也就是说在二三十岁的年纪，公元1900年左右，他靠自己的能力置买了这所房子。祁老太爷是老北京人，这一生见过"八国联军"怎样攻进北京城，看见了清朝的皇帝怎样退位，和接续不断的战争。祁老太爷的家庭到抗战时期已经成为四世同堂的大家庭了，家庭的人口和代际构成有：第一代为七十五岁的祁老太爷，第二代为五十多岁的儿子和儿媳，第三代为二三十岁的大孙子、二孙子、三孙子和大孙媳、二孙媳，第四代为不到上学年纪的重孙小顺儿和重孙女妞妞。从人口构成上来说，符合"儿孙满堂"的传统家庭标准，是令人羡慕的幸福家庭。

再看看祁家的生活模式，祁老太爷是当之无愧的家长，威望最高，因为年迈，所以在家不怎么管事，以娱乐休养为主。儿子是外面店铺的掌柜，儿媳身体不好，所以二人都不管家。管家的是长孙媳妇，因为：第一，她已给祁家生了儿女，叫老人家有了重孙子孙女；第二，她既会持家，又懂得规矩，一点也不像二孙媳妇那样把头发烫得像烂鸡窝似的，看着心里就闹得慌。长孙媳掌管全家的饮食和与外界的人情往来，做得有条不紊，深得老太

---

① 齐世荣：《谈小说的史料价值》，《首都师范大学学报》（社会科学版）2010年第5期。

爷的赞赏。家庭成员之间的关系总体上相处得不错，小矛盾是在所难免的。祁家十口人，数量比不上古代的家族，但比新中国之后的家庭规模要大。祁家基本上摆脱了古代聚族而居的大家族情况，但长幼有别、尊卑有序的传统伦理依然主导着家庭的秩序。祁家的长孙和二孙都已经成家，却没有分家居住和生活。[1] 这样的家庭到新中国成立之后，孙辈们都有自己的工作和收入，基本上会分家，各过各的日子。从家庭构成来说，祁家属于比较大的联合家庭，有三对夫妻，共四代人。而新中国成立之后，联合家庭虽然也比较广泛地存在，但一般是由两对夫妻组成的。

下面来看新中国成立后北京家庭的人口情况。

一 家庭人口数量

先看一组 1949 年 12 月的全市户口统计状况（见表 1-19）。

表 1-19　1949 年 12 月北京市户口统计

单位：个，人

分局别	派出所数	户　数	人　　数			平均每户人数
			男	女	计	
内 一 分 局	16	32219	96927	70632	167559	5.200627
内 二 分 局	14	22081	61097	49247	110344	4.997237
内 三 分 局	18	34512	94567	75280	169847	4.92139
内 四 分 局	22	33035	83151	69908	153059	4.633237
内 五 分 局	19	23108	59559	49857	109416	4.734984
内 六 分 局	17	16220	44469	37580	80049	4.935203
内 七 分 局	11	8872	27168	19912	47080	5.306583
外 一 分 局	17	14324	43773	23179	66952	4.674113
外 二 分 局	16	20729	58184	37526	95710	4.617203
外 三 分 局	20	24837	63028	44040	107068	4.310827
外 四 分 局	21	28255	70288	52997	125285	4.434082
外 五 分 局	21	29427	73720	47620	121340	4.123424
东 郊 分 局	28	28431	66250	57072	123322	4.337589
南 郊 分 局	21	22984	53680	45385	99065	4.310172

[1] 老舍：《四世同堂》，人民文学出版社，1998。

续表

分局别	派出所数	户数	人数			平均每户人数
			男	女	计	
西 郊 分 局	39	33870	87703	67613	155316	4.585651
北 郊 分 局	21	19562	45886	41209	87095	4.452254
长辛店分局	6	7440	18041	15991	34032	4.574194
石景山分局	8	10478	24516	21051	45567	4.348826
门头沟分局	9	12780	30292	22125	52417	4.101487
丰 台 分 局	18	18635	42948	37515	80463	4.317843
总　　计	362	441799	1145247	885739	2030986	4.597081

资料来源：北京市档案馆藏《公安局户籍工作初步意见及户口统计月报》，档案号002－026－00047，1950。注：因该月北京市建立了机关团体学校公营工厂户口，所以共增加2135户，其中男70078人，女15219人。这些户口不一定都是由家庭组成的，但无法查出具体的非家庭户，但因为相对于家庭数来讲是比较少的，所以放入全体共同统计。表中的数据，最后一项"平均每户人数"原来的资料中没有，是笔者按照前面的数据计算出来的，目的在于统计出各区平均每户的人数。

由表1－19可见，1949年12月当时北京市的人口数为203万人。各区平均每户为4~5人，全市平均每户4.5个人。可以说，当时的家庭规模是比较小的。而像《四世同堂》中描述的20世纪三四十年代祁家那个大家庭，可能在新中国之后就分家了，各个孙子结婚成家之后，各过各的。而祁家老太爷及其五十多岁的儿子儿媳，单过的可能性不大，毕竟年纪大了，需要照顾，他们与大孙子一家共同生活的是最有可能的（当然这只是一种根据传统的猜测而已）。

表1－20是北京市户数与户籍人口的统计情况，内容包括了非农业户口和农业户口。大体上说，从我国的国情而言，非农业户口多数是市民阶层。

表1－20　1949~1970年户数及户籍人口统计
（按当年区划统计）

单位：万人

年　份	户籍户数（万户）			户籍人口	非农业户	农业户	男	女	暂住人口
	合计	非农业户	农业户						
1949				203.10	164.94	38.16	114.53	88.57	6.08
1950				204.27	161.55	42.72	115.24	89.02	9.37
1951				221.98	182.10	39.88	128.43	93.54	13.44

年　份	户籍户数（万户）			户籍人口	非农业户	农业户	男	女	暂住人口
	合计	非农业户	农业户						
1952				248.79	194.30	54.49	143.04	105.76	12.96
1953				276.62	224.51	52.11	158.57	118.05	10.45
1954				310.39	257.50	52.88	176.57	133.81	15.46
1955				320.11	267.07	53.04	177.91	142.20	7.92
1956				383.22	299.31	83.91	209.36	173.87	19.24
1957				401.15	320.55	80.60	213.68	187.47	14.29
1958				631.85	350.17	281.68	329.83	302.02	27.00
1959				684.11	407.41	276.70	364.01	320.10	22.79
1960	145.77	85.52	60.25	732.13	455.60	276.53	388.62	343.51	7.42
1961	148.56	83.39	65.17	721.02	433.85	287.17	376.25	344.78	8.17
1962	151.95	83.80	68.15	723.64	420.66	302.98	372.64	351.00	8.58
1963	154.30	84.94	69.36	747.38	433.14	314.24	384.61	362.77	10.54
1964	155.98	86.02	69.96	765.01	442.56	322.45	393.41	371.60	11.31
1965	156.67	86.34	70.33	775.92	447.80	328.12	400.24	375.68	11.18
1966	156.38	84.87	71.51	770.06	433.68	336.38	397.45	372.61	11.89
1967	159.28	87.42	71.76	781.86	439.30	342.66	403.35	378.61	14.43
1968	163.11	89.81	73.30	781.68	430.69	350.99	402.02	379.65	13.06
1969	167.40	89.93	77.47	767.56	405.87	361.69	393.11	374.45	12.08
1970	169.14	90.21	78.92	771.25	403.15	368.10	393.99	377.26	13.03

　　资料来源：《北京市六十年》，中国统计出版社，2009，第75页。为方便起见，笔者截取了从1949年至1970年的北京户籍数据。

　　从表1-20中的1960年可以看出，当时的非农业户口有85.52万户，非农业人口总数为455.60万人，平均每户有5.32人。因为市民一般都是非农业户口，所以市民平均每个家庭大约五六个人。但是我们应该看到，许多家庭光孩子就四五个，加个父母，有的家庭有可能孩子的祖父母或外祖父母也与其共同居住，那么人口就更多了。有些家庭人口比较少，可能因为年轻夫妻刚组成家庭，孩子未出生或孩子不多。还有一种情况：一家人两地分居，即丈夫或妻子一方在北京城里工作并有非农业户口，而另一方在农村老家或其他城市生活，户口不在北京市里。这种情况造成了家庭人口数量少。事实上，新中国成立初期，夫妻两地分居的现象非常多。大概分为几种情况：

（1）丈夫随部队或政府进入北京市内工作，他们的妻子与孩子在老家，因为各种困难，没能很快随之调进北京定居。（2）原先在地方工作的人调进北京工作，或外地生源在北京上大学并留京工作的大学生，其配偶与子女没能很快随迁，造成两地分居。（3）因为国家建设的需要，或因为政治运动的影响，一部分原在北京工作的人调到外地去工作，或被下放到外地，而有一部分人的配偶与子女还在北京，造成两地分居。两地分居对于户口统计的影响在于，一些人调动或下放，户口都随之迁移，而本属一个家庭的配偶与子女，户口却没有移动，造成了家庭人口的减少。目前尚未发现两地分居家庭的统计数据，不知有多少家庭在当时承受着两地分居的痛苦。但据笔者从获访谈中悉，这种情况并不是少数。

二　家庭人口构成

家庭人口的构成主要包括家庭人口的性别比例、年龄分布、受教育程度等情况。表 1－21 是全国五次人口普查中关于北京市人口的数据。

表 1－21　北京市五次人口普查人口基本情况

单位：万人

项　　　目	1953	1964	1982	1990	2000
总人口	276.8	759.7	923.1	1081.9	1356.9
男	159.8	391.1	467.1	559.3	707.4
女	117.0	368.6	456.0	522.6	649.5
性别比（女＝100）	136.5	106.1	102.4	107.0	108.9
家庭户规模（人/户）			3.7	3.2	2.9
各年龄组人口（％）					
0～14	30.1	41.5	22.4	20.2	13.6
15～64	66.6	54.4	72.0	73.5	78.0
65 岁及以上	3.3	4.1	5.6	6.3	8.4

资料来源：《北京市六十年》，中国统计出版社，2009，第 79 页。

从性别比例来看，1953 年的男女比例比较失衡，性别比达到 136.5，分析原因：（1）新中国成立后，大批男性军人和机关工作人员进入北京工作，很多是年轻未婚者，也有已婚但妻子在老家还没有进入北京生活的。（2）北京作为一个移民城市，民国时期尤其抗日战争胜利之后，不少外地人因为赤贫或灾荒难以在当地维生，不得以成为流民，进京讨生活，流民的主要来源为河北、山东、山西、河南、东北等地，以男性为多。所以造成北京在五十年代初性别比例失衡。笔者曾经采访过一位年轻时进京讨生活的男士。

受访者：M 先生，20 世纪 30 年代生于河北固安，解放初到北京定居。

采访者：您什么时候来北京的？

受访者：解放那年。

采访者：为什么来北京？

受访者：来讨生活的。河北农村的。

采访者：您老家在哪啊？

受访者：固安。

采访者：家里人都来了？

受访者：就我一个人。

采访者：您来北京后干什么？

受访者：什么都干，一开始给人家赶车，后来赶车不行了，就找工作了。

采访者：找的什么工作？

受访者：装卸工。后来到运输公司了。

采访者：您后来一直在运输公司干吗？

受访者：对。

采访者：具体做什么工作？

受访者：修理。

采访者：您什么时候结婚的？

受访者：55 年。

采访者：您的爱人是北京人吗？

受访者：老家的。

采访者：父母给包办的吗？

受访者：包办。

采访者：很早就订下亲了？

受访者：临时。

采访者：结婚前你和爱人见过面吗？

受访者：老家的都认识。

采访者：结婚了她就来北京了？

> 受访者：是。
>
> ……
>
> 采访者：您和爱人在北京，双方的父母来住吗？
>
> 受访者：我父母跟我一起住。[①]

　　这位老人于 1949 年只身一人进入北京讨生活，只要能生存下来，什么活都干，直至在运输公司找到固定工作后才安定下来。之后回老家与相识的姑娘结婚并将其带到北京，在他安定下来后，把父母也给接到了北京奉养。他的爱人来到北京之后很快也得到了北京户口，夫妻二人成为新北京人，过上了有点紧巴却幸福的生活。

　　笔者还访谈过一位河北流民的后代，他讲述自己祖父从河北进入北京的经过及全家在北京的迁移过程：

　　受访者：J 先生，58 岁，年轻时在昌平生活，后来到北京市里工作并定居。

> 采访者：您老家是哪里的？
>
> 受访者：在河北白洋淀附近。
>
> 采访者：是保定吗？
>
> 受访者：不是，在沧州的。我爷爷先来北京的，为什么来呢？在老家生活不了啦，要是一直在老家，可能就得死啦。过去盖房子不得在高地儿吗？夏天白洋淀的高地儿水也齐腰深，要是低地儿，不知道多深了。老是没有收成，就得饿死，水里经常漂着尸体。为什么北京的河北人多？基本都是逃荒来的。
>
> 采访者：主要是新中国成立前逃荒来的？
>
> 受访者：新中国成立后来的也很多。那时候也没有车，只能走着来。而且不能一个人走，得一群小伙子一起，不然半道上有土匪劫你，你的衣服都得脱下来，土匪逮着什么要什么。
>
> 采访者：到北京来了，干什么职业？
>
> 受访者：到北京来生活了几年，也不行，没有户口，只能到昌平农村。在农村也不行，毕竟我爷爷在北京城生活了几年，已经不习惯农村的生活了，我们也没有土地，还不会种地，也没有房子。我爷爷去找当

---

① 梁景和主编《中国现当代社会文化访谈录》（第五辑），首都师范大学出版社，2016，第 316 ~ 319 页。

地政府：我们原来在城里生活，现在搁在农村，怎么弄？政府给解决了，把我们送到林场里去，是国家职工了。不种地了，但是种果树。后来上完学了，我们哥四个，都出去了，到北京市里工作了。[①]

这位受访者 50 多岁，他的爷爷因为老家经常遭受水灾而不得不与一群小伙子结伴闯进北京讨生活，需要一群小伙子结伴是因为路上会有土匪抢劫，这道出了为什么来北京的流民中男性多，才导致了后来的性别比例失衡。

从表 1 - 21 的数据中可以看出，1964 年的性别比为 106.1，已经恢复到正常水平。从 1953 年到 1964 年，11 年间，未婚的男青年基本都找到妻子并有了下一代，所以社会性别比例变得正常。

北京市的户籍人口数量在新中国成立初期呈现出了较快的增长，快速增长的原因主要有：（1）社会安定，生活条件与医疗条件逐渐改善，人口出生率在当时非常高。（2）人口迁移性流动性大，尤其是迁入北京的人口特别多。由于新中国各项建设事业的需要，由外地迁入北京市的人口进入了高峰时期。

共和国十七年间北京市人口有几个基本特点：（1）城市人口数量多，分布集中，市民多住在城里和近郊一带，很少居住在远郊地区。（2）人口素质较高，虽然上文中统计的文盲不少，但因为是新中国的首都，所以吸纳了不少人才，在当时全国普遍受教育程度比较低的情况下，北京市民中识字者达到半数左右，也可以说是人口素质较别的地方高。（3）党政工作人员多。由于首都的特殊地位，所以国家机关的工作人员集中生活在北京市，这是北京市民构成与国内其他大城市市民构成的区别之一。（4）外地移入居民多，1949 年北京市的户籍人口是 203 万，而到了 1966 年，户籍人口已经达到 770 万（表 1 - 20 中的数据），17 年中增长了 500 多万，这其中的外地移民特别多。笔者统计了 20 位受访谈的中老年北京市民[②]，只有三位是新中国成立前就已经在北京定居的，其中有两位是累世而居的老北京人，一位的父亲是东北人，她本人出生在北京市里。其他受访者多是在 20 世纪五六十年代，在童年或青年时代进入北京生活或工作。可见北京的移民非常多，可以说当代北京市是一个移民城市。

---

① 梁景和主编《中国现当代社会文化访谈录》（第五辑），首都师范大学出版社，2016，第 350 页。

② 梁景和主编《中国现当代社会文化访谈录》（第五辑），首都师范大学出版社，2016，姜虹采访的部分。

第二章　家庭收入与妇女就业

北京和平解放之后，在社会经济严重凋敝，失业无数的背景下，北京市人民政府于1949年4月5日设立了劳动局，其职责是处理劳资争议、救济失业工人、制定劳动报酬、劳动保险、劳动保护等。从1949年到1966年，北京市劳动者数量的变化比较大，而且有一定的起伏，通过表2-1我们可以观察北京市劳动者与城镇常住人口的比例关系。

表 2-1　城镇社会劳动者占城镇常住人口比例统计

单位：万人

年　份	城镇常住人口	城镇社会劳动者	占常住人口（％）
1949	164.9	43.34	26.82
1950	161.6	50.02	30.95
1951	182.1	66.03	36.26
1952	194.3	78.36	40.33
1953	224.5	97.49	43.42
1954	257.5	101.94	39.58
1955	267.1	100.92	37.78
1956	299.3	116.18	38.81
1957	320.5	121.17	37.80
1958	350.2	165.36	47.21
1959	407.4	179.55	44.07
1960	455.6	190.40	41.79
1961	433.8	167.04	38.5
1962	420.6	151.89	36.11
1963	433.1	162.74	37.57
1964	442.6	170.82	38.59
1965	447.8	175.77	39.25
1966	433.7	167.84	38.69

资料来源：《北京志·综合经济管理卷·劳动志》，北京出版社，1999，第9页。注：本表城镇社会劳动者中，包括一部分没有城镇户口但长期从事社会劳动的临时工、合同工等。

从常住人口看，在短短 17 年间，数量由 164.9 万上升到 433.7 万，上升了 2.6 倍多；而城镇劳动者的数量由 43.34 万上升到 167.84 万，上升了近 3.9 倍，高于人口增长速度。从劳动者占常住人口的比例来看，由 1949 年的 26.82% 跃升为 1966 年的近 38.7%；从 1949～1953 年，比例持续增大，速度较快，因为新中国成立之后，大力复苏国民经济，到 1953 年，国家的经济水平已经达到战前的最高水平，因而在较大程度上缓解了北京市的失业问题；在 1954～1957 年，劳动者所占比例比之前下降了，因为当时正在进行农业、手工业、工商业"三大改造"，随着改造的完成，原来一些私营的手工业和工商业或被取缔，或被改造为国有，所以原来的从业人员有不少的失业情况。到了 1958 年，劳动者的数量与占常住人口的比重都有了大幅度的提高，这是因为 1958 年"大跃进"造成的工厂和街道企业大量招工，原来的失业人员与很多从未就业的家庭妇女都参加了工作。1961～1962 年，由于国民经济的调整，一些单位精简职工，造成了劳动者数量的减少。

第一节　1958 年前的家庭收入

北京从清代到新中国成立，经历了几个较大的转变：清代繁华的京城；民国时期成为北平特别市；日本侵华战争爆发以后，北平成为沦陷区，被日本人占领；抗战胜利后，又为国民党统治；解放战争后，北平成为新中国的首都。新中国成立初期，这里有沦落为平民的皇亲贵胄、有资本家、有各种知识分子、有市井小商小贩、有足不出户的家庭妇女、有唱戏变戏法卖艺的、有封建会道门分子，还有大量的明娼暗妓、吸食毒品的瘾君子等，社会成分极其复杂。

新中国成立之后，大型的工业企业基本被国家控制，北京的大资本家鲜有存在。多数市民的社会职业为从事私营商业、私营手工业的，也有在私营企业或国家企事业单位工作获得工资收入的，还有不少出卖劳动力挣几个辛苦钱维持生计的。

1949～1966 年城市居民家庭收入大致上分为两个时期，以 1958 年"大跃进"开始为界，1958 年之前的家庭收入比较复杂，难以概括。有的人是企事业单位职工，要靠工资收入，这些人的情况在 1958 年前后没有太大变化。手工业或私营工商业的家庭在"三大改造"完成之前比较普遍地存在，他们的家庭收入主要依靠家庭成员自身及雇佣者。而1956年"三大改造"完成之后，不少人失业在家，到了1958年"大跃进"，许多人，特别是家庭妇女，纷纷出外工作，开启了以工资主导家庭收入的时代。

本节要论述的1958年"大跃进"之前的就业与收入情况，主要是偏重于1949年之前就已经在北京生活的居民，笔者将其称为"老北京人"。随着政治变迁和社会身份的转变，许多原来的老北京人失业了，面临"再就业"，重新寻找生活来源的重要问题；当然，也有的原来贫困的老北京人，在新中国找到了工作或换了一份更好的工作，他们的家庭经济有了保障。新中国的建立，显然对于"坐地户"的老北京人的生活影响更大些。而对于接受国家或组织命令，有计划地调入北京的"新北京人"家庭来说，因为家中至少有一人在党政机关或部队、工厂中有正式工作，所以他们的生活来源是稳定的；而对那些进入北京寻找就业机会的"新北京人"来说，一般也能找到工作或投靠亲友，他们的生活也可以得到一定的保障。

一 私营收入：以家庭店铺为例

新中国成立之后，国家渐渐控制住了经济命脉，物价趋于稳定。由于战争结束和土地改革运动完成，粮食产量和运输有了保证，加上国家大力打击投机倒把行为，所以作为首都的北京市，粮食供应得到保障。1949～1952年，国家经济方面的主要工作是将原来国民党和大资本家留下的关乎国民经济命脉的企业收归国有，建立国家资本主义的经济形式；对于手工业和一般的工商业，则基本上不太过问，由于社会环境稳定，这几年内，手工业和工商业不但没有衰象，反而不少私营工商业趁着稳定的时机建立起来并且实现盈利。

由于北京历来是一个消费型城市，所以这里的商业特别发达，不少商业店铺是以家庭为基础建立起来的，可称之为家庭店铺。这些家庭店铺不仅解决了店主一家人的生计问题，有的会雇佣几个店员，客观上缓解了社会的就业问题。下面以前门区的五金批发商家庭店铺为例，管中窥豹，看看"三大改造"完成之前的私营商业家庭的收入与就业情况。

中华全国总工会1955年调查了前门区104户五金批发商的开业时间，抗战前开业的15户（1904～1936年），抗战时期开业的11户（1937～1944年），国民党统治时期开业的17户（1945～1948年），新中国成立后开业的

57 户（包括一部分过去无照行商，新中国成立后改为正式坐商）。另有 4 户
无统计时间。新中国成立后开业的占一半以上，比例相当大。

根据 104 户五金批发商的调查，共有从业人员 405 人，其中资方 147 人，
每户平均 1.41 人；劳方 258 人，每户平均 2.48 人。据 91 户的统计，1953
年共有资金 1470719 万元，平均每户 16162 万元；营业额共 8480862 万元，
平均每户 93196 万元，利润共 887240 万元。[①]

从业人员的增长情况，按 60 户，226 人的统计，抗战前进店的 41 人，
抗战时期进店的 47 人，国民党统治时期进店的 39 人，新中国成立后进店的
99 人。

根据以上的材料可以看出，这些五金批发商，平均每户有 4 人工作，包
括老板和店员，说明属于小商业户。从新中国成立后开业数量与用人数量来
看，在新中国成立之初的几年内，小私营业发展得很不错，既解决了大量的
就业问题，又解决了不少家庭的生计问题，而且为活跃社会经济、丰富居民
日常生活起到了积极的作用。这些商业店铺中，大部分是家庭店，而且一般
都存在家店不分的情况。在调查的 13 户中，有夫妻店 5 户，父子店 1 户，
兄弟店 2 户，叔侄店 1 户，表亲店 1 户，业主本人经营的 3 户。13 户中除了
有 2 户因地方太小，家属不住在店中而外，其余 11 户的家庭成员都居住在
店内。不但家店住在一起的家庭开支和营业开支混淆不清，就是家店分住的
两户，家庭人员也都是靠店内开支来养活的。

新中国成立之后，据 72 户统计，营业变化情况见表 2-2、图 2-1。

表 2-2　72 户商户营业额变化统计

单位：万元

年限	净值（资产）	流水额	逐年流水额比较（以 1951 年为 100）	盈亏
1951	966953	4891784	100	605413
1952	870874	3177887	64.98	244795
1953	892727	6860100	140.24	689255
1954	792599	2418225	43.80	223857

资料来源：北京档案馆藏《前门区五金业批发商一〇四户的调查》，档案号 039-001-00567，1955。

---

① 这里的"万元"是以人民币旧币为单位的，数额较大。1955 年新版人民币发行以后，以旧
币 1 万元兑换新币 1 元。

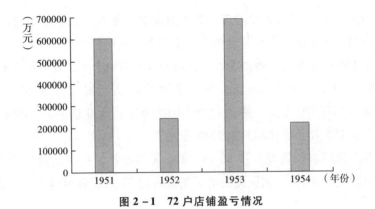

图 2 - 1　72 户店铺盈亏情况

　　"从上述数字看出，一九五一年和五三年的情况最好。真是所谓'难忘的一九五一年'，'难受的一九五二年'，'黄金的一九五三年'，'要命的一九五四年'"。①

　　表 2 - 3 是店员经济情况统计：

表 2 - 3　店员经济情况统计

	总　数	每户平均数	每人平均数	
工资	86641600 元		534824 元	
土地	2626.5 亩	16.2 亩		
房屋	1028 间	6.3 间		
家庭成员	1053 人	6.5 人		
供养人数	414 人	2.5 人		
逐年分红				
1950 年	5082 万元		181 万元	最高 282 万元最低 37 万元
1951 年	36660 万元		426 万元	最高 1200 万元最低 40 万元
1952 年	34300 万元		333 万元	最高 2200 万元最低 30 万元
1953 年	33869 万元		460 万元	最高 2200 万元最低 104 万元

　　资料来源：北京档案馆藏《前门区五金业批发商一〇四户的调查》，档案号 039 - 001 - 00567，1955。

　　由于当时制表技术不够完善，表中没有标明统计的店员人数，笔者根据表中的数据计算，表中的统计店员人数应该为 162 人。表中"工资"一栏没有标

---

① 北京档案馆藏《前门区五金业批发商一〇四户的调查》，档案号 039 - 001 - 00567，1955。

明工资的时段（一个月或几个月或一年之类），所以没有办法断定，此栏可以不考虑。根据 1950 ~ 1953 年的工资情况，笔者计算出的月平均工资如下：

1950 年——15.08 万元；

1951 年——35.50 万元；

1952 年——27.75 万元；

1953 年——38.33 万元。

1955 年新版人民币发行以后，以旧币 1 万元兑换新币 1 元。以新人民币的标准来看，1950 ~ 1953 年的前门五金店的平均工资变化非常大，总体上说收入与上述 72 户营业变化情况中的盈利情况是成正比的，店铺营业情况良好，店员的工资收入就多，反之亦然。

表中还有关于土地、房屋、家庭成员、供养人数等项目，在城市里生活的店员家中会有平均 16.2 亩土地吗？其实没有，这些店员中很多人来自河北农村，所以有土地。

店员很多来自河北各县，以枣强县为最多。至于到底一共有多少店员来自外地，外地的店员占店员总数的比例是多少，由于缺乏材料，所以本文不能进行统计。但从现有的资料上看，外地的店员数量是很多的。

表 2 - 4　店员家庭出身统计

单位：人

地　主	富　农	贫　农	贫　农	城市贫民	合　计
6	19	136	39	4	204

资料来源：北京档案馆藏《前门区五金业批发商一〇四户的调查》，档案号 039 - 001 - 00567，1955。

表 2 - 4 中为何会出现两个"贫农"栏目不得而知，据笔者分析大概是统计区域不同造成的。在档案中还注明：前三栏的共有 161 人，占总数的 78.5%。由此可见，到家庭店中打工的店员大部分出身是贫苦家庭，还有少数的地主和富农家里的人为何会当店员，资料中没有说明，不过我们也可以推测，经过 10 多年的战争，有的富足家庭破产是有可能的；土地改革完成，地主和富农为了生计，到大城市北京来打工当店员是情理之中的事。

在被统计的 108 名店员中，同乡最多，几乎占了一半，说明这些店铺的老板多是外地进京讨生活，后来在北京做生意，扎下根来的人，而且这些人多是民国时期进京的，因为进京的时间不长，与家乡的联系还比较多，中国人注重同乡情谊，同乡间的诚信度较高，经常会招同乡来店里做工。亲戚与朋友加起来所占的比例也不小，说明当时店家雇佣熟人做店员是比较常见的做法，体现了中国社会的人情文化。

表 2 - 5　店员与资方关系

单位：人

同　乡	亲　戚	朋　友	师　生	间接介绍	合　计
53	37	17	1	0	108

资料来源：北京档案馆藏《前门区五金业批发商一〇四户的调查》，档案号 039 - 001 - 00567，1955。

表 2 - 6　店员文化程度

单位：人

文盲	一年	二年	三年	四年	五年	六年	初中	合计①
3	2	14	34	59	30	56	8	206

资料来源：北京档案馆藏《前门区五金业批发商一〇四户的调查》，档案号 039 - 001 - 00567，1955。

这些店员有些能识字，三年小学到初中的文化程度有 187 人，占总数的 90%，他们会算账，能够胜任店员的工作。

由上述内容可见，私营工商业户的经营情况在 1951～1954 年起伏比较大，这当然跟国家的经济政策相关，由于本文的主旨在于关注家庭问题，所以我们主要来看家庭的生活情况，对于这些家庭经营的工商业户而言，收入不太稳定，生活质量当然会受到一定的影响。对于依赖这些工商业户生存的店员来说，他们当中的不少人除了维持本人的生活，还要供养在本地或外地的家庭。当然，有一点也要强调，当时的家庭店铺雇佣"伙计"，一般是包吃包住的，店员们的消费相对来说小一些，所以店员们可以依靠自己的收入供养家庭。在私营工商业改造完成之后，较大的工商业户不存在了，而个别较小的业户，因为可以补充国家经济的不足而可以继续存在。这种情况下，大部分的家庭和店员都会失业。在北京一般置有房产的，他们在其后的就业大潮中参加社会工作。而那些衣食无靠的店员，特别是来自外地的年轻人，要么在北京继续寻找就业机会，要么回老家生活。

---

① 以上表格和数据及引用材料均源于北京档案馆藏《前门区五金业批发商一〇四户的调查》，档案号 039 - 001 - 00567，1955。有的数据没有表格，为了便于查看，笔者在不改变制表原意的基础上加上表格。

二 下层市民的就业与政府救济

(一) 下层市民就业

在"三大改造"完成之前,北京市民的就业方式除了私营商业和手工业,还有一部分是靠工资收入维持生活的。这种靠工资生活的市民家庭分为两种:一种是在政府或事业部门工作,工资由政府开支;另一种在私营企业、私立学校、医院等工作,由私人或团体开支。

1949 年之后,有一部分单位如供电、供水、邮政等部门和一些关乎国计民生的企业仍然继续生产,原来的工作人员没有政治问题的,会被留用。人民政府对于这些人采取"原职原薪"的办法,保留他们的工作与薪资,令其安心地为新政权工作。1949 和 1950 年,私营企业的职工占全市职工的半数以上,1949 年占 60.3%,1950 年占 57.9%,此后逐年下降,随着私营企业、医院、学校等经过改造变为国有单位,到 1956 年私营企业职工只占 5.2%。[①] 相比私营业主,新政权和新政策对这部分人的工作和收入影响是比较小的。

新中国成立之后,由于国民经济的恢复与发展,为社会提供了很多新的就业机会。一些原来生活较为艰辛的市民,在新中国找到了更好的工作,家里的收入增多了,生活条件得到了改善。家住在东单区东皇城根一带的赵大妈家里也在新中国成立后发生了很大的变化。她的丈夫于旧中国时在街头卖窝头、茶水,维持一家的生活,经常挨警察的打骂。新中国成立后,她的丈夫在小学教书,工作做得好,升任小学校长;她的女儿在国营零售公司工作;她的两个儿子也不像过去那样拿着冷窝头去念书;赵大妈本人热心群众工作,当选了区人民代表。[②]

石景山钢铁厂的李金泉因为工作突出被评为全国劳模。李金泉与赵秀霞夫妇原在东北生活,丈夫李金泉失业后,一家八口流浪到天津,老李在天津码头卖苦力,一天只能挣二斤玉米面,全家那时只能一把玉米面,一把榆树叶,滚成汤喝个半饱。后托朋友介绍到石景山工作,刚去时,厂方

---

① 数据出自北京市地方志编纂委员会编《北京志·综合经济管理卷·劳动志》,北京出版社,1999,第 15 页。

② 《人民的女代表赵大妈》,《新中国妇女》1953 年第 6 号。

不给房，全家在一个破窑里住着，家里的老奶奶和第二个孩子在那个时候得病，没钱治病而死了。新中国成立后，生活就改善了，"工资挣一个当一个用，一个月里头也可以吃吃大米白面；孩子又上了本厂职工子弟学校；住的也有了间像样的房子。"老李也出席了全国劳模大会，全家都感到非常光荣。① 全国劳模李金泉特别激动，给毛泽东主席写了信，《人民日报》刊登了这封信：

解放以后再也没有家庭之忧　我每天在钻研改进生产技术
——石景山钢铁厂劳动模范李金泉的信

敬爱的毛主席：

我们党的三十周年纪念日快到了。在您的英明领导之下，使我们的党光辉而壮大起来了，这是值得我们庆祝的。我在旧社会里，每天吃不饱、穿不暖，过牛马一样的生活。一生了病，人歇工，牙挂对。那样子的痛苦生活，从解放后再也看不见了。共产党和您把我们工人解放出来了，才有今天这样好的光景。在今天的新社会里面，尤其是我自己，受了党的培养与教育，被选为全国劳动模范代表，这是我过去做梦也想不到的事情。今天我确实知道了共产党是工人阶级的党，我体会到共产党与工人阶级是血肉相连的。现在，虽然还在恢复经济建设时期，但是我的生活比起以前来已改善了不知多少倍。现在我住的新盖的宿舍非常宽大，每季经常买些布给孩子大人换换衣服，每月很少吃粗粮食；自从有了劳动保险条例，看病住院不花钱。这使我没有了家庭生活之忧，一心一意搞生产。过去在旧社会成天瞎混，现在总嫌生产搞得慢。现在我每天在钻研和改进我的技术，努力提高文化政治，使我们的国家一步步地走向社会主义社会。我还要团结我厂工人，把生产再提高一步。最近我厂工人听了赴朝慰问团代表的报告，一致响应了抗美援朝总会的号召。全厂都正在为超额完成全年生产任务，为国家创造更多的财富而努力。我们修正了自己的爱国公约，把公约结合了具体的工作。要实行经济核算制，使产量增高，把成本降低。我们锻焊场更以抗美援朝的热情成立了增产组。为了纪念党的生日，我正研究把焊条成本再降低一步，质量

① 《劳模李金泉的老婆帮助丈夫研究焊条》，《北京妇女》第13期，1950年10月16日。

再提高一步。在我的爱国公约中，也定了一条：深入各现场，发动群众多提合理化建议，保证耐心教徒弟，教好、学好，作为给"七一"的献礼。

祝您身体健康！

石景山钢铁厂 李金泉[1]

像全国劳模李金泉这样的工人在共和国十七年间比较多，他们民国时期生活在贫苦家庭中，在新中国成立后，靠着自己的辛勤劳动，一点一点干出成绩，获得了家庭经济状况的改善，全家生活水平提升了许多。本人也因工作优秀获得较大荣誉。整个人的精神状况积极向上，充满蒸蒸日上之感。

在民国时经常失业的、文化少的、生活困难的家庭，他们在新中国能够找到工作。住在东城干面胡同的王桐老汉一家八口人，在民国时生活非常困难。王桐1952年时56岁，在旧社会做过传达工、消防队员、摊贩、厨师、打杂等工作，失业的时间比就业的时间还长。那时找个小事做都要托人情送礼，找到了工作，挣的工钱还不够一个人的吃喝。王桐和两个儿子只上过两三年学，吃了没有文化的亏。两个儿子都是工人，失业好几年了，在劳动局办理了失业工人登记，二儿子因为有技术，很快被分到石棉工厂做弹花工人，大儿子也去了失业工人文化学习班学习，政府还送了他八万元的临时救济金。大儿媳和二儿媳都在被服厂做工，小女儿也上学了。老伴在街道工作，小孙女才四岁，王桐办了失业登记。一家人的生活虽然不宽裕，但比民国时强多了。[2]

（二）政府救济

北京解放以后，失业人口在一定程度上减少了。从北京解放到1950年6月底，全市公私营工厂的职工人数增加了30410人，一部分失业人口得到了工作机会。还有一部分知识分子考上了"革大""军大""南下工作团"，经过学习训练，都分配了工作。为了解决失业问题，人民政府采取了移民政策，到1950年6月，移民东北和西北的有7100多人，

---

[1] 《解放以后再也没有家庭之忧 我每天在钻研改进生产技术——石景山钢铁厂劳动模范李金泉的信》，《人民日报》1951年6月27日第六版。

[2] 《王桐一家子快没一个闲人了》，《北京日报》1952年10月7日第二版。

介绍去本溪煤矿工作的 397 人，组织参加生产合作社的工人 1800 人，动员回乡生产的 6800 多人，共 16000 多人。需要说明的是，当时解决的失业对象多是男性。对于妇女，在 20 世纪 50 年代初期，只能解决那些原来是工人或在文教机关任职的知识分子，原来无业家庭妇女的就业是解决不了的。① 原来无业的家庭妇女多在 1958 年之后由政府部门帮助解决工作的。

按照当时北京市生产发展的程度和人民政府的财政力量，首先解决的是失业工人和知识分子以及赤贫户的就业和生活问题。当时政府做了一次调查，"全北京（包括城区和郊区）现有失业工人和知识分子共有一万零一百九十七人，其中男性八千七百四十三人，女性一千四百五十四人，解放前和解放后失业的都在内。"② 这次的统计可能不太全面，实际失业人数可能大于这个数字。政府对急需生活来源的市民开展了一定的救济工作。北京市政府制定了关于救济失业工人和失业知识分子的决定，"救济范围包括解放前后在营工商企业和运输事业中的失业工人和职员，以及从事文化艺术教育工作的失业人员。救济办法有六种：（一）帮助失业者就业；（二）动员还乡生产；（三）组织失业工人参加以工代赈；（四）在通盘筹划下，组织失业工人的生产合作社和生产小组；（五）采取先训练后转业的办法，同时集中教育街头的乞讨儿童；（六）上述办法还不能安置的，就发给救济金。为了执行这些办法，市人民政府已成立了失业工人救济委员会，凡是属于上述范围而需要救济的，都可以到本区区公所去登记。"③

1952 年"三反""五反"运动期间，一些企业停工，商业贸易活动减少，导致一些行业的工人和许多小手工业者失业，没有生活来源。在需要救济的市民中，"城区以三轮车工人困难户为最多，占总数的五分之二强，建筑工人占五分之一，其他市民、小商贩、搬运工人、服装工人、小手工业工人、外来求职者以及个别贪污分子家属共占五分之二。"④ 虽然新中国给一部分人带来了工作机会和收入，但还有一部分人，依然陷于赤贫的窘境

---

① 《失业问题答问》，《北京妇女》第 11 期，1950 年 9 月 16 日。
② 同上。
③ 《失业问题答问》，《北京妇女》第 11 期，1950 年 9 月 16 日。
④ 《1952 年北京市救济失业工人和贫民史料》，《北京档案史料》2007 年第 4 期，新华出版社，2007，第 164 页。

之中，1952 年政府救济了"三个月没工作的建筑工人，一家数口每月收入只三、四千元的四轮车工，整天没收入的排子车工，极贫困难的贫民和小贩，住小店没收入还得付一千五百元店钱的临散工人，有东西卖的卖家具、衣服、锅碗、被褥，没东西卖的一天吃一顿粥、豆渣或五百元白薯；还救济了在医院卖血的三轮车工和一家八口没工作，生活困难想自杀、想写信给毛主席找工作的家庭妇女杨宝珍，这些绝大多数是揭不开锅的真正困难户"[①]。从资料当中，我们看到了当时家庭的另一种生活状态，贫困，不只是"旧社会"的代名词，在新中国成立后，这些人的生活也没有改善，有的家庭呈现出了愈发贫困的态势。有一位原邮局工人杨德禄，四十六岁，因肺病退休，每月领劳保金十万元，有四个孩子，因病、贫、无工作、申请复职而未批准后自杀，这样的人间惨剧本来是可以避免的，但是因为相关人员工作的错误，居然发生了。[②]

政府的救济是非常有限的，多数无工作的居民都处于贫困中。好在新中国经济建设的发展速度较快，及时提供了工作岗位，在很大程度上解决了贫困家庭的收入问题。

第二节　1958 年后的收入

党政干部的收入分配方式，曾经发生过很大的变化，在新中国成立之前，由于多年战争和物资供应不足，实行的是供给制，便于集中物力保障前线部队的给养；在后方的党政人员实行分级供给，级别高的享受待遇相对较高，但差别并不过大。新中国成立后，借鉴苏联的经验，一部分干部转为工资制，在 1955 年之前，两种制度并行。享受供给制的人员，住房、水电、家具、子女教育费等都可以由单位出资，如果是女干部，子女还可以享受保育、保姆费等，而实行工资制的干部却没有这样的优待，影响了干部的团结，也不符合"按劳分配"和"同工同酬"的分配标准。1955 年 8 月 31 日，国务院正式颁布了国家机关工作人员全部实行工资制和改行货币工资制的命令，改行工资制后，工作人员个人及其家属的一切生活费用，均由个

---

① 《1952 年北京市救济失业工人和贫民史料》，《北京档案史料》2007 年第 4 期，新华出版社，2007，第 172 页。

② 同上书，第 173 页。

人负担。①

1952 年 8 月 1 日，政务院通过了《关于颁发各级人民政府供给制人员津贴标准及工资制工作人员工资标准的通知》，并从 8 月 7 日起实行。各级人民政府供给制工作人员津贴分为 29 级，并实行工资分制。最高级如国家主席、副主席工资分为 1006 分，最低区、县勤杂人员（29 级）为 85 分。每一分工资分所合实物的种类与数量，一般地区均应为：粮食 0.8 市斤；白布 0.2 市尺；植物油 0.05 市斤；食盐 0.02 市尺；煤 2 市斤。据有关资料显示，毛泽东主席月工资标准是 300 万元（人民币旧币），折合成植物油 50 市斤。②

1955 年，国家发行新版（第二版）人民币，新人民币的面额为：主币分为 1 元、2 元、3 元、5 元、10 元（10 元币于 1957 年开始发行，3 元币后来不再发行），共 5 种；辅币分为 1 分、2 分、5 分、1 角、2 角、5 角，共 6 种。每种币版面均印有汉、藏、蒙、维吾尔四种文字。新旧币的折合率为 1 元新币等于旧币 1 万元。新版人民币的发行，为工资制的结算打下了稳定的基础。

1955 年 8 月 31 日，国务院颁布《关于国家机关工作人员全部实行工资制和改行货币工资制的命令》，开始实行工资制，把国家机关行政人员和工程技术人员的工资标准定得比较高。1956 年，国家正式实行新的工资标准。"经过这次工资改革，1956 年原有职工平均工资每月增加 6.65 元，比上年增长 14.5%，并在工资制度方面解决了四个主要问题：一、实行用货币规定工资标准的制度；二、调整了产业之间、地区之间、部门之间的工资关系；三、改进工人工资等级制度，使熟练劳动和不熟练劳动、繁重劳动和轻易劳动在工资标准上有比较明显的差别；四、改进企业职员和工程技术人员的工资制度，按职务规定统一工资标准。"③

1956 年之后，职工的身份比较趋于一致，要么在国家机关工作，要么在事业单位，如机关、学校、医院工作，要么在国有工矿企业或商业部门工作，政府或集体为之发放薪资。1958 年以后，公私合营企业与原个体经营户通过不同渠道分别转为全民所有制和集体所有制单位。集体所有制职工所占比例除个别

---

① 关于供给制向工资制的过渡，详见杨奎松《从供给制到职务等级工资制——新中国建立前后党政人员收入分配制度的演变》，《历史研究》2007 年第 4 期。
② 旷晨、潘良编著《我们的五十年代》，中国友谊出版公司，2005，第 40 页。
③ 参见《人民记忆五十年》：http://blog.sina.com.cn/s/blog_5d8437c301015lui.html，最后访问时间 2017 年 1 月 18 日。

年份达到 20% 以上外，一般都在 13% ～20% 。① 当然，人们多数希望在事业单位或国营企业中工作。如果是合同工或临时工，也要努力转正，得到单位的编制。因为编制既是"铁饭碗"，又是社会地位的象征，多数情况下，同一样工作，有编制和没有编制所挣的工资，差别很大。

下面看看各行业的职工的工资情况。

一　国家机关单位的工资情况

1956 年，国家制定了《国家机关工作人员工资标准》，将各级各类国家工作人员的工资做了明确的规定。笔者选取国家较为重视的钢铁、煤矿、机械生产、有色金属、地质、火工、航空等重工业的工资标准为例，进行分析。②

国家机关工作人员一共被分为 18 级，最高为 1 级，最低为 18 级；工资标准一共分为 11 级，最高为 11 级，最低为 1 级。据表 2 - 7 可见，最高者可得月工资 377 元之多，相当于一个月薪 31.4 元的普通职工一年的收入。但我们也应该看到，绝大多数劳动者达不到最高工资，从表中的中间值看，一个 9 级工若领 6 级工资，一个月可得 102.5 元，比一般的工厂工人挣得要多。

从级别上来看，1～4 级工相当于可评为总工程师、副总工程师，3～9 级工可评为工程师，9～13 级工可评为技术员，14～16 级工可评为助理技术员，17～18 级工是练习生。对于高校和中专毕业生而言，高等学校毕业生做技术工作的，工作满六个月后，正式评定工资级别时差别对待：修业四年或五年的，可以定为十二级；专修科毕业的，可以定为十三级；中专学校毕业生，工作满六个月后，一般的可按照助理技术员评定。他们的工资可以达到 50～70 元。而对于没有读过大学或中专的职工，工作了三五年后，工资一般也能到 40 元以上，如果资历深、技术好，到 60 元以上是正常的。

如果在机关单位工作，不仅工作体面，受人尊重，而且收入也比较高。（见表 2 - 8）

---

① 北京市地方志编纂委员会编《北京志·综合经济管理卷·劳动志》，北京出版社，1999，第 15 页。

② 具体见表 2 - 7：《国家机关工作人员工资标准表（四）之一》。

表2-7　国家机关工作人员工资标准（四）之一

单位：元

级别	工资标准											职务名称
	1	2	3	4	5	6	7	8	9	10	11	
1	290	298.5	307.5	316.0	325.0	333.5	342.0	351.0	359.0	368.5	377.0	总工程师、副总工程师
2	250	257.5	265.0	272.5	280.0	287.5	295.0	302.5	310.0	317.5	325.0	
3	215	221.5	228.0	234.5	241.0	247.5	253.5	260.0	266.5	273.0	279.5	工程师
4	185	190.5	196.0	201.5	207.0	213.0	218.5	224.0	229.5	235.0	240.5	
5	159	164.0	168	173.5	178.0	183.0	187.5	192.5	197.0	202.0	206.5	
6	137	141.0	145.0	149.5	153.5	157.5	161.5	166.0	170.0	174.0	178.0	
7	118	121.5	125.0	128.5	132.0	135.5	139.0	143.0	146.5	150.0	153.5	
8	102	105.0	108.0	111.0	114.0	117.5	120.5	123.5	126.5	129.5	132.5	技术员
9	89	91.5	94.5	97.0	99.5	102.5	105.0	107.5	110.5	113.0	115.5	
10	77	79.5	81.5	84.0	86.0	88.5	91.0	93.0	95.5	98.0	100.0	
11	65	67.0	69.0	71.0	73.0	75.0	76.5	78.5	80.5	82.5	84.5	
12	54	55.5	57.0	59.0	60.5	62.0	63.5	65.5	67.0	68.5	70.0	助理技术员
13	48	49.5	51.0	52.5	54.0	55.0	56.5	58.0	59.5	61.0	62.5	
14	42	43.5	44.5	46.0	47.0	48.5	49.5	51.0	52.0	53.5	54.5	
15	37	38.0	39.0	40.5	41.5	42.5	43.5	45.0	46.0	47.0	48.0	
16	32	33.0	34.0	35.0	36.0	37.0	38.0	38.5	39.5	40.5	41.5	练习生
17	27	28.0	28.0	29.5	30.0	31.0	32.0	32.5	33.5	34.5	35.0	
18	24	24.5	25.5	26.0	27.0	27.5	28.5	29.0	30.0	30.5	31.0	

续表

| 附注 | 1. 本表适用于：钢铁、煤矿、机械生产的有色金属、地质、火工、航空等工业。
2. 表列工资标准共分十一种，除根据各地区物价、生活水平、规定各地区分别执行某一种工资标准以外，对少数物价过高的地区另加生活费补贴。各地区适用的工资标准种类和生活费补贴比率，详见各地区适用工资标准和生活费补贴表。
3. 本表系把原来按照技术能力评定工资的办法，改变为按照技术人员的职务评定工资的办法，每一职务分为几个工资级别。评定技术人员工资时，同样适用于根据资历的原则。
4. 表上未列的职务，可以比照表列的相当职务的级别评定。
5. 高等学校毕业生做技术工作时的，工作满六个月后，正式评定工资级别时，一般的是：修业四年或五年的，可以定为十二级；专修科毕业的，可以定为十三级。中专学校毕业生，工作满六个月后，一般的可按照助理技术员评定。 |

资料来源：北京市西城区档案馆（北馆）藏《[北京市西四区人民委员会人事科 1956 年] 关于干部工资待遇、技术人员、环境卫生、工人、国家机关工作人员、共同性工种的工资待遇标准和通知》，档案号 004－002－00061，1956。

表 2－8　西城区机关单位行政人员工资

级别	十级	十一级	十二级	十三级	十四级	十五级	十六级	十七级	十八级	十九级	廿级	廿一级	廿二级	廿三级	廿四级	廿五级	未评级
工资	209.90	193.50	缺	153.90	136.60	122.80	109.40	98	87.50	78	70	62	56	49.50	43	缺	缺
人数	1	0	0	4	8	5	13	19	32	56	61	56	28	12	8	2	8

　　资料来源：北京市西城区档案馆（北馆）藏《［北京市西四区人民委员会人事科1956年］关于干部工资待遇、技术人员、环境卫生、工人、国家机关工作人员、共同性工种的工资待遇标准和通知》，档案号 004－002－00061，1956。此表为笔者选取十级到二十五级的数据。

　　如表 2－8 所示，工资从十七级到廿二级的人数比较多，共 252 人，占总人数的 80% 以上，这些人的月收入在 56～98 元，从个人收入来讲，这是非常不错的。如果在工厂上班，月收入 60 元以上，相对机关而言就少得多了，基本上是技术较好、资历较深的工人才可以达到。当然，需要说明的是，这一时期，在机关部门工作的行政人员，年龄较大的一般是 1949 年前就参加了工作，资历深，贡献大，所以他们的级别高、工资高属于正常现象；而机关工作的年轻人，相对于工人来说，学历一般比较高，所以工资也会相对高一些。笔者查阅了 1962 年 12 月中共北京西城区委组织部填报的工资报表，总人数为 325 人，月工资总额为 24563.74 元，平均工资为 75.58元。这样的收入在当时是比较高的。

二　普通知识分子、工人的工资水平

　　在城市就业职工中，党政机关人员所占的比重是比较小的，更多的是普通知识分子与工人，而以工人数量为最多。在 20 世纪五六十年代，工人的收入与生活状况，基本可以代表一个城市的居民正常生活水平。

　　表 2－9 是中、小学教员工资的对照：

表 2－9　中、小学教员工资的对照

级　别	小学工资标准（元）	中学工资标准（元）
1	86.5	149.5
2	76	124
3	66.5	101

续表

级　　别	小学工资标准（元）	中学工资标准（元）
4	58.5	89.5
5	53	79.5
6	47	70
7	41.5	62
8	37	54
9	32	47
10	29	42.5
11	26.5	

资料来源：北京市西城区档案馆（北馆）藏《［北京市西四区人民委员会人事科1956年］关于干部工资待遇、技术人员、环境卫生、工人、国家机关工作人员、共同性工种的工资待遇标准和通知》，档案号004-002-00061，1956。本表原为两个表格，为了方便对照，笔者特编排在一个表格内。

注：1. 小学部分包括高、初小教员。中学部分包括高、初中教员。2. 厂矿企业附设的中小学及业余学校按此标准执行。

由表2-9可见，小学工资分为十一级，中学工资分为十级，差别不大。但是从工资数额上看，差别就大了。同是一级，小学教员是86.5元，中学教员是149.5元，相差有63元之多，相当于一个高级工一个月的工资。取中间段——第5级来看，小学教员是53元，中学教员是79.5元，相差有26.5元，这相当于一个工厂练习生的月工资。从最低级来看，小学是26.5元，中学是42.5元，相差有16元，这大约相当于一个刚进厂的学徒工的月工资了。从纵向看，以中学教员工资为例，最高级与最低级相差107元，这比一个普通工人家庭一个月的收入还多，甚至有可能相当于其两个月的收入。得到高等级工资的人，多数是德高望重、桃李满天下的教员，他们受到政府信任而被派遣到学校做领导工作。笔者曾经访谈过一位在学校工作的"老革命"。

受访者，D女士，1929年生于重庆，曾在中共中央西南局工作，1955年调到北京，在中共中央办公厅秘书局工作，1958年后进入中学做行政干部，1988年退休。

采访者：您退休前是做什么工作的？

受访者：在西城区丰盛中学工作，原来在教育学院附中，当行政干部。我是学师范的，在重庆北碚国立女子师范学院，1950年7月毕业的。

没教书，参加革命了，给我分配到中共中央西南局统战部，当小干部。刘伯承是我的部长，邓小平是书记。我在学校就入团了，我们几个入团的分到了西南局党务机关，其他大部分到了西南军区当文化教员。我们1950年在师范学院重庆青年暑期学员学习班学了一个月，在沙坪坝南开中学里面学习。每天刘伯承同志讲为"人民服务"，全重庆的青年毕业生都在那学社会发展史。学完就分配工作，在那待了几年。我参加了西南区第三批土地改革，我在达县专区万源县长坝乡二村待了半年，打倒地主分田地，访贫问苦，1951年10月到1952年4月。西南区整个机关都停下来搞土地改革去了。我1953年就入党了。1954年七届四中全会以后，各大区撤销了，我就调中共中央办公厅了，秘书局三处，搞档案工作。机构撤销了，年轻人可以考学校，我就愿意考师大，因为我学的师范，愿意搞教育。有的同志考人民大学、南开大学啊，都可以。在准备过程中，领导跟我说，组织调你到中央搞档案。我把我们机关的文件都带来（北京），（大家把）各大区的档案都带来，西南局、东南局、华东局的都带来了。到1958年2月，"整风反右"，要加强文教战线，我就要求调到学校。我1988年10月退休，正好30年教龄。我今年82了，1929年出生的。

……

受访者：没考虑自己，遇到涨工资的事，都让出去了。所以我的工资在50年代初是七等四级，78块钱，还不错。到学校后，书记工资比我还低，在学校里，没调一次，都让给别人了。因为我作为一个党员，又是搞人事工作的，校长说要给我调，评委会说要给我调，我说不要。我原来是19级，到后来全调的时候，我才调，18级。

采访者：大家都调是什么时候啊？

受访者：退休之前有一次普调，可能是1986年。

采访者：您挣了30年的78块钱啊！

受访者：对。①

通过上述资料可以看出，当时学校里工资较高者确实为由党政机关调入学校的人员，一个人事行政人员，比学校领导的工资还要高，原因就在于之前的革命经历。

---

① 梁景和主编《中国现当代社会文化访谈录》（第五辑），首都师范大学出版社，2016，第298～300页。

有的普通劳动者，如汽车司机，工种虽不同，但工资差别相对小一些。（见表 2 - 10）

表 2 - 10　载重汽车司机与大客车司机工资标准

工资标准（元） 职务	等级	一	二	三
载重汽车司机	2.5 吨及以下	76.2	64.2	54.4
	3～5.5 吨	82.3	69.4	58.8
	6 吨及以上	89	75	63.6
大客车司机	35 座及以下	83.7	70.6	59.8
	36 座及以上	87.9	74.1	62.8
助　手		39.8	34	

资料来源：北京市西城区档案馆（北馆）藏《［北京市西四区人民委员会人事科 1956 年］关于干部工资待遇、技术人员、环境卫生、工人、国家机关工作人员、共同性工种的工资待遇标准和通知》，档案号 004 - 002 - 00061，1956。原表格有些模糊，笔者在不改变数据及制表原意的基础上，加上了几条线，使表格看起来更加明晰。注：1. 实习汽车司机，其工资应低于三级司机工资的 15%。2. 驾驶特种汽车者应按下列规定办理：①在代燃料汽车上加以本人工资 10%；②驾驶挂车（拖车）者加发本人工资 10%。3. 公共汽车司机，不适用此标准。

由上表可以看出，工资最高者为 6 吨以上一级载重汽车司机，89 元/月，除助手外，最低者为 2.5 吨以下三级载重汽车司机，54.4 元/月，相差 34.6 元/月。鉴于职务与等级的双重标准，再与中小学教员的工资相比，这样的差别还不算太大。表中除助手以外的数据，不论纵向比较还是横向比较，差额在几元至十几元不等，相对来说是正常的。

将机关行政人员的工资与普通知识分子、工人工资对比来看，明显能看出机关工作人员的工资水平较高，相对于普通工人，机关人员的生活质量也会高一些。

三　大、中学（专）毕业生的工资水平

新中国建立以后，国家对适龄的大、中学（专）毕业生实行统一分配工作。因为学历的不同，工资差别较为明显。1956 年，国家将所有的毕业生的工资标准分为 11 级，1 级为最低，11 级为最高。（见表 2 - 11）

表 2－11　高等学校和中等事业学校毕业生分配工作以后临时工资标准

单位：元

毕业生修业年限		工资标准										
		1	2	3	4	5	6	7	8	9	10	11
高等学校	研究部毕业的	58	59.5	61.5	63.0	65.0	66.5	68.5	70.0	72.0	73.5	75.5
	大学院、校修业五年以上毕业的	52	53.5	55.0	56.5	58.0	60.0	61.5	63.0	64.5	66.0	67.5
	大学院、校修业四年毕业的	49	50.5	52.0	53.5	55.0	56.5	58.0	59.5	61.0	62.0	63.5
	大学院、校及专科学校修业三年以上不满四年毕业的	44	45.5	46.5	48.0	49.5	50.5	52.0	53.0	54.5	56.0	57.0
	专科学校及大学附设之专修科修业二年以上不满三年毕业的	40	41.5	42.5	43.5	45.0	46.0	47.0	48.5	49.5	51.0	52.0
中等专业学校	高级 修业四年毕业的	35	36.0	37.0	38.0	39.0	40.5	41.5	42.5	43.5	44.5	45.5
	高级 修业三年以上不满四年毕业的	32	33.0	34.0	35.0	36.0	37.0	38.0	38.5	39.5	40.5	41.5
	高级 修业二年以上不满三年毕业的	30	31.0	32.0	32.5	33.5	34.5	35.5	36.5	37.0	38.0	39.0
	初级 修业四年毕业的	27	28.5	28.5	29.5	30.0	31.0	32.0	32.5	33.5	34.5	35.0
	初级 修业三年以上不满四年毕业的	25	26.0	26.5	27.5	28.0	29.0	29.5	30.5	31.0	32.0	32.5
	初级 修业二年以上不满三年毕业的	23	23.5	24.5	25.0	26.0	26.5	27.0	28.0	28.5	29.0	30.0

资料来源：北京市西城区档案馆（北馆）藏《［北京市西四区人民委员会人事科1956年］关于干部工资待遇、技术人员、环境卫生、工人、国家机关工作人员、共同性工种的工资待遇标准和通知》，档案号004－002－00061，1956。标准以外，对少数物价过高的地区另加生活费补贴。各地区适用工资标准种类和生活费补贴比率，详见各地区适用工资标准种类和费补贴表。

　　如果是高校研究生毕业，可以拿到1级58元、5级65元、11级75.5元的月工资，每级的差别不像中小学教员那么大，只有1.5元或2元之差。以最高的75.5元来说，这与二级载重6吨以上汽车司机（75元）基本一致，与小学2级、中学5至6级教员的工资水平类似。当时新中国建立不久，社会各项建设百废待兴，正是亟需人才的时机，而那时的大学生非常少，更遑论研究生了，如此看来，研究生的工资并不算高。

大学修业四至五年的毕业生（约相当于现在的大学本科毕业生），工资比较集中在五六十元，邻级一般相差 1.5 元；专科学校毕业与大学修业不足四年的为同一个工资标准；专科学校及大学附设之专修科修业二年以上不满三年毕业的为同一个工资标准。这些毕业生一般为每月四五十元。

中等专业学校毕业生分为高级和初级两种，两级又各有标准，即中专毕业生共分为六个工资标准，工资在 23～45.5 元之间，每个标准之内，邻级相差为 1 或 1.5 元。①

笔者访谈中，经常会问到工资问题，人们对此的记忆总是很清晰。下面几组访谈，可见当时职工收入的一般水平。

案例（一）

受访者：W 先生，1932 年生于河北保定，1956 年随部队到北京，后转业，一直从事地矿工作。

采访者：您五六十年代的工资是多少啊？

受访者：刚来不行，在部队上，是 19 块钱。刚转业，长了五年工龄，是 23 块。1956 年工资改革，改了个三级，46 块 6。后来 1959 年涨过一次，我还不错，涨上四级了，54 块 4。1963 年是 63 块 6。

采访者：之后呢？

受访者：1963 年之后，一直到 1977 年，才涨了点。那年不是调一级，我是五级，调六级，应该给 10 块，但就给 7 块。

采访者：为什么？

受访者：调级最高涨的不能超过 7 块钱，像二级调三级，三级调四级，都是 5 到 6 块钱，7 块钱以上的，就给 7 块钱。后来改革开放以后，1983 年，又给补上了，该调多少就调多少。②

---

① 以上数据来自北京市西城区档案馆（北馆）藏《[北京市西四区人民委员会人事科 1956 年]关于干部工资待遇、技术人员、环境卫生、工人、国家机关工作人员、共同性工种的工资待遇标准和通知》，档案号 004‑002‑00061，1956。

② 梁景和主编《中国现当代社会文化访谈录》（第五辑），首都师范大学出版社，2016，第 293～294 页。

　　从参加工作到"文革"前夕，这位男性受访者的工资由 19 元涨到了 60 多元，特别是 1956 年工资改革之后，他是 40 多元，渐渐涨到 60 多元。他的爱人是 1966 年之后才工作的，家里有两个孩子，不需要承担养老的负担，所以他在 1966 年之前的工资收入养活一家四口人是不成问题的。这位受访者还说："那时候家属孩子都报销，报销一半。孩子得个肺炎什么的，住院，甭说多了，就是三十、二十的，也困难。一般感冒了，去医务室拿个药，几分钱，这还好说，一般单位都有医务室。那时候福利好，别看挣几十块钱，也没觉得紧巴巴的。"① 那个时候的福利好，连家属和孩子的医药费都能报销一半，所以虽然挣钱少，但人们提起那个时代，多数是充满怀念之情的。

案例（二）

　　下面一位受访者谈到他的父母的工资：

　　受访者：Y 先生，1946 年生于山东，1956 年随父母到北京定居，曾是工农兵大学生。

> 采访者：您父母是来北京工作的吗？
>
> 受访者：是啊。我父亲那时候挣 50 多块钱，相当不错了。
>
> ……
>
> 采访者：您母亲也工作吗？
>
> 受访者：那时候家庭妇女出去工作。在一个小厂子里，修自行车。
>
> 采访者：您母亲当时工资多少啊？
>
> 受访者：30 多块钱到 40 多块钱吧。
>
> ……
>
> 采访者：您家几个孩子啊？
>
> 受访者：就我一个。
>
> 采访者：那您家当时生活条件很不错啊。
>
> 受访者：还不错。那时上学什么的也花不了多少钱。
>
> 采访者：学费多少啊？
>
> 受访者：两块多钱吧，跟现在没法比。

---

① 梁景和主编《中国现当代社会文化访谈录》（第五辑），首都师范大学出版社，2016，第 295 页。

采访者：家里别的消费多吗？

受访者：我山东老家的爷爷得管，爷爷在农村。那时寄的比现在多多了。①

这位受访者的家庭在当时是人数非常少的，一家三口人，只有他一个孩子，父母一个月工资加起来大约有 90 元，养活三个人绰绰有余。他的爷爷在山东老家，需要给爷爷生活费。相信他的爷爷在老家的生活比同村人过得滋润些。

案例（三）

受访者：W 先生，1926 年生于北京，为世代累居的老北京人。汉族，家住宣武区。在民国时学过会计，新中国成立后考取汽车公司会计。

采访者：您工作后工资是多少？

受访者：学徒一进厂 16 块，第二年 21 块，第三年 34 块。34 块钱是一级工，二级工是 39 块 1 毛 8。

采访者：您爱人挣多少钱？

受访者：30 多块钱。

采访者：您一家收入 60 多块钱，生活还不错。

受访者：维持生活还可以，那时候生活费低。最低标准 8 块钱，够了，不补助；8 块以下，给补助到 8 块钱。

采访者：申请补助的人多吗？

受访者：不少。

采访者：申请补助的人一般是什么工种？

受访者：什么都有。②

这位受访者谈到了当时北京家庭月人均最低生活费是 8 元，人均不够 8 元的，单位可以给予补助。这一家夫妻二人每月收入 60 多块，养活三个孩子，维持生活还可以。

---

① 梁景和主编《中国现当代社会文化访谈录》（第五辑），首都师范大学出版社，2016，第296~297 页。

② 梁景和主编《中国现当代社会文化访谈录》（第五辑），首都师范大学出版社，2016，第313 页。

案例（四）

受访者：一对老夫妻，受访时丈夫 83 岁，妻子 76 岁。妻子曾经在 1957 年辞职回家抚养孩子，八年后又出来工作。他们夫妻二人都上班时，家里的收入为 99 元。

受访者：（妻）他那阵儿最高工资是 62 块钱，我是 37 块钱，加起来 99 块，还不到 100 块。

采访者：在当时还可以呀。

受访者：（妻）要说我们俩绝对没有问题，可是他有负担，一个月准给出去 10 块钱。①

访谈中说的"有负担"是指她的丈夫在山东老家有老母亲和弟弟妹妹，所以每月都寄钱给老母亲。

案例（五）

受访者：C 先生，祖籍江苏无锡，79 岁，大学学历，20 世纪 50 年代来京学习、工作、定居。当时在中央机关工作，他爱人在幼儿园当老师。二人当时的收入有 100 多元。

采访者：您二位的工资是多少？

受访者：她是 56 块，我是 69 块。

采访者：一家 100 多块钱应该是很好的。

受访者：三个孩子，生活得还是挺紧。伙食费起码得 20 多，穿啊，用啊，开销不小。

采访者：孩子上幼儿园，是全托吗？

受访者：不是，日托。

采访者：一个月花多少钱？

受访者：记不清了，也有伙食费、学费，一个孩子得 20 来块钱。②

---

① 梁景和主编《中国现当代社会文化访谈录》（第五辑），首都师范大学出版社，2016，第 332 页。

② 梁景和主编《中国现当代社会文化访谈录》（第五辑），首都师范大学出版社，2016，第 336 页。

这个家庭当时每月收入 125 元，应该算是收入比较高的家庭了。家里养三个孩子，和上面几组受访者相比，应该是条件比较好的了。可是他仍然说自己家当时的日子"紧"，原因是三个孩子一个月的托儿所费就得 20 多元。笔者问了，为什么不把孩子送到他爱人的幼儿园时，他说地方远，怕孩子受苦，所以就近在机关幼儿园上学。

和第一组受访者的条件相比，第五组的家庭条件好得多，而第一组那位却说"别看挣几十块钱，也没觉得紧巴巴的"，而第五组这位却说"生活得还是挺紧"。两个家庭的生活水平相差很多是一定的，为什么二者的感觉相差如此大？感受的差异，大概源于个人的经历、学历、工作和社会身份。笔者从访谈中获悉，第一组受访者是由军队转业到地方的普通干部，做地质勘探工作，自身没多少文化；其爱人是老家农村来的，也没有多少文化，她是到 1966 年后才参加社会工作。第五组受访者是 20 世纪 50 年代初保送上的中国人民大学，毕业后直接分配到国家机关，做统计工作；其爱人是老北京人，正规的幼师毕业，后分配到幼儿园当老师，业务很好。二位受访者的文化程度、社会身份、职业情况差距比较大，第一位没什么文化，是当过兵的"苦出身"，所以对生活没有过高的要求；第五位是五十年代的大学生，绝对的"天之骄子"，况且还是风头正劲的中国人民大学毕业，又在中央机关工作，社会地位很高，他对生活的要求也要符合自己的身份地位。从具体家境来看，第一组家庭的妻子在 1966 年后才出去工作，也就是说她此前在家一直照顾两个孩子，那么有可能省去托儿所或幼儿园的费用。第五组家庭中的妻子是幼儿园老师，懂得幼儿教育的意义，她让自己的孩子也要上幼儿园接受教育，所以宁可每月为每个孩子花上 20 多元的费用，三个孩子每月的教育费用就要六七十元，这在当时的一般家庭是不敢想象的，因为一般家庭的月收入一共也未必有六七十元。

四　工资变化

1956 年工资制改革以后，在全国范围内确立了工资分级制度，此后，职工的工资会随着等级的升降而产生增减的变化。"1958 年以后，1959 年有部分职工升级。工人升级面为 30%，干部 10%。文教卫生技术人员 5%，商业改革工资制度，有 60% 的人增加了工资，煤矿井下工人增加津贴 8%，1960 年，大、中、小学教学人员升级，大学为 40%，中、小学为 25%，1961 年矿山工人（包括金属和非金属矿）升级，升级面为30%，因而职工工资总的水平稍有提高。"①

在一部分人工资提高的同时，还有一部分职工的工资降低了，这主要体现在原来实行计件工资的工人身上。1957年实行计件工资，有的工人完成的超额较多，工资比较可观。1962年时已经取消了计件工资，这些工人虽然升级了，奖金也有所增加，但增幅较小，但比不上实行计件的工资。"据建工局第三建筑公司第一工程处、市政工程局三公司一工区、长辛店车辆厂三个单位288名计件工人的调查，1958年以后升级的共有131人，占45.4%。但1962年和1957年同期比，收入还低于1957年计件水平的有191人，占66%，增加收入的97人，占34%。"在被调查的288名工人中，66%的工人工资收入降低了。从降低的幅度来看，"其中第三建筑公司第一工程处63名工人1962年上半年比1957年同期月平均收入降低13.54元，下降17.18%；市政三公司一工区65名工人，1962年上半年比1957年每人平均收入降低7.3元，降低10%；长辛店车辆厂160名工人，1962年上半年比1957年同期每人平均收入降低2.39元，降低3%"，最多平均月降低收入13.54元，降低的非常多，对他们的生活影响也会比较大。取消计件工资，"影响最大的是建筑、市政工人，约有60%以上降低了收入。1958年全市共有计件工人19.5万人，估计约有11万人货币工资收入比计件时降低了"。取消计件工资后，对煤矿工人基本没有影响。据对"煤矿西山采区114名计件工人的调查，取消计件后收入降低的只有5人，平均降低2.58元，而114名计件工人工资水平，1962年上半年比57年同期提高33.23%"。取消计件工资后，大部分的煤矿工人的工资收入提高得比较多，情况好于建筑和市政工人。

奖金收入是等级工资之外的收入，也是工资总数的一部分，通常奖金所占的比例较小，不是所有的单位都给职工发放资金；奖金的数额通常也不稳定，随单位效益的好坏而定。"职工奖金收入1962年比1961年多数是下降的。今年上半年市属六个工业局186个工厂共发出奖金360.4万元，占工资总数的5.4%，比1961年同期降低0.17%，比1961年下半年降低1.26%。"

津贴也是职工工资总数的一小部分，因企业的不同、岗位的不同而有

---

① 北京市档案馆藏《劳动部、全总、本局、市总工会关于进行职工家庭生活情况调查的通知和调查报告》，档案号110－001－01313，1962。

差异。津贴与奖金一样,也不太稳定。"1962 年各项津贴大部分企业都比 1957 年下降,主要原因是生产任务不足,夜班、加班加点减少。还有一些单位取消了原有的津贴制度,如电业系统的出勤津贴、现场津贴、领班津贴等等。"

据调查,1962 年与 1957 年相比,家庭人口的总收入是有所增加的,家庭人口的平均收入有所降低。"据石钢公司、长辛店车辆厂、北京木材厂三个单位 497 名职工的调查,1957 年家庭总收入 38608.03 元,1962 年为 41483.43 元,增加 7.4%。""上述三个单位 1957 年家庭平均人口货币收入为 16.18 元,62 年下降为 15.05 元,降低 6.98%。""据石钢公司 80 户调查,1962 年上半年和 1957 年同期对比,家庭人口平均货币收入下降的有 53 户,占 66.25%;持平的 3 户,占 3.75%;提高的 24 户,占 30%。"①

结合上述史料,笔者分析当时家庭人口的平均收入降低的原因大致有二。(1)家庭人口增加得过快。新中国成立后,由于社会安定,生活条件有所改善,所以 20 世纪 50 年代迎来了一个生育高峰期。家庭人口的过快增长超过了家庭收入的增长,因而平均数是下降的。这是主要原因。(2)个别家庭的就业人口减少,还有一些家庭的总收入减少,因而造成了平均收入的降低,这种情况比较少,在上述被调查的 80 户中,由于就业人口减少而降低的 6 户,由于工资减少、人口增加导致收入降低的 3 户。这是次要原因。

1963 年,工资调整了一次,工资普遍上涨。中国人民银行北京分行调查了 18 个单位 1339 户。其中,中央机关 2 个,231 户;工业单位 11 个,488 户;财贸单位 3 个,279 户;文教卫生单位 2 个,341 户。

据统计,平均 15 元以下的户减少了 38 户,平均 35 元以上较高收入的户也增加了不少,调薪是比较有效果的。(见表 2 - 12)

表 2 - 12　调薪前后家庭人口平均收入分布情况

	调薪前		调薪后	
	户数	占 1339 户百分比(%)	户数	占 1339 户百分比(%)
15 元以下	271	20.2	233	17.4
15 至 20 元	278	20.8	263	19.6
20 至 25 元	219	16.4	220	16.5

① 上述几段材料均来自北京市档案馆藏《劳动部、全总、本局、市总工会关于进行职工家庭生活情况调查的通知和调查报告》,档案号:110 - 001 - 01313,1962。

续表

	调薪前		调薪后	
	户数	占 1339 户百分比（%）	户数	占 1339 户百分比（%）
25 至 30 元	342	25.5	362	27.0
35 至 50 元	165	12.3	186	13.9
50 元以上	64	4.8	75	5.6
合　计	1339	100.0	1339	100.0

资料来源：北京市档案馆藏《关于工资调整前后职工家庭收入和储蓄力变化以及补发工资用项的调查报告》，档案号：002－021－00415，1963。

五　居民储蓄

"中国人有个习惯，钱多，多花；钱少，少花。钱再少，也不能全花了。"①这是笔者在访谈中听到的一位老人讲的一句话。中国人历来有攒钱的习惯，古代人一般把钱藏在家里，明清时期有了钱庄（有的也称银号），一部分人把钱存入钱庄和银号中；民国时期有了银行，人们开始把钱存入银行。不管钱庄、银号还是银行，去的多是有钱人。收入不高的家庭，一般把有数的钱放在家中。新中国成立后，特别是人们有了稳定的收入之后，会或多或少地存一点钱，即进行储蓄，以备应急和养老之用。20 世纪五六十年代的"月光族"，要么是收入较少或家庭负担较大，生活拮据的；要么是没怎么吃过苦，不会"过日子"的年轻人。对于多数家庭而言，多少存一些钱，对于不可知的未来是一种保障，全家都有安全感。手中有余钱，也说明自己家的日子越过越好。

储蓄一事，经过政府的宣传，老百姓渐渐接受并展开了全民储蓄热潮。不少报刊都登载关于储蓄的好处，号召群众参加储蓄。下文是《人民日报》宣传储蓄的一篇生动的文章。

把储蓄所当成家庭保险柜

我打从一解放就在银行储蓄。最初是每月把下半月要用的钱存起来，到月中再取。每月存一次，取一次。后来我家附近成立了储蓄所，

① 梁景和主编《中国现当代社会文化访谈录》（第五辑），首都师范大学出版社，2016，第295 页。

存取很方便，我就把自己和爱人的工资除去应该立即付出的钱（如公债、工会会费、托儿费、汽车月票、饭票和一个星期的油盐酱菜等）以外，全部存进去。每隔七、八天取一次零用。其它如保姆费、房租、水电、买煤球等等，都是到日子现取。领到追加工资、奖金，或煤火费，只要是三两天以内不花的钱，也必立刻存进去。总而言之，我是拿储蓄所当了家庭保险柜，自己腰包里老是只有两元以下的现钞。这样做，对我帮助很大。首先生活走上了计划的轨道。近两年生活日益改善，不仅根本消除了寅吃卯粮，"上半月宽、下半月窘"的现象，而且连自己治牙、镶牙、家属医药费、爱人生育费等临时开支，也都能按月积累而解决。从来没请求过补助或借支。因为生活安定，我和爱人的工作情绪自然也就得到提高。

还有一个比较大的收获，就是培养了孩子的储蓄习惯和俭朴作风。我常常跑储蓄所，我的十岁的孩子好奇地问："为什么？"我就把爱国储蓄的意义一点一点的说给他听，引起了他的兴趣，吵着也要储蓄。从1956年3月，他在银行也开了一户。为了鼓励他，我决定每逢他攒到五角钱时，就再给他添上五角存进去。买鞋袜、儿童读物、订报，完全由他自己储蓄的钱来支付。从此铅笔再也不丢了，零钱基本上不花了，星期日给两角钱到公园去玩，除买门票以外，都剩回来。鞋袜破了，补了再补，还要求多凑和穿一个月。真正做到了"可买可不买的不买，可以缓买的缓买"。现在，他已成为每月必定出入储蓄所一两次的固定小储户了。[1]

由上文可见，这一家雇有保姆，订阅儿童读物，订报，说明家庭收入比较高，生活条件相对比较好。这一家非常节俭，每一笔钱都处理得井井有条，面且做到"可买可不买的不买，可以缓买的缓买"，这对于《人民日报》的读者是很好的正面教材。文中还详细介绍了家中如何利用银行来储蓄，甚至将储蓄当成了家庭保险柜，这说明把钱存入银行是多么的安全。作者每月多次去储蓄，连零用钱也存进银行，口袋里只有两元以下的现钞，每周取一次零用。在当时，这代表一种勤俭节约精神和积极向上的生活态度。国家"底子薄"，物质条件比较落后，处于需要积累而不是消费的阶段，所以提倡人们"勒紧裤腰带过日子"。

---

① 《人民日报》1957年3月27日第3版。

图 2 － 2 1958 年宣传储蓄的连环画

注：图为人民美术出版社 1958 年出版的连环画《西大街储蓄所》封面。

随着老百姓生活情况的好转，不少人开始把钱存进银行。以北京东城区八面槽储蓄所为例，到 1957 年 8 月，开张还不到两年，就吸收了 4000 多个储户和六十多万元存款，储蓄存款余额达到一亿七千九百多万元。这些储户中，职工群众占多数。从北京市的情况来看，银行的储蓄总额，职工发薪的时候上升，月底稍落。每天平均有 36000 多个储户进出储蓄所，办理存取业务。原来没有跨进储蓄所门槛的普通市民，也开始进储蓄所存取款了。北京市印刷一厂排字工人吴昶升，在旧社会一个人干活养着五口人，困难得有时只能喝稀粥。新中国成立后，他的两个儿子有了工作，成了家。老吴自己的工资也增加了很多。于是他的妻子李玉贞成了西长安街储蓄所的熟储户。在1953 年，他们就开始储蓄。电车司机刘贵森过去的日子也很苦，他爱人张荣贵也找些缝补活干，可是全家五口人还是只能啃窝头就咸菜过活。大孩子到了 10 岁，还是没钱进学校念书。新中国成立以后，他家虽然又添了两个小孩，但是生活还是变了样。吃的是白面、大米，搭上一部分粗粮，一天两顿熟菜，还经常吃到肉，三个大孩子都上学，特别是有了积蓄，已有八十多元储蓄。[①] 随着生活水平的提高，职工参加储蓄的积极性很高，1958 年，在朝

---

① 《劳动人民也有富余钱参加储蓄了》，《北京日报》1957 年 8 月 7 日第三版。

外市场街一带的 200 多户中，有 95% 以上都在银行开户参加了定期储蓄。①

　　除了储蓄，市民还以购买国家公债的形式储蓄。1950 年，职工购买公债占 19%；1954 年，上升到近 50%；在 1957 年公债的认购数字中，职工认购数占 84% 以上。吴昶升老两口这些年就买了 70 多元公债。刘贵森家也珍藏着三十六元公债券。② 职工认购公债比例之所以增长迅速除了职工收入增加外，随着"三大改造"的完成，原来非职工的小商人、手工业者，参加合作社的转成工厂职工，职工的人数大增，职工认购国家公债的比重随之迅速增长。

第三节　妇女就业

　　新中国成立之后，社会风貌发生了很大的变化，明显的特征之一是妇女地位的提高。

一　妇女得到法律保护

　　1950 年 4 月 13 日颁布的《中华人民共和国婚姻法》是新中国的第一部法律文件，旨在破除旧的婚姻家庭中的陋习，建立新的婚姻家庭制度。马克思主义认为，家庭是社会的细胞，而且中国人历来重视家庭的作用，要全面地改造旧的社会风貌，建立新的社会秩序，必须先从家庭问题着手。所以新中国一成立，就迫切地颁布了《婚姻法》。

　　从《婚姻法》的"原则"来看，"第一条　废除包办强迫、男尊女卑、漠视子女利益的封建主义婚姻制度。实行男女婚姻自由、一夫一妻、男女权利平等、保护妇女和子女合法利益的新民主主义婚姻制度。第二条　禁止重婚、纳妾。禁止童养媳。禁止干涉寡妇婚姻自由。禁止任何人藉婚姻关系问题索取财物。"③ 由此可见，首要的一点是要废除包办婚姻、重婚、纳妾等旧的婚姻制度。民国时期，这些旧的婚姻制度虽然早已经被批判，但在民间有广泛的社会基础，包办婚姻、重婚、纳妾等比比皆是，层出不穷。虽然旧的婚姻制度下的家庭有一部分是幸福的，可是不幸福的也非常多。旧的婚姻制

① 《朝外市场百分之九十五居民都有储蓄》，《北京晚报》1959 年 11 月 14 日第三版。
② 《劳动人民也有富余钱参加储蓄了》，《北京日报》1957 年 8 月 7 日第三版。
③ 《中华人民共和国婚姻法》，1950。

度是以男权社会为基础的，一切以男子的意愿为原则，这对于妇女的伤害比较大，妇女的社会地位普遍较低，人身自由受到限制。《婚姻法》要打破这种旧制度，如果谁还要依照旧的婚姻制度办事，谁就是违法的，要受到法律的制裁。

破除旧制的同时，必须立新制，才能使社会良性的运行。新制度就是"婚姻自由、一夫一妻、男女权利平等、保护妇女和子女"①。从《婚姻法》中的条文可知，"婚姻自由"就是男女双方有自愿结婚和自愿不结婚的权利，不许任何一方对他方加以强迫或任何第三者加以干涉，父母也不可以干涉；婚姻中的夫妻有自愿离婚的权利，别人也不得干涉；寡妇有再嫁的权利，任何人不得干涉。"一夫一妻"主要是用来限制男性的，不得纳妾，不得重婚，合法妻子只有一人。"男女权利平等"，指夫妻双方在家庭中地位平等，夫妻均有选择职业、参加社会工作和活动的权利，这保障了妇女外出工作的自由；夫妻双方对于家庭财产有平等的所有权与处理权；夫妻有各用自己姓名的权利，妻子不必在自己的姓名前面冠以夫姓；夫妻有互相继承遗产的权利。"保护妇女和子女"主要体现在五个方面。（1）女方怀孕期间，男方不得提出离婚；男方要求离婚，须于女方分娩一年后，始得提出。但女方提出离婚，不在此限。（2）离婚后，女方抚养的子女，男方应负担必需的生活费和教育费全部或一部。若男方抚养子女，则不要求女方负担生活费和教育费。（3）女方再行结婚后，新夫如愿负担女方原生子女的生活费和教育费全部或一部，则子女的生父的负担可酌情减少或免除。（4）离婚时，女方婚前财产归女方所有，其他家庭财产如何由双方协议处理，协议不成，照顾女方及子女利益为原则来分配。离婚时，夫妻共同生活的债务，如共同财产不足清偿时，由男方清偿。（5）养子女、非婚生子女与亲生子女享受同等权利。禁止溺婴或其他类似的犯罪行为。② 由上可见，《婚姻法》在男女平等的基础上，格外保护妇女的权益。

由于时代的特殊性，《婚姻法》还对"军婚"做出了特别的规定："现役革命军人与家庭有通讯关系的，其配偶提出离婚，须得革命军人的同意。自本法公布之日起，如革命军人与家庭两年无通讯关系，其配偶要求离婚，得准予离婚。在本法公布前，如革命军人与家庭已有两年以上无通讯关系，

---

① 《中华人民共和国婚姻法》，1950。

② 同上。

而在本法公布后，又与家庭有一年无通讯关系，其配偶要求离婚，也得准予离婚。"① 由条文可见，《婚姻法》保护"军婚"，如果军人与家庭有联系，是否离婚由军人做主，这体现了国家至上、军人至上的观念。对于与家庭两年以上无联系的军人，可能在战争中牺牲，也可能与家庭失去联系，也可能异地重新结婚，另组家庭，无论哪种可能，如果在 1951 年 4 月 13 日之前与家庭仍没有联系的，其配偶可以与之离婚。军人以男性为主，留守在家里的大多数为妇女，此规定主要针对留守妇女，是对军属的尊重：特别是那些丈夫从军打仗不知去向甚至已经牺牲，自己仍守在老家的妇女，这些人在确定丈夫没有音信之后，可以另寻伴侣，不必终生守候不改嫁。同时，是对军人当前婚姻的特别保护：不少军人在战争结束后进入城市或留在异地工作，有的将老家的妻子接来与自己共同生活，这种情况不在此列。有的在未与老家妻子离婚的情况下另娶新妻，重组家庭。出于对这些军人当前婚姻的保护，也出于对留守妇女的弥补，所以允许离婚。

除了《婚姻法》规定了妇女的权益和地位，1954 年颁布的新中国第一部《宪法》也保障了妇女的各项权利。《宪法》第八十六条规定"妇女有同男子平等的选举权和被选举权。"第九十六条规定："中华人民共和国妇女在政治的、经济的、文化的、社会的和家庭的生活各方面享有同男子平等的权利。婚姻、家庭、母亲和儿童受国家的保护。"② 《宪法》主要强调了男女各项权利的平等，是对《婚姻法》的进一步肯定，也是对妇女地位的更大保护。

二 城市妇女广泛就业

近代已有不少妇女走出家门，到社会上参加工作，在有了工作和相对独立的经济条件后，妇女的社会地位提升了。在战争时期，已有许多的女军人、女干部、女知识分子积极地工作着。解放区的妇女工作卓有成效，妇女拥有参政权，社会地位较高。新中国的《婚姻法》规定妇女有参加社会工作的权力。马克思主义理论家胡绳认为："在妇女和男子一样参加社会工作的情况下，男女平等才能真正实现，这也就从根本上消除了从旧社会遗留下来的不合理的家庭制度。"③ 女性与男性同样参加社会工作，获得经济独立，才

---

① 《中华人民共和国婚姻法》，1950。
② 《中华人民共和国宪法》，1954。
③ 胡绳：《关于家庭——给朋友的一封信》，《中国妇女》1958 年第 18 期。

能实现男女平等。从小受过教育或生活在开明家庭中的妇女，外出工作相对容易，她们一般都能得到父母或丈夫、公婆的支持。

1. 参加社会工作是个人的解放

新中国刚刚成立时，有的妇女，特别是传统的家庭妇女，想走出家门参加社会工作，并不是那么容易。她们常常要冲破家庭的束缚，打破旧道德的禁锢，克服不识字的困难等。有时，妇女主动要求出去工作，出发点常常不在于对于工作有多么强烈的渴求，而是想要以工作为跳板，冲出束缚自己甚至虐待自己的家庭，以达到自我救赎的愿望。

安淑珍是一个受公婆虐待的儿媳妇，现在已经冲出了封建的家庭，出来参加了工作和学习。

我遇见安淑珍是去年三月。那时我的工作分配在南横街一带。吃饭的地方，就在她住那个院子——老潘同志家里。她样子挺安详、可爱。要不是老潘家告诉我，她是西屋高家的儿媳妇，看那小小的身材，我还以为谁家的大姑娘呢？

平时不常见她。偶尔见了，她总像受了什么委曲的样子。有一天，她拿簸箕簸米，看见我刚才说了声："黄同志，来吃饭了——"她婆婆拐着个小脚连跑带走的过来，她就低头走开了。

过了两天，老潘家告诉我，她来这屋了，吞吞吐吐的像有什么话要说。我想她大概有些事，就托付老潘家和邻居张大嫂，才知道是这么回事：

安淑珍十六岁那年，她爹在一个朋友家喝酒，马马虎虎就把女儿的亲事订了。回到家也没给女儿说，到她结婚的头一天，才告诉她。没娘的孩子，跟谁去诉苦？就这样街坊眼瞧着她哭着上了轿。

高家指着开小车厂，凭三轮生活。淑珍的男人也蹬三轮。她一进了高家门，全家的生活就堆在她一人身上了。和丈夫没有感情，从结婚到现在没说过句知心的话。淑珍可挨了不少打，十回竟总有八回是为了淑珍看书。有时，淑珍偷着借小北的书看，让婆婆看见就打一顿。婆婆常骂："我们家没有念书的，你甭装腔！"

解放了，高家更不准她出门，害怕她给我们（干部）接近。淑珍自从和我说了一两次话以后，就常常找机会给我说话。希望我能帮着她逃出这火坑。我们借着到各屋串门的机会，和他们正式认识了。以后又给她送去四本书。她婆婆拦阻着："她不会看，不认字。"我一边解释："不会看，就看看画吧。"一边就把书塞在淑珍手里。我走后，她婆婆就骂："显本事，说你认字，把他们都勾引来了。"公公也借着酒拿起铁通条就打她。当晚上，她婆婆就把书送回来了，说："让您费心，她不会看。"

高家活多就不准她回娘家。她爹来了死说活说的，才准回去一趟，可还得带活做。有一回，让她回去住三天，她想第四天清早回去。那知第三天晚上，高老头子连踢带搋地把门打开，一路骂着进了屋，硬把淑珍拉回去了。

七月底，高家又把淑珍打了一顿。她一鼓勇气跑回娘家去了。爹却仍拿从前的话安慰她："孩子，再忍一次吧，等下次再打你时，咱们再去告他。"淑珍又被送回了高家。但淑珍常想："要想不挨打只有离开高家。"她又想："现在不是有很多女同志吗？人家都能工作，我呢？我也要走这条道。"我常耐心地给她解释："目前工厂没招生，考革大你的文化、政治又不够，你应该先好好学习。"她慢慢也认清了，自己脑子里空空的，不能承担工作。别人都睡了的时候，她就偷着写字、看书。还练习写了一个自传。

八月底，她的机会来了，育英学校招保育员。我们介绍她去投考，居然考上了。她毅然地离开了高家。街坊见她这样，都很羡慕她，都向她学习，有的还托她找事。

她参加工作以后，工作挺踏实。常给我来信，字整齐了，句子也比从前通顺了。不久，她就申请入团，成了光荣的青年团员。她坚决提出要和她男人离婚，并且主动提出，不要她男人给他的生活费。她说："我离婚，是为了解放自己。我有能力，有工作，可以独立生活，不要他们给我的生活费。"政府判决了她离婚，又严厉地批评了高家的人。现在她精神愉快了，身体比从前好了，认识她的人都说："可不是，爹一顿酒，把我的婚姻订了，害我受了两年苦。要不是共产党来了，我还不定怎样受罪呢！"①

与无数备受婆家虐待的家庭妇女相比，安淑珍算是幸运的，赶上了新中国建立，恰巧得到国家干部的帮助，只受了两年苦，就顺利地与没有感情的丈夫离婚。中国的传统讲究逆来顺受，儿媳对公婆与丈夫的虐待，要忍耐，

---

① 《安淑珍冲出了封建家庭》，《北京妇女》第 8 期，1950 年 7 月 1 日。

服从所谓的"命运"。我们看到，即使在婆家的严格管束之下，安淑珍也坚持看书学习，说明她的天性并不懦弱的，而是勇敢而有主见的，对于未来是有着憧憬和希望。安淑珍脱离苦海之后，并没有面临所谓的"娜拉"出走后的问题，因为她找到了工作，可以自食其力，掌握自己的命运。从安淑珍的经历来看，困扰中国妇女解放运动二三十年的"娜拉"问题终于有了答案：那就是妇女参加社会工作。工作对于弱势群体的妇女来说，是一个喘息和解脱的途径；妇女参加工作的意义不仅在于获得了工资，为自己创造了独立的经济条件，更使她们在精神上得到宽慰，工作中不断地与社会接触，她们能看到生活中不是只有悲哀的家庭，更有广阔的社会，多样的人生。眼界打开之后，她们的人生观可能会改变，随之而来的是个人命运的逆转。如此一来，作为个体的妇女，才实现了解放。

2. 妇女就业状况

20 世纪 50 年代，由于国民经济快速发展，不少行业出现劳动力短缺的现象。国家提出了"调动一切积极因素为社会主义事业服务"的口号，将一大部分中青年男劳动力抽调参加工业生产，而其他的行业，如手工业、制造业、纺织业、商业等，有很多岗位需要大量劳动力，所以北京市政府号召家庭妇女参加社会工作。一些有学历、有知识的中青年妇女，和中专、大学毕业的女学生，直接被国家统一分配到国民经济各个部门、各个行业中工作。

20 世纪 50 年代，由于国民经济快速发展，不少行业出现劳动力短缺的现象，中国的家庭妇女大多数没有就业，成为极大劳动力储备力量，所以政府调动一切积极因素，将城市中的广大家庭妇女发动起来，参加生产工作。就北京而言，以往不适合女性的工作岗位，也出现了女车工、女旋工、女天车司机、女勘探员等，在机械厂，上百名女技术工在加工、锻造等多种重要生产岗位上发挥作用，有的还担当了工段长。一般来说，女性的身体不太适宜这些劳动强度比较大的工作，但在当时，"妇女能顶半边天"的积极践行，使女人也开始从事较重的体力劳动。

女性在新中国社会地位的提高，不仅表现在就业人数增多上，还表现在参政人数和入学人数的增多。1953 年新中国第一次人民代表普选，有不少家庭妇女参加了普选活动，也有不少女性当选为各级人大代表。女孩入中小学和高等院校的人数也有所增加。北京作为首都，教育要比其他地区先进一些，北京的女孩在五六十年代一般来说至少读过小学。（见图 2－3）

1957 年北京市的女职工超过了 10 万人，比新中国成立初期增加 20 多

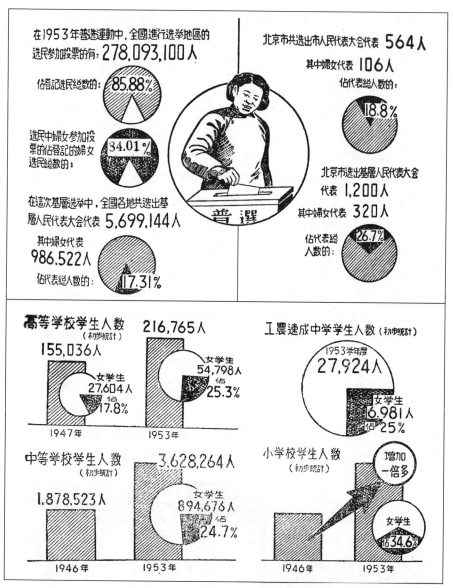

图 2-3　1953 年妇女参加普选和入学情况

图片来源：《新中国妇女》1954 年第 7 号。

倍。许多女职工在工作岗位上创造了优异的成就，1956 年，有 4900 多位女职工被选为先进生产者、先进工作者。不少行业非常适合女职工工作，妇女工作较多的行业，有纺织业、制衣业、商业、制造业、手工业以及教育、保育等行业。在北京电子管厂，女职工人数几乎占总人数一半，由于女性细腻认真，手艺精巧，所以电子管厂的装架间内的工作全部由女职工承担。女职工占半数以上的北京第一、第二棉纺织厂，能出色地完成生产计划。纺织姑娘们1956年生产的京棉牌白布，可以供近2000万人每人制一套新装。国棉二厂细纱工张梅兰1956年被选为出席全国先进生产者代表会议的代表，并且到全国各地传播经验。北京新华印刷厂评选的1956年先进生产者中，女职工占20%。北京农业机械厂女冲压工李惠兰进厂的时候是半文盲，短短五年就成为熟练的五级锻工，经常超额完成任务，1956年连续四个季度被评为先进生产者。①

妇女就业发展最快的时机是1958年开始的"大跃进"运动，绝大部分的家庭妇女都被动员参加工作，她们的工作以街道生产和服务事业为主。从1958年"大跃进"到1959年11月，北京已有16万多家庭妇女参加街道生产和服务事业。她们先后办起了608个街道工厂，1760多个生产组，1200多个服务修理单位。街道工厂作为大工业、企业的补充和有力助手而风靡一时。1961年1月，北京市的街道工厂，80%以上是为国家地方国营、公私合营工厂和企业服务的。地方国营宣武区服装制品厂，1958年8月份完成的总产值，有20%是由街道生产组织加工完成的。为这个厂加工的街道生产人员有2500多人，她们的劳动使这个厂的生产成本降低了27%，同时还帮助这个工厂增添了62种花色品种。加工的生产能力等于这个厂增加了200间厂房、210台缝纫机和600个工人。北京钢笔厂所用的笔胆，过去都是由天津、上海运来的，自从北新桥街道妇女办起橡胶厂以后，生产笔胆就基本满足了这个厂的需要。从北京市街道生产看，当时一共生产有400多种日用品。②（见图2－4）

图2－4　参加工作的女职工

图片来源：《人民画报》1950年8月、1958年3月、1965年5月、1959年5月、1959年1月的封面。事实上，《人民画报》刊登的职业女性的封面特别多，以上选出几幅有代表性的画面。

---

① 《本市女职工超过十万　比解放初期增加二十多倍》，《北京日报》1957年3月7日第1版。
② 数字来源于《北京街道妇女在飞奔》，《中国妇女》1960年第1期。

笔者访谈了解到，许多家庭妇女也都是在1958年参加工作的。家庭妇女参加街道组织的工作，不少是贴近日常生活的，如洗衣、缝补、纳鞋底、修理自行车等工作，虽然工作不太起眼，挣钱也不多，但在一定程度上满足了居民的日常生活需要，都是很有价值的。

以纳鞋底为例，至1959年4月20日，北京四个城区已有4000多人报名参加鞋底生产。北京鞋底厂也积极从技术上给予帮助，如二龙路枣林街新组织了一个生产车间，鞋底厂就派了技师到这个车间指导妇女生产。普遍采用了木夹板、打眼机等工具。景山街道办事处蒋家大院的生产组，已全部学习使用木夹板纳鞋底，嵩祝寺生产组也采用了打眼机，妇女们参加生产后技术提高很快，经过几天的学习，一般都会使用木夹板，由每天纳半只粗绳二号底提高到一双左右。妇女们参加纳鞋底之后，有关部门对她们的孩子、家务都帮助做了安排。有的妇女把孩子送进了街道上的幼儿班。对于不能参加集中生产的妇女，也采取了分散生产的办法。[1] 这样的生产办法从当时的实际情况考虑，妇女们好多都是文盲或半文盲，很多工作都干不了，但她们都会纳鞋底，纳鞋底的工作对于她们来说是得心应手的，发挥其特长为社会供应必要的生活物资，她们也能挣一些工资，是一举两得。多数妇女家中都有小孩，家务繁重，确实不能正常上下班，所以分散生产也是明智之举。

家庭妇女白手起家自办工厂的事情在"大跃进"时期比较常见，不算新鲜事。许多妇女在生产中提高了自己的文化水平和管理能力，在四个城区的515个街道工厂中，就有女性正、副厂长400人，车间主任的数量就更多了。不少人在工作中入了党。[2] 石景山区也有这样的事例，某化工厂厂长孙淑香，本是一位农村妇女，1953年随丈夫进京后，一直在家里相夫教子。1958年，她到石景山钢铁厂做临时工，后来厂里领导让她带领家属办化工厂，当时没有原料、没有设备、没有工作服，妇女们到处借，终于办起了化工厂。这些妇女对于化工几乎都是一窍不通，连产品的名字都叫不上来。孙淑香一个月后跟工人学会了生产技术，可以领导生产了。报道称她还创造了一种自动过滤器，可以进行盐酸过滤实验。孙淑香入党之后，工作热情更加高涨，有一次厂里出现事故，火炉上一个硫酸瓶忽然破裂，浓烟把工人们呛出来了，她

---

① 《街道妇女积极参加鞋底生产》，《北京日报》1959年4月5日第二版。
② 《北京街道妇女在飞奔》，《中国妇女》1960年第1期。

一个人跑了回去抢救其他放在炉子上的硫酸瓶子，所幸没有受伤，避免了一场事故。孙淑香得了不少奖，还成了全国"三八"红旗手。[①]

妇女创办化工厂的事情还有很多，如宣武区椿树人民公社的几个家庭妇女，1958年7月底，听一位在崇文化工厂工作的常大爷说市场上正缺少"硫酸亚铁"，而且容易制作。当时就在街道党委的领导下，组织了八个家庭妇女和一个男青年，在常大爷的指导下，立即试验，熬了一个通宵，试验成功。大家四处捡砖头，在一个院子里盘了一个灶，借了一口大锅、一只旧风箱和两口大缸，向附近拔丝厂要了12坛洗过铁丝的废液；从另一个机械厂拉了三车废铁屑，又向近处澡堂里借了100公斤烟煤。花了两元四角买了三副手套，五副口罩，正式开工生产了。当时的条件很差，妇女们不仅工作辛苦，而且也有危险，基本的劳动保护也没有。露天的院子里，头顶着毒太阳，身边烤着煤火，有的拉风箱，有的用木棒在锅里搅拌，整天整夜地不停。硫酸腐蚀性强，一不小心，手上就烧掉一块皮，衣服上烧个大窟窿。小组长赵玉珍的裤子被烧坏了四五条，都烧烂了，只好穿爱人的。到1960年9月，这个工厂发展到350人，有四个车间，花了15000元盖了幢八米高的新厂房。设备也增多了，球锅、离心机、鼓风机样样都有。有了厂房，有了机器，有了资金，生产条件好多了，厂里发了工作服，硫酸车间发皮衣、胶鞋。生产的产品一开始只有硫酸亚铁，后来能生产纤维乙糖、爱耳染色等15种产品，一个月产值就有六七十万元。

妇女走出家庭，融入社会，有了经济来源，人格也渐渐独立，男女平等渐渐落实，其社会意义更为重要。

很多家庭妇女参加社会工作后，都出现了不适应的情况。

（1）妇女文化程度低，难以胜任工作。有的家庭妇女50多岁才参加社会工作，文化水平低，字写得也不好。生活习惯突然改变了，样样都不习惯，跟不上社会发展的节奏。

（2）工作不理想，脏、累、苦、受歧视、工资低等原因，使有些妇女参加工作后又回到家庭。以西城区为例，1958年11月26日之前，"实际抽调316名青壮年男职工支援了工业生产建设，吸收了1240名街道妇女参加商业售货工作"，可谓力度很大。但是，先后走掉了300余人。分析原因：第一，当时国家的经济建设方针是重点发展工业，所以当时市民的想法是，"在商

---

① 《永远做党的好女儿》，《中国妇女》1960年第13期。

业部门没什么可学的，前途不大不如到工厂里去学些技术"，所以这些人"中途遇有机会即不辞而别离开了商店"。第二，有些人"怕脏、怕累、怕苦。这部分人据了解多数是由于家庭收入较多，生活较富裕"。二龙路中心店吸收了一位叫康广平的家庭妇女，由于她的丈夫是伪军官，自己的生活比较优越，没有吃过苦，卖了两天百货，第三天调她去卖菜，她以有病为由，不干了。第三，有一部分妇女是因为孩子太小，无人照看，所以才不得不回家。第四，走的最多的是服务行业，"认为这种行业下贱，比人低一等，又脏又累工时又长，结果还得落个女招待的名声。也有的是因爱人或婆母等思想搞不通而进行阻拦不支持等原因而走了"①。在工资待遇方面，分五个等级：24 元、22 元、20 元、18 元、16 元，凡是新参加工作的工资一律 16 元，三个月根据工作、思想评定并办理转正手续。这样的工资看起来不高，即使是最高的 24 元，也很难支付保姆的费用。试想，如果一位母亲为了出外工作而雇佣保姆照顾孩子，她的工资还抵不上保姆费，即使她出去工作了，最终也是会回家养育子女的。

（3）有孩子的拖累。不少妇女进入工作单位后，因为孩子抚育问题而分心，特别是家里有哺乳期婴儿。当时的孩子主要靠母乳喂养，并没有那么多奶粉可供孩子食用，所以喂奶问题是哺乳期的女职工的一大问题。1951 年 1 月，北京被服厂共有职工 2315 人，其中女职工有 1057 人，1950 年 10 月统计过，这些女职工有婴儿 181 人。不少女工因工厂离家太远，没法回家给孩子喂奶。黑塔寺被服厂有 146 名工人，女工 126 人。其中结了婚有小孩的挺多，10 月份光吃奶的孩子就有 12 个。行政上为了照顾有小孩的女工，规定每天上午 9 点、下午 3 点可以给小孩喂两次奶，家离厂近的女工就跑回家去，问题还不多。家远的麻烦就来了，假如每天跑回家两趟就没时间干活了，工厂是计件工资。所以为了工作，女工们只好叫家里的人把小孩抱来，吃完奶再抱回去。但问题还是不能解决，像王凤仙和蒋绍民，都住在阜成门外，要是第一次吃完奶抱回家，不等到家就该吃第二次奶了。女工们和厂里商量了好几次，行政才答应了给开设一个房间，晚上给警卫同志睡觉，白天作喂奶室。这个喂奶室挺简单，只是在屋子里放有小床、凳子等简单的用具；天冷，行政又给生了火。没有一点铺张浪费，就这样解决了十几个孩子

---

① 北京市西城区档案馆（北馆）藏《北京市西城区商业局关于吸收街道妇女参加商业工作的几个问题的请示报告、街道居民参加生产劳动工作的情况汇报及街道妇女评薪转正的意见等材料》，档案号 075 - 002 - 00069，1958。

吃奶的问题；过去在门外等母亲吃奶的孩子，现在可以在暖和的屋子内等着了。母亲们很高兴，心里去了块大病，早晨也不迟到了，工作时也安心了。①

笔者在访谈中也遇到了为了孩子辞职回家的职业妇女。

爱访者：一对老夫妻，丈夫 83 岁，妻子 76 岁。丈夫老家在山东，妻子是北京人。妻子于 1952 年上班，于 1957 年辞职回家带小孩。他们在人民银行北京分行工作。八年后，妻子又到电线厂上班。

> 受访者：（妻）我们在前门大街那边工作，人民银行北京分行。后来我没坚持下来，不干了，有了老三。在家待了八年。一个孩子得花三十块钱，等老四四岁的时候，我又出去上班了。
>
> 采访者：您是哪年上班的？
>
> 受访者：（妻）1952 年在银行，没办法，为孩子，工作扔就扔了。
>
> ……
>
> 采访者：您后来又上班了，在什么单位？
>
> 受访者：（妻）电线厂。我 1957 年下来的时候，人家（银行）不愿意啊，可是为了孩子，不能不下来啊。②

八年之后，当孩子们长大上学之后，这位妻子又上班了，在电线厂。电线厂的工作显然不能与银行相媲美，在访谈中，这位老人言语中显得有些落寞，现在她的退休金不能与从银行退休下来的老同事相提并论。由上可见，当时的职业女性回家，不仅存在于普通的社会地位不高的女性之中，也存在于像银行职员一类收入和社会地位均较高的女性当中。因为好逸恶劳，嫌脏嫌累而辞职回家的妇女在当时毕竟是少数，多数职业女性甘愿放弃来之不易的经济独立和社会地位，放弃发挥自身光芒的职场，主要理由还是为了照顾孩子。"没办法，为孩子，工作扔就扔了。"这句话道出了广大职业妇女辞职回家的无奈。

3. 家庭与工作的矛盾

不少走出家门在外工作的妇女遇到了很多困难，有的因为自身能力的不足，如识字少、没有工作经验等，工作起来力不从心；更多的是承担了家庭

---

① 《喂奶室解决了问题》，《新中国妇女》第 18 期，1951 年 1 月。
② 梁景和主编《中国现当代社会文化访谈录》（第五辑），首都师范大学出版社，2016，第 331 ~ 332 页。

与工作的双重任务，有些忙不过来。当时不少人家都产生了要不要妻子辞职回家从事家务的念头。下文是杂志上登载的一个很有代表性的讨论。

职业妇女可以离职回家从事家务劳动吗？

编辑同志：

　　我有一个问题，很久未解决，想和大家谈谈。

　　问题是这样：我和爱人在1950年结婚，婚后感情一直很好，现在已有三个可爱的孩子了。老大四岁，老二三岁，小三一岁半。应该说这是我们全家的幸福。但问题就发生在三个孩子身上。我们都参加了社会工作，我爱人是个保育员。我们没有老人照顾孩子。但请保姆不是件容易的事，三年来已更换了五个，现在由于我爱人机关的照顾，两个大的孩子，进入了她机关的托儿所，小三由保姆照看。孩子虽然安置好了，但问题还没有解决。第一是经济问题，我们全家这样分散，都不能在家吃饭，这样开支就很大。保姆每月17元，加上13元伙食费就是30元。我爱人收入46元，除付保姆工资外，每月所剩仅够自己的伙食。其余三个孩子的伙食费、保育费、交通费连我自己的伙食，都由我负担。我每月实际收入85元，可以勉强维持四个人的费用，但全家五口的衣着及其他费用，就无法负担。如果有些病痛，就要负债。其次全家五口，除小三外，都辛苦得很。我爱人的机关在交道口，家在右安门，赶公共汽车要一个钟头才能到达。所以她早晨五点钟就要起来，把两个好梦正浓的小孩叫醒，忙着穿衣、洗脸去赶公共汽车，晚上八点钟才能回家。长年累月的奔忙，使我爱人非常疲劳，她总感到睡眠不足，孩子们在目前冬季寒冷的侵袭下，耳朵和脚都冻坏。这些困难我爱人一直坚持着，说明她热爱自己的事业。

　　有时我们两人，计划一下开支，想达到收支平衡，但很困难。检查两人都没有不良嗜好，也没有浪费行为。我们的衣着和被褥，越来越少，越少就越感困难。我们已算了一下细账：如果我爱人回来料理家务，辞去保姆，靠我个人的收入，负担五个人，除了开门七件事以外，每月还能有10～20元的剩余。全家生活就改善多了，孩子们也可以在自己母亲的抚养教育下成长。

　　再从我爱人参加社会劳动的作用方面看，她在托儿所三个人负责十五个孩子，平均每人负责五个孩子，除去自己的两个孩子外，实际只负责三个孩子。但我们家里却占用了一个劳动力。如果我爱人回家不但可以省出一个劳动力，自己的职位还可以让其他需要工作的女同志去担任。即对公共汽车来说，也可每日减少六个人次的运输量。再从孩子们来说，他们回家后也需要母亲的教育，因此我建议我爱人暂时放弃现在的职业，等孩子们长大了再去参加工作。

这事我和我爱人商议，也和一些同志商议。商议的结果，一部分人同意我的意见，但大部分同志，不支持我的意见。他们认为这样做我爱人的前途会受极大的影响；有的认为组织上培养一个教养员，费了很大的力量，不应该不干下去；有的认为我要爱人回家是退出革命工作，不合社会要求；也有用家庭小利益服从大利益的说法，要我维持现状。这样我俩的思想更不能一致，当然也未找到合适的方向。

我认为家庭是社会的基础，孩子是祖国的花朵，父母有责任教养他们，因此职业妇女在特殊条件下，可以放弃自己的职业，从事家务劳动。我这种看法对不对？

读者　马文治[①]

从行文的方式上看，编辑的用意在于引起读者的讨论，职业妇女回家可不可以？从上文的具体情况看，读者马文治的爱人辞职回家养育孩子的可能性非常大。她辞职回家，可以全心全意地照顾好三个孩子，令孩子们茁壮成长。托儿所可以再空出一个职位，解决另一个人的就业问题。从经济成本与时间成本上说，她亲自养育儿女也是合适的。在这种情况下，职业妇女辞职回家，就成了最好的选择。

关于"职业妇女回家"的问题，不仅 20 世纪 50 年代有讨论，在 21 世纪初，又掀起了一股讨论的风潮。有的学者认为，妇女走出家门，到社会上工作，是经过几十年的妇女解放运动才得到的，来之不易，既然走出家门，就不要回家。这种意见认为回家是一种倒退。笔者认为，职业妇女是否回家，要看其家庭状况，不论是 20 世纪 50 年代，还是 21 世纪初，如果家庭对女性的需要远大于其在外工作的价值，回家也没什么不可以，不必以进步还是倒退这样的价值观来看待问题。

---

① 《职业妇女可以离职回家从事家务劳动吗？》，《中国妇女》1957 年第 1 期。

20 世纪五六十年代妇女回家，多数因孩子较多，又无人照管，需要母亲抚育。另外，还有一小部分年轻女性的情况不同，她们在结婚前是有工作的，一旦结婚，就有养尊处优的想法，回家当全职主妇，不愿意再工作。

《北京妇女》杂志于 1950 年 12 月刊登了《结了婚就不干活对吗？》一文，主要内容是 1950 年天桥被服厂两位女工结婚后退厂，希望能引起讨论。一位女职工吴秀琴，原是团员，后来入了党。她嫁给一位商人，结婚后说家里脱不开，没人做饭，所以总想退厂。厂里对她进行教育，她没有改变想法。厂里又召开了党团员大会，对她进行批评教育，她说："是党团员又怎么着，我宁可不要党、团籍也要退厂。"她的党、团籍被开除了，厂籍和工会会籍也被开除了。另一位是女工滕淑芬，与本厂的一个固定工谈恋爱，男方把每月的大部分工资都交给她，她拿到钱就随便花，买皮鞋、手表、衣服等。当二人要结婚时，滕淑芬非要特等花车和礼服不可，否则不结婚。结婚后，滕淑芬想在家当"太太"，所以退厂。家里有两位老人，她感到拘束，所以要丈夫天天陪她看电影，逛公园。滕的母亲看不起工人女婿，常发脾气，跟丈夫要大衣，要马甲，两口子每天吵闹。①

上文刊登以后，引起了广泛的讨论，"天桥被服厂在见到《北京妇女》的第二天，全体女工一百三十多人都参加了讨论……汽车公司把《结了婚就不干活对吗？》一文翻印了三十几篇，发给公司的全体女职工，热烈地讨论了这封信。被服一厂有些生产班自动组织了一些漫谈。燕大印刷所、一区革命家属被服厂等单位，都有工人写信来发表意见。此外，还有家庭妇女和某政训班的读者来信提出她们的看法。"② 大家的意见都是一致的，结了婚不干活是不对的。原因总结起来有：第一，结婚后不干活，靠丈夫生活是寄生思想，是妇女解放的最大障碍；第二，男女都要出外工作，女方要经济独立，双方才能平等；第三，还有的人认为，吴秀琴结婚后不干活是被其商人丈夫带坏的，主张女工人应该和资本家划清界限，应该和自己政治立场一致的对象结婚。

我们注意到，这两位女工退厂的事发生在 1950 年，即新中国成立一年左右的时间，艰苦奋斗、勤俭节约的价值观念还没有完全灌输到人们的思想中，许多旧式的观念在支配着人们的行为。结婚后当"太太"，挥霍金钱享

① 《结了婚就不干活对吗？》，《北京妇女》第 17 期，1950 年 12 月 16 日。
② 《〈结了婚就不干活对吗？〉讨论总结》，《北京妇女》第 19 期，1951 年 1 月 15 日。

受物质等生活方式主要受着民国时期的家庭观念的影响，她们认为已婚女性就不必工作了，当个全职太太，操持家务或尽情享受生活就可以了。第一位女工吴秀琴被开除出党、团籍，被开除出厂，主要原因当然不只是她想做全职太太，而是对于自己的政治身份的不尊重，"是党团员又怎么着，我宁可不要党、团籍也要退厂"，这一类话语的出现，显然不能够被党组织接受。这是发生在1950年的事，许多人还不知道政治将在他们的生活中占据怎样的重要性。如果在1956年之后，社会主义制度基本建立，中央政府统一全国民众世界观的时候，这位女工是不会公开发表这样的言论的。而所谓的享受思想、"太太"观念，也早被批判得一文不值。

还有一些家庭妇女，本身没有走出家庭，一直在家相夫教子。她们认为自己所做的事情没有意义，不如职工那样为国家做出很大贡献。针对这种想法，报纸也出过专文，探讨家庭妇女的功劳。

谈 心

温 雨

张大嫂：现在各行各业都在比干劲，大跃进，听着都带劲。唉！就是我们这些家庭妇女简直是吃闲饭……

李二婶：你怎么能这么说呢？整个社会缺了家务劳动照样不行。咱们家庭妇女只要能做家务事，不是吃饱饭不干活，就不算吃闲饭。

张：好吃懒做的人有的是，花钱没计划，闹得有月头没月尾的。

李：可是家庭节约能手也多得很哪，又能精打细算，又是手脚勤快，男人收入不多，一家大小好吃好穿的，还能储蓄。

张：家务事做得再好，也不过是油盐酱醋针线活呗！

李：不，不，家务还不止这些呀。比如说教育孩子，这责任也和学校里的老师一样重要。

张：说来说去，还都是为自己一家人办事，比起人家为国家为社会主义办事，可就差远了。

李：你怎么还这么说。家庭生活安排得好，职工心里踏实，生产和工作也带劲，这里面就有咱们的一份功劳。反过来，如果职工下了班也不能按时吃饭；或者家里老跟他嚷着钱不够，催着向公家借支；或者成天大人吵孩子哭，生产和工作就安不下心了。所以说，搞好家务，同样是为了社会主义。

　　张：这个我倒没想到。

　　李：不单是这样，政府号召大伙儿勤俭持家，节约物资，这就直接和家庭主妇有很大关系。咱们来算算看：假如每个家庭每月能节约两元钱，全国一亿三千多万个家庭，一年节约的钱就可以建设生产三百万匹布的纺织工厂九十八个。这难道不是有关社会主义建设的大事吗？至于孩子，他们是社会主义的接班人，将来能不能接好了班，就看做妈妈的是不是给他打好了底。

　　张：这么说起来，家务劳动可真不是没出息的事。那我也要来个大跃进。

　　李：对，欢迎你的大跃进！①

　　资料中的"张大嫂"认为家庭主妇没有参加社会工作，觉得自己像吃闲饭的，操持家务不如参加工作的贡献大；"李二婶"把家庭置于国家生产建设这个大环境中，家庭里的事也是为生产服务。如何消费本是家庭的事，但因为国家物资供应紧张，所以家庭也必须参与节约运动。家庭主妇的勤俭节约，就是在支援国家，如此，家庭主妇的贡献就更大了。

　　总的来说，共和国十七年间，北京市民的家庭生活由"饥寒型"向"温饱型"转变，大多数家庭的收入水平增长较为明显，物质生活水平较旧中国时期有了很大的改进。家庭收入决定了家庭的生活水平。职业、身份、经历等因素决定了家庭的收入情况。从笔者的访谈经验看，当时每月收入四五十到一百多的家庭都有，似乎不论收入多少，家家都有自己的难处。从那个时代走过来的人，现在回忆起来的感受是不一样的，有的人觉得日子虽然清贫，但是福利好，也不觉得苦；有的人虽然在当时工资不低，仍然说日子过得紧。

　　当时非常重要的社会现象是广大妇女纷纷走出家庭，开始从事社会工作。从那时留下的资料看，妇女们几乎都为自己的工作感到开心，但也有因为家庭问题，主要是养育孩子而退职回家的，之后再就业。妇女工作，不仅带来家庭收入的增长，生活水平的提高，更使她们有了比从前的家庭妇女更为独立的人格，更为丰富的人生。

---

① 《谈心》，《北京晚报》1958 年 3 月 22 日第三版。

第三章　家庭消费

家庭消费又称居民消费或生活消费，是人们为了生存和发展，通过吃饭穿衣、文化娱乐等活动，对消费资料和服务的消费。按照消费内容和消费目的分类，家庭消费可以分成两类。

消费内容	物质生活消费	指吃穿住用行的消费
	精神文化消费	娱乐身心，发展提高自身的各种消费
	劳务消费	是家庭花钱购买的各种服务
消费目的	生存资料消费	家庭生活消费中用来满足人们生存所必不可少的消费，既包括必要的物质生活消费，也包括有关的劳务消费
	发展资料消费	家庭生活中由于满足人们发展德育、智育、体育等方面所需要的消费
	享受资料消费	家庭生活消费中，能够满足人们享受的物质生活资料消费、精神产品消费和劳务消费
	义务性消费	自愿给予帮助的人或事，不求回报，力所能及

对于20世纪五六十年代的北京市民家庭来说，消费的主要内容是物质消费，而消费的主要目的是为了生存和发展。从那时的物质条件来说，北京市民的消费水平只能处于比较初级的消费层次。

第一节　精打细算的消费

在共和国十七年间，对于工资等级较高甚至享受"特供"的家庭而言，他们的生活相对于一般市民优越得多，这样的家庭衣食不愁，无需精打细算，就可以过上不错的生活。① 多数普通市民的家庭收入不高，能达到每月100 元以上的就可称得上是高收入了，依笔者了解，多数市民家庭每月都是几十元的收入。当时家庭孩子较多，一般来说三至五个孩子是正常的，一两个孩子的家庭则相对较少。有的职工家庭，因为孩子较多，妻子不能出外工作，全家只靠丈夫一人的工资维持日常生活。如何以有限的收入，安排好全家一个月的生活，成了主妇们的必修课。

普通市民家庭如果想把日子过得好，一定要开源节流、精打细算地消费。所以在 20 世纪 50 年代，如何利用有限的家庭收入，合理地安排一个月的生活，是主妇们津津乐道的话题。为了配合国家渡过困难时期，绝大多数的普通市民都在进行精打细算的消费。一个月的工资发下来，家庭首先要制定出本月的支出计划，尽可能地把衣、食、住、行等基本生活费都打点好，如果超支，就需要靠借贷度日，滋味可想而知。

一　制定收支计划

城市中的家庭，衣食住行、抚养孩子都需要花钱，在工资不太高的情况下，多数家庭需要事先制定好收支计划，方能把日子过得细水长流，不至于出现"吃了上顿没下顿""寅吃卯粮"的情况。人们想出各种方法合理地安排一个月的消费，其中有人介绍了家庭记账法。

家庭记账方法

嘉谟　源庆

我们婚后一年就有了孩子，家庭生活给我们带来了乐趣，但也带来了苦闷。这就是经济上起了变化，我们家中经常出现开支紧张，甚至发生短缺的现象。

我们把自己和其他同志的家庭生活比较了一下，想从中寻求解决的办法。同院一邻居每月收入六十六元，家中有三个大人，四个孩子，生活照样过得去。我们二人每月共收入一百一十六元，没有嗜好，除掉每月汇寄老家三十元，剩下的全部作为家庭生活费用还不够。很明显，我

---

① 享受"特供"的家庭一般是高干家庭，不在本文的研究之列。

们在家务处理上有着不合理的地方。

我们试用记账的方法来克服这个缺点。

这个办法实行以来，已有了效果。每到月底把各项支出分类结算，同时作逐月的比较和分析。几个月来，我们已发现一些原因。如有一个月，孩子生病，由感冒转成急性气管炎，用去医药、车费等二十元。这是一笔很大的意外支出。在连续几个月里都有这项费用。追究原因，主要是对孩子的健康注意不够。又如我们的孩子是第一个孩子。我们很爱他，为了使用方便，他的衣、袜等有时多买了些，超过实际需要。还有，我们二人在机关食堂吃午饭，而家里菜钱平均支出仍在六、七角左右，这里也有浪费。

根据以上情况，我们考虑有些伸缩性较大的支出，可以在不降低生活水平的原则下，规定一个数字来控制它。如根据记录，菜钱为五角时，营养也不差了。那么我们就规定平均每天菜钱为五角钱。孩子衣服，平均一月用四尺布的费用是够了。就把这个数字作为控制数。还能利用旧衣服改做，以后可以把这笔多余的钱添制一些毛织品。在意外支出这方面尽量设法减少。对于疾病，尽量预防，这样对以往支出较多的医药费就可减少。我们试用替孩子量体温，平时注意他身体的健康及早预防疾病发生来降低这项支出。

记录中有些支出是尽量相近或固定的，每月初就可以统盘地订出预算，按照预算灵活运用。例如我家上月的计划大致是：粮食十五元，菜金十五元，煤四元，机关用膳十元，调味品四元，牛奶半磅五元，孩子副食三元，孩子衣着一元五角，还有其他书刊文娱等各种支出都订一个计划数。剩下的钱作为临时必需支出或储蓄起来给大人添置衣服。在用钱时，尽可能再节省些。因为这项预算都是从实际中来，所以大部分支出都在预算以下。有的虽超过，但数字不大。

我们运用记账的方法，学会了料理家务，改善了收支的不平衡。同时能做到心中有数，消除了苦闷。我们设计了一个简单的账页。把一个月的账金全部集中在一账纸上，分栏集中记录，分段结算，既便利、又可与计划比较，起了监督的作用。现在把它介绍出来供大家参考。

工资收入＿＿＿＿＿＿＿　　　家庭收支账①　　　支出总额＿＿＿＿＿＿＿

其他收入＿＿＿＿＿＿＿　　　　＿＿＿＿＿＿＿月份　　本月结余＿＿＿＿＿＿＿

支出项目	粮食	燃料	菜金	调味品	小孩衣着	小孩食品	日用品	文娱书刊			其他支出	
											名称	金额
日期1 2 3 …… 30 31											房　　租 水　　费 电　　费 工 会 费 保姆工资 汇 家 款	
支 出 合 计												
计 划 金 额												
支出超过计划												

　　由上表可见，一般性的家庭支出，主要项目有食品、日用品、抚养小孩的费用、房租、水电费等。新中国成立初期，因为有大量的进京工作并定居的"新北京人"，他们往往需要给身在老家的父母寄回生活费，绘制上表的这个家庭每月要寄回30元，是一笔不小的开销。

　　多数的家庭在那个时期都是勤俭节约的，物质条件虽然清苦，可是多数人的精打细算，日子过得还是有声有色的。当然也有"异类"，主要是年轻夫妇。因为不懂得"勤俭持家"，不会合理安排收支计划，一到月底，家庭消费就出现问题，明明工资不少，有的还负了债务。这些人往往成了教育群众的"反面典型"。报纸上刊登了一个家庭的消费问题：一对有三个孩子的年轻夫妻，每月家庭收入是八九十元，可是一到月底钱就用光，"女的上一趟街回来，大包小包提满了；至于那位男同志，更够呛，月初最起码抽恒大，喝茶非得喝四毛六一两的，早上上班，烧饼、果子、豆浆一顿得两毛。您要不信，看看他们的购肉证就知道了。一号到十号，隔不了一天有戳，十一号到二十号，最少得有个二回三回的，二十一号以后，他们就吃斋了。"②钱一花完必得吵架互相埋怨，只得借邻居王老太太几块钱周转，才能不吵。

---

① 《家庭记账方法》，《新中国妇女》1956年第9号。

② 《这两口子》，《北京晚报》1958年3月27日第二版。

后来两个人订了消费计划，互相监督，谁也不准浪费。生活才好起来。由此可见，在收入不高的时代，家庭制订消费计划，实行开源节流，生活才能过得好。

当时政府大力宣传"勤俭持家"，现存的档案中，有不少是"勤俭持家"的典型事件。西四区西四北大街96号人民银行宿舍内的职工家属杜克芳被评为"勤俭持家"的典型。他们夫妻俩有10个孩子，还有一个73岁的老婆婆，全家共13口人。以前他们全家生活仅靠丈夫一人70元的工资和单位的补助，后来三个大孩子都参加工作了，每月平均能给家里70元，如此一来，全家的生活状况好多了。但是杜克芳还是精打细算过日子。老四上大学，每月开支20元，两个孩子上高中，一个上初中，两个上小学，最小的也要进小学了。杜克芳是如此计划开支的。"在家吃饭的是九口人，每月过日子计划不超过90元。粮食273.5斤，其中面粉91斤，机米110斤，小米12.5斤，玉米面50斤，小站米10斤，共合人民币45元。油114两合4.5元。煤每月800斤（冬天生两个炉子）合9元。木柴1元，房租每月4元，水、电2.5元。她爱人零花钱、吸烟5元，孩子电车月票1.5元。余下每月菜金、盐、酱油、肥皂、碱等不超过15元。他们家吃菜是比较省的。每年冬天拿10元钱腌咸菜200斤，做酸菜100斤，再买些白菜，半年的菜就有了。隔一星期买一元钱的肉，匀着吃几次。她的孩子们也没有花零钱的习惯。卫生也不错，所以孩子们的身体都很健康，从来不花医药费。"[①] 当时北京大多数的普通市民家庭都像杜克芳一家一样，精打细算地过日子，每月的支出都是定量的，不至于入不敷出。

二 节约使用物品

在旧中国过苦日子的人，特别是中老年人，新中国成立后，他们的生活条件虽然改善了，但是艰苦朴素的生活方式一直都没有丢。他们已经形成了节约的习惯，即使当时国家不号召勤俭节约，他们也会继续过俭朴的生活。

生活在西单区绒线胡同69号的李玉贞老人就是这样一个人。这里是个大杂院，院里住着16户人家，都是北京市印刷一厂的职工。

---

① 北京市西城区档案馆（南馆）藏《勤俭持家的杜克芳》，档案号：011－002－00016，1957。

　　李玉贞老大娘……每次仅用六两小木块就能生炉子，又不费事，又省劈柴。现在院子里每次非用一斤多劈柴生火的人家，都学着她的经验，只要用半斤劈柴就够了。

　　这个院子大，人家多。去年院子里用电很浪费，有好几家点六十瓦的大灯泡，连厕所、门道都点四十瓦的，李玉贞看了真心痛。她自己首先把家里的灯泡换成二十五瓦的，又去动员大家把灯泡换小些，她说，只要把灯泡勤擦干净，照样很亮。大家相信她的话，一家家都换上小灯泡了，还规定每逢一日，十五日拉电闸擦灯泡。这样一来，从去年四月到年底全院就省了电费三十元。李玉贞借着这个机会，又动员全院住户把节省下来的钱存进银行，全院十六户中就有十三户参加了储蓄。

　　李玉贞老大娘一家五口，她丈夫是北京印刷一厂的技术工人，每月收入七十二元。有两个儿子，分居另过，还有一个老婆婆，每月要由李玉贞供给生活费十五元。人家见李玉贞家口少，都说："您满可以吃喝享受一点了，干嘛还这样缩手缩脚的！"李玉贞说得好："咱们可不能好了疮疤忘了痛！勤俭朴素是我们的根本，只要能吃得饱，穿得暖就行了。"

　　原来，解放前，李玉贞一家尝过生活的苦头。一家五口，全靠她丈夫做排字工人的微薄收入，吃的是有一顿没一顿，穿的是补补衲衲有夏天没冬天，最后还不得不撇下年近八旬的老婆母，出去帮人家当保姆。解放以后，他们才是家像个家，人像个人，再也不用为生活发愁了。想到当年那段苦日子，她特别珍重今天的好光景。居家过日子总是精打细算，有钱就存银行，成了人民银行西长安街储蓄所的熟储户。每年国家发行公债，从一九五四年起，他们每年都买三四十元公债。[①]

　　除了像李玉贞老大娘那样生火省木材，大灯泡换小灯泡，花钱精打细算，参加储蓄等节约行为外，家庭主妇们在日常生活中还总结了不少勤俭节约的妙招。一位主妇发现，家中有一些开支如柴米油盐、水电房租等是固定的数字，还有一些比较灵活，如日常用品及杂项开支，如小孩零用，买玩具以及毛巾、肥皂、被单等的消耗，往往是造成经济困难的主要原因。因此她首先减去了孩子们不必要的零用钱，这样不但做到节约，还能培养孩子艰苦

---

① 《李玉贞勤俭持家》，《北京日报》1957 年 12 月 31 日第三版。

朴素的习惯。同时她在日常用品的使用方面开动脑筋，做到节约，如：

一、一块长方形肥皂都有六个面，一般都擦用正反两面，用到薄片时容易丢掉，如果六面轮换擦用，就可以延长寿命。

二、毛巾破时总在中间两面。在洗脸或洗脚时如果注意平均使用，那末一条毛巾可顶两条用。

三、床单，由于摩擦面不平均，中间容易先破。床单快破时可从中间剪开成为两幅，再将原来靠床沿两边并缝，这样仍是一条好床单。

四、小孩裤子，在膝盖和后面最费，如果做成中式运动裤式，前后两面可以轮换穿。男孩裤可在前面开口加按扣。

五、袜子破了当然可以补，如果到一破再破不能补时，千万别丢掉，可以把脚背到袜筒的纱拆出来的线，纳鞋底或做其他缝纫用。

六、揩地板的拖布消耗很大，其实只要细心留意把日常穿破的衣服毛巾等破旧废物积起来就可以用了。①

除了像上述主妇那样注意日常用品的节约使用，当时，每一家都有勤俭持家的招数。

（1）计划开支，余钱存银行。每月发工资后制订月消费计划，除了每月的衣食住行等日常开支外，还要未雨绸缪，譬如春天就开始准备秋天的孩子学杂费，夏天就开始准备棉衣费，医药费和意想不到的杂费都准备着。每月拿来工资除了将日常的吃喝用度费用留出来外，其余存入银行。

（2）有长远打算，合理安排时间，提前准备棉衣、棉鞋、棉被等用品。如"住在火神庙十号的职工家属常金花最善于安排时间，她拨上火坐上锅就拿起针线活，不让时间浪费一点。她年年总是这样：三月后脱下棉衣，四五月就拆洗了，该染的染，该补的补，然后再搁起来，冬天拿出来就可以穿。六月以后做鞋帮鞋底，连棉鞋都及早准备了。因为善于安排时间。出活多，日子过得又调停。"

（3）做米饭的秘诀，米少多出饭。不少家庭主妇做饭都有窍门，淘米时固定米量，就不再多抓米。做饭时先把米用热水泡上二三十分钟，再用冷水焖饭。在焖饭的时候，火不要太旺，这样米吃透了水，米粒也大了，也暄

---

① 《家庭节约》，《中国妇女》1957年第2期。

了，还不粘锅。用这种方法做饭，多出饭。[①]

（4）节煤有门道，烧煤的方法与煤的消耗量关系很大。"宣武区西皇城根临时一号家庭妇女李淑英，全家七口人，夏天每月只用一百三十斤煤，冬天二百斤，最冷天也不过用二百七十斤。她烧煤的办法是：在做饭后就把没烧透的煤捡出一层来，用水泼灭，第二天再用；然后添一层已经烧透的炉灰碴，等到要做晚饭时再添次煤，晚饭后就不用再添煤了。去年夏天，神路街八十六号院内有六户合用两个煤球炉子，从三月到九月，半年之中省下了三千斤煤球。"

（5）拆旧翻新节省棉布。许多主妇都在拆旧翻新，节约棉布。"裴玉蓉总是使每一件衣服得到充分利用，哪怕是一小块破布，她都把它拆洗得干干净净，用来糊袼褙、填鞋底。十多年前，她生第一个孩子时，买了一身黑绒的小衣服，补了又补，翻了又翻，一共穿了六个孩子，最后还利用其中结实的部分，给孩子裁作鞋面。"

（6）多搞家庭副业，补贴家用。有的家庭粮食不够吃，不少住在郊区的家庭，如海淀，在路边开辟一块荒地，种上菜，补充全家的口粮。"有些主妇在料理家务之余，还搞副业。水暖工人刘兆祥夫妇俩，生活过得很俭朴。刘大娘常常在安排好家务后做些外活。夏天，她帮菜园割菜，冬天就纺羊毛。北京农业机械厂炊事员家属朱砚华，一闲下来就替厂里职工拆洗衣被。"

（7）注意孩子健康，少花医药费。对孩子的起居饮食多加注意，及时增减衣物，孩子们健康了，医药费的开支就少了。

（8）培养孩子的勤劳习惯，分担家务劳动。[②]

当时的孩子普遍比较多，家里大一点的孩子，往往承担了不少家务劳动。笔者曾见过一位中年男士，他是家里的长子，父母平时工作比较忙，他承担了为全家做饭的义务，还要照顾弟弟妹妹。他现在回忆起来，那个时候家里负担比较大，牺牲了很多的游戏时间，心里多少有些不是滋味。

其实不光是家庭需要精打细算地消费，连国家当时也在"精打细算"。新中国刚刚成立时，不少地区存在粮荒，所以为了以现有的粮食养活更多的人，国家在制定和订制米面方面也做到不浪费，把粮食的利用价值尽量地发

[①] 《她们怎样勤俭持家》，《北京晚报》1958年3月15日第三版。

[②] 《勤俭持家经验谈》，《北京晚报》1958年3月22日第三版。

挥出来。"九二米和八一面"在当时就负担着为全国节省粮食的任务。"一百斤糙米若磨成精白米，只得八十斤左右。一百斤小麦若筛成细白面，只得七十斤左右。现在改磨九二米和八一面，每百斤原料就可增产十斤左右的粮食。因此，过去吃白米白面的人们都改吃新标准米面的话，全国每年至少可以节省八亿市斤的粮食。"[①] 为了能出更多的粮食，大米和小麦被磨得粗一点，想必口感不是太好。但是为了帮助政府解决一部分因水旱灾荒所引起的粮食不足的困难，在国家一贫如洗的时代，这样的做法是不得已而为之。

第二节　票证的使用

随着国家经济形式的转变，票证使用得越来越多，北京从1953年开始发行棉布票，标志着票证时代的开始。随后大量发行粮票，粮票是票证时代最重要的、发行量最大的一种票。20世纪50年代前中期，主要的商品票有：粮票、油票、棉花票、布票、自行车票。票证制度实施的松紧有一个特点：经济状况好的年头，商品较为丰富，有些商品可以放开供应，不必凭票。如果经济状况不好，商品就很紧缺，这样的年头基本上样样商品都需要凭票供应，如果有钱没票，也是买不到的。新中国的票证，最早可追溯到20世纪30年代中华苏维埃共和国印制发行的中国共产党历史上最早的票证——借谷证。1955年，全国第一套通用粮票正式流通。需要特别指出的是，只有本地城镇户口的居民才可以享受票证供应的商品。

笔者在访谈中，一位老人谈到曾经用过的票：

受访者W先生，1926年生于北京，为世代累居的老北京人。

采访者：那时候生活凭票，您都用过什么票？

受访者：可多了，棉花票、布票、粮票、油票、肉票、鱼票……几十种票。买个电灯泡，都得有票。有钱没票也不能买。

采访者：如果我有票，你有钱，从我手里买票用，有这种情况吗？

---

① 《九二米和八一面》，《新中国妇女》第6期，1950年5月1日。

受访者：保不齐有。过去管得严，是不允许的。①

从 1959 年以后，"大跃进"政策造成的影响浮现出来，全国进入"三年困难"时期，物资紧张，票证的品种越来越多。"1960 年 12 月 14 日，国家统计局对目前市场情况提出分析报告。《报告》指出供应出现紧张状况，农副产品以及以农副产品为原料的工业品的销售量大于收购量，库存大量减少，下半年情况更加严重。1～10 月累计，农副产品收购总额为166.6 亿元，比 1959 年同期下降 9.7%，其中粮食收购量下降 34%，食油收购量下降 42%，生猪收购量下降 31%，食糖收购量下降 64%，棉花收购量下降 23%，全国生活用品的市场供应异常困难。到 9 月底，各地凭票证供应的商品已达 30 多种。11 月份全国商品零售额 52.5 亿元，比 1959年 11 月下降 15.6%。据全国 42 个大中城市统计，11 月猪、牛、羊肉销量比 10 月减少 29.4%，家禽减少 51.3%，鲜蛋减少 30.4%。"② 在日渐恶化的经济形式下，1960 年凭票供应商品已增加到 30 多种，有粮票、面票、油票、高级油票、布票、棉花票、线票、鞋票、肉票、糕点票、烟票、饼干票、豆票、儿童副食票、毛衣票、肥皂票、火柴票、煤油票、排骨票……几乎所有的商品，都要凭票供应。可以说，当时的票证已经控制了城市居民的生存性生活。

1960 年，国家实行了"调整、巩固、充实、提高"的八字经济方针，调整国民经济各部门的关系，到了 1964～1965 年，国家经济状况好，物价低廉，不少商品已经不需要凭票供应了。作家刘一达回忆，"1964 年，国民经济状况有了好转，塑料雨衣、衣箱、电池、热水瓶、罐头、民用锁等不用票了，猪肉、豆制品、烟酒、鸡蛋也不用票了……"③ 导演陈凯歌也说："中国的经济也确实开始稳定，人们至今对一九六四——一九六五年之间物品的丰富和低廉记忆犹新。"④ 可惜这种状况只持续了两三年，"文革"爆发之后，全国经济又卷入一片混乱中，居民生活再次陷入困顿。

---

① 梁景和主编《中国现当代社会文化访谈录》（第五辑），首都师范大学出版社，2016，第 313～314 页。

② 《人民记忆五十年》，http://blog.sina.com.cn/s/blog_5d8437c301015lui.html，最后访问时间：2017 年 1 月 18 日。

③ 刘一达：《凭市临风》，中国社会出版社，1998，第 355～356 页。

④ 陈凯歌：《少年凯歌》，人民文学出版社，2001，第 14 页。

第三节　家庭饮食

一　粮食供应

粮票的发行，当地政府先核实每个家庭的实际人口，大人、小孩的数量、年龄，如果是职工，还要看是什么工种，不同的工种定量的粮食是不一样的。"具体办法是：按公安派出所管界设置若干粮食零售机构和代销店，居民凭购粮证到指定的粮食零售机构或代销店按每月的计划用量购买粮食。居民每次购粮的品种和数量登记在购粮证上，每月购粮总数不能超过计划核定数。从开始实行粮食统购统销以来，人民政府及时地改造了私营粮商。这些改造后的私营粮商和国营粮食零售机构，分布于居民区中，成为最基层的粮食计划供应单位——粮店。当时印发的'面粉临时购买证'，是北京城镇居民使用最早的粮票。"[1]

笔者根据资料，绘制出关于各工种、各年龄的粮食定量标准。（见表3-1）

表3-1　中央规定的粮食供应等别与定量

单位：斤

等别	特重体力劳动者	重体力劳动者	轻体力劳动者	机关团体工作人员、公私企业职员店员及其他脑力劳动者	大、中学生	一般市民和十周岁以上儿童	十至六周岁以上儿童	六周岁至三周岁以上儿童	不满三周岁儿童
定量	55	44	35	31	35	27.5	22	14	8

资料来源：北京市西城区档案馆（北馆）藏《［西单区人民委员会节约粮食办公室1955年］关于居民、集体伙食单位粮食定量工作的计划和总结》，档案号：002-001-00511，1955。

各地方可以根据本地的实际情况，再制定一个标准，必须符合中央的标

---

[1]　王一翁：《北京曾经的粮店和粮票》，http://blog.sina.com.cn/s/blog_6314cb0a0100zzxk.html，最后访问时间：2017年1月16日。

准。以北京西城区为例，标准是："评定的供应等别与中央规定的平均数基本上是合适的。特重体力劳动者五十六点六二斤（规定为五十五斤——下同），重体力劳动者四十七点〇二斤（四十四斤），轻体力劳动者卅七点四三斤（卅五斤），机关团体工作人员、公私企业职员店员及其他脑力劳动者卅点八斤（卅一斤），大、中学生卅四点二五斤（卅五斤），一般市民和十周岁以上儿童廿二点八七斤（廿七点五斤），十至六周岁以上儿童廿二点零六斤（廿二斤），六周岁至三周岁以上儿童十六斤（十四斤），不满三周岁儿童九点二八斤（八斤）。上述九等有五等超过国家规定一斤以上，有两等与中央规定合适，有两等未超过中央规定，已超过的五等未突破中央规定的每等最高数。"[1]

笔者在访谈过两位特重体力劳动者，他们的定量都比中央规定的要高一点。

案例（一）　受访者 Q 先生，原为大兴县人，1950 年代来北京市内工作定居。

> 受访者：我的粮食定量比较高，一个月 60 斤，像皇上似的。因为我是搞轧钢，高温车间，劳动强调大，定量就高。
> 采访者：您老伴儿当时粮食定量多少斤？
> 受访者：30 斤，她在食堂，无所谓。我 27 岁就有三个孩子，后来把我母亲接来，一共六口人，一个孩子有二十多斤粮食，够吃的。不像有的家，因为吃饭打架而离婚。[2]

案例（二）　受访者 T 先生，76 岁，煤建公司退休工人，主要从事蜂窝煤的生产。

> 采访者：国家定量的粮食，您是多少斤？
> 受访者：我从事的是特重体力劳动，60 斤，单位还会有补助。[3]

按照粮食定量的标准，国家或单位发给相应的粮票。粮票主要分为两

---

① 北京市西城区档案馆（北馆）藏《[西单区人民委员会节约粮食办公室 1955 年] 关于居民、集体伙食单位粮食定量工作的计划和总结》，档案号：002 - 001 - 00511，1955。
② 梁景和主编《中国现当代社会文化访谈录》（第五辑），首都师范大学出版社，2016，第 329 页。
③ 同上书，第 354 页。

种，一种是全国通用粮票，到哪里都可以用，不受地区限制；另一种是地方粮票，只能在本地使用。据老北京人回忆：粮票的使用，首先经过东单区和石景山区的试点，在这两区，北京市地方粮票于 1955 年 7 月起使用，全国通用粮票从 1955 年 9 月 15 日起使用。从 1955 年 11 月 1 日起，北京市全面推行粮食定量供应。到 1967 年末，北京市一直实行"按月发放，当月有效"的办法，过了本月，粮票就要作废。粮食部规定全国通用粮票由粮食部统一印发，其余地方票证由各省、自治区、直辖市粮食厅（局）印发。北京市从 1955 年开始，对所使用的各种粮、油、饲料供应票证均由市粮食局统一印发。各种粮、油、饲料供应凭证（不包括粮、油、饲料票）必须经所在粮食部门在"签发单位"栏内加盖粮食核批专用章才能生效。常见的粮票面额为十市斤、五市斤、三市斤、二市斤、一市斤、半市斤、二市两、一市两等，也有小面额的粮票，半市两、五钱。

北京市居民需要持有《市镇居民粮油供应证》领取粮票和油票。如果是机关单位或企业职工不在家吃饭，在单位食堂吃饭，他们需要持《厂矿企业、机关团体粮油供应证》，领取粮油票，凭票方可在单位食堂吃饭。

当时北京附近的大中城市的饮食业都凭粮票供应，据老北京人回忆，在 20 世纪 50 年代的北京餐馆吃饭可以用人民币而不用粮票，从 1960 年开始，北京的餐馆也收粮票。如果是外地人在北京短期居住的，可以凭临时户口卡片按当地规定标准，用全国通用粮票购买粮食和油，或凭全国粮票在当地饭店吃饭，如果没有全国通用粮票，外地人是很难在北京生活的。即使短期内来京出差，也要先兑换好全国通用粮票，才可以在北京吃饭，购买北京特产。事实上，在北京有很多没有户口也没有全国通用粮票的外地人，依靠亲戚朋友的粮票生活。如果没有能够依靠的亲朋，或是亲朋的粮食不够吃，他们只好到黑市上花高价购买粮食，这种行为是违法的，风险比较大。

计划经济时代，粮油票证使用办法变化较多，大体经历五个阶段：

第一阶段，凭证售粮，登证不限量。粮食统购统销初期，实行凭证售粮登证不限数量的办法。

第二阶段，按户计划售粮。1955 年 6 月实行按户定计划售粮的办法，居民或集体伙食单位凭核准户计划买粮，或领取一部分粮食，到单位入伙或买粮。

第三阶段，按定量发票，凭登证售粮。实行登证售粮后，粮店和顾客之间经常为了登证数字不清或有涂改现象而发生矛盾。因此，1955 年 12 月在按人定量的同时，实行全部按定量发票，凭票持证售粮不登证的办法。后为了掌握居民用粮情况，又实行了既凭票又登证的办法。

第四阶段，票证结合，以证为主，以票为辅。为了简化手续方便群众，从 1958 年 5 月又恢复凭证售粮，在外吃饭的居民户由粮店每月按户发给一部分粮票。

第五阶段，全部发票，凭票验证。经过八年反复实践，在总结经验的基础上于 1961 年实行全部发票，凭票验证售粮和粮店凭票核销售粮的办法——简称"收发两条线"。①

北京市的粮食、油供应，主要依靠全国各主要产区调入。由于受气候、水利和国家政策等方面的影响，粮油的来源历年变动较大，因此，粮油供应办法和供应品种会随着粮油调入数量、品种的变化而发生变化。

1953 年：

11 月起根据北京市小麦调入和面粉供应情况，实行了面粉计划供应的办法。市镇居民按正式户口每人每月发 8 斤面票；机关企业等职工由所在单位增发 4 斤面票；铁路职工和 100 人以上的工矿、建筑、交通、装卸工人增发 10 斤面粉。粮店凭面票供应面粉。

11 月 1 日开始实行面粉计划供应，居民每人每月 8 斤（下同），职工 12 斤，铁路职工和 100 人以上的工矿、建筑、交通、装卸工人 18 斤，菜农 8 斤，大田农民不供应。

12 月大米、粗粮全部实行统销。按户发给粮食供应证（简称粮证），凭证到指定粮店购粮，填证不限量。

1954 年：

7 月起实行食油定量供应：城区干部每人每月 1 斤，居民 10 两；近郊干部 1 斤，居民 7 两；远郊干部 8 两或一年 5 斤，居民 6 两或 4 两，农民 4 两（秤为 16 两制）。

1955 年：

5 月起实行机关集体伙食单位计划供应，机关单位按需要报计划，由所在区（县）粮食科核批填写在粮证上，凭证到指定粮店购买。

---

① 北京市地方志编纂委员会编《北京志·商业卷·粮油商业志》，北京出版社，2004，第 99 页。

6月起实行居民计划供应，以户为单位由派出所粮油核批小组审批，填在粮证上，凭证到指定粮店购粮。

7月起原面粉供应每人每月18斤的增供10斤；8～12斤的增供8斤；不发面票登粮证供应。

11月改为按人定量，户、机关集体户口按单位发给（按人定量）粮证，凭证在定点粮店供应。机关职工需要在机关食堂吃饭的可凭粮证领取需要的粮票到单位入伙。

12月起为方便群众改为全部发粮票。粮票当月有效，粮店凭票验证供应。

1956年：

11月开始实行面粉按定量数的40%供应。

12月起又根据居民群众和粮店意见改为票、证结合的办法，即同于1955年11月刚开始按人定量供应方法，凭粮证供应，取票登记。

1957年：

12月起面粉改定量数的34%供应。

1958年：

5月起在34%的基础上，每人每月增加供应面粉5斤，登记不发票。

11月起面粉供应取消增加的5斤，按定量数的34%供应。

1959年：

1月起面粉改按定量数的20%供应，近郊菜农改为每人每月2斤。

2月起面粉增为定量数的30%供应。

5月因大米供应量逐月增加，调入不足；因此，大米改为按比例供应，不另发大米票，按定量比例登记供应。5月起大米供应由不限量改为按比例供应。市镇居民按定量数的25%供应。

7月起面粉增为按定量数的50%供应。近郊菜家增为每人每月4斤。

7月起食油供应紧张，按定量数的20%进行节约，降低为：城区：干部12.8两；近郊：干部12.8两，居民5.6两；远郊：干部6.4两或5.28两，居民4.8两或4两；农业人口：菜农4两。大田农3两或4两（16两制）。

1960年：

1月起面粉改按定量数的30%供应。

8月起面粉改为按定量数的40%供应。

8月16日起对饮食业实行凭粮票就餐的办法。

9月1日起对糕点实行收粮票，1斤糕点收粮票6两。

9月起面粉改按定量数的30%供应。

10月起面粉改按定量数的20%供应。

11月起面粉改按定量数的10%供应。菜农改为每人每月2斤。

11月起食油供应标准改为：城近郊区：干部8两，居民5两；远郊：干部、居民和菜农不降，大田农民改为2两或3两（16两制）。

1961年：

1月因粮证供应弊病多，涂改套购、多登漏登、超供等现象屡有发生；同时又因粮店登记效率低、手续繁、差错多等缘故，又改为全部发粮票，凭票验证供应的办法。粮票仍为当月有效。

3月起在面粉10%的基础上每人增供5斤。

4~5月面粉改按定量数的40%供应。

6~7月因豆面、大米面等供应不足，机关团体可多供应一部分面粉。

8月起粗粮不足，居民也可多供应一部分面粉。

8月起食油供应标准：城近郊区改为干部7两，居民4两，菜农4两；远郊改为干部5两，居民3两（16两制）。

1962年：

1~3月面粉降为定量数的10%供应。

4月起面粉增为定量数的40%供应（菜农每人每月8斤），还可以凭票登证多供10%。

4月起大米供应居民每人每月1斤，机关集体伙食单位有散居户口入伙的凭粮票购买5%，菜农每人每月1斤。

5~6月供应薯干、薯面。中央、市区、党政机关及军队师以上等单位供应20%，居民和厂矿、企业、学校等单位供应15%。

6月起大米按定量数的10%供应，菜农每人每月1斤。

6月计算单位改为10两制（下同），食油供应标准：城近郊区又降为干部2.5两，居民1.5两；远郊干部2两，居民、菜农1.5两。

6~9月面粉改为按定量数的50%供应。

10月起面粉降为按定量数的30%供应，农家每人每月降为5斤。

1963年：

1月起食油供应标准：远郊干部增为2.5两，其他不变。

2月起面粉供应又增为定量数的50%，菜农每人每月面粉8斤，大米 2 斤。

11 月起为方便群众节约粮食归己，粮店开始办理为居民代存粮票的业务，存取自愿，存粮票取粮票，存面票取面票。

1964 年：

5 月起食油供应标准：干部一律增为 3.5 两，居民一律 2.5 两，近郊菜农 1.5 两。

11 月起面粉供应改为定量数的 40%，大米增为 30%，菜农每人每月面粉 8 斤，大米 2 斤不变。

12 月起食油供应标准：非农业人口一律改为 4 两，菜农 1.5 两。

1965 年：

1 月起面粉供应增为定量的 50%。

3 月起面粉、大米、粗粮品种敞开，随意选购。

4 月起大米改按定量数的 20% 供应，其他品种敞开不限。

6 月起大米、面粉、粗粮又敞开供应。菜农供应比例不变，面粉 8 斤、大米 2 斤。

7 月起面粉供应改为定量数的 50%，大米改按定量数的 20%。

8 月起食油供应标准：非农业人口一律改为 5 两，近郊菜农 3.5 两。[①]

由于粮油供应情况决定市民家庭日常饮食的情况，所以笔者把 1953～1965 年北京市粮油供应的变化情况罗列出来。可见粮票的使用方式、管理方式、粮食的供应数量变化非常频繁。北京市的粮油供应情况在这十几年里非常不稳定，特别在 1959～1961 年，粮油供应严重不足，这导致了几乎全部市民都存在吃不饱的问题。（图 3－1）

粮票又被称为"神州第一票""第二货币"，粮票发行与粮食定量的增减，决定了城市居民最基本的吃饭问题。笔者访谈过关于购粮的问题：

受访者：M 先生，20 世纪 30 年代生于河北固安，新中国成立初到北京定居。

采访者：小孩的粮食在哪领？

受访者：办事处。粮食统购统销成立那么一个组织，原来没有。从派出所抽出一些人，从机关里抽出一些人，成立办事处，属于区委领导。

采访者：办事处主要的任务是什么？

---

① 北京市地方志编纂委员会编《北京志·商业卷·粮油商业志》，北京出版社，2004，第 117～120 页。

图 3 - 1　北京的票证

　　注：上图从上至下分别为：1958 年 10 月北京面票、1964 年北京新年肉票、1964 年北京粮票、1966 年全国通用粮票。发证单位有所不同，北京粮票和面票由北京市粮食局印发，北京肉票由北京市副食商业局印发，全国通用粮票由国家粮食部印发。

受访者：没人管的事它都管。如果大街上有堆炉灰没人管，它得想办法弄走了。

采访者：所有分发粮食它都管吗？

受访者：都管。你拿着粮食本，它给你粮票，你就可以去粮店领粮食去了。那粮本就跟户口本一样，丢了就不能领粮了。

采访者：一般都时候去领粮啊？

受访者：月初，谁能等到月末，没有粮食吃了。

采访者：您单位什么时候发工资？

受访者：一号。

采访者：粮票、布票一起发吗？

受访者：都在办事处发。

采访者：一个地区有固定的粮店是吗？

受访者：对。

采访者：如果是宣武的粮，不能在西城领吧？

受访者：不能。那时候不跟现在似的，电脑一打，都出来了，只能在一个地方固定领。一个粮店管几个街道，你领粮食、买粮食都在这个粮店。①

居民们需要持购粮证到粮店买粮，因此粮店在当时也是一个非常重要的地方。过去北京的粮店不多，几条大街或胡同才有一个指定的粮店，粮店一般占地面积都不大。粮店的名称都很有时代特色，如向阳粮店、永红粮店、庆丰粮店等；也有以地名取的，如北新桥粮店、花市粮店、大佛寺粮店等。

人们回忆起当时买粮的情况，历历在目。一位北京人描述粮店里的景象：

进得门来，或左或右一般都是个小窗口（柜台），里面坐着收钱、票的服务员，对面是一排半人高、七八十厘米宽的方槽子，里面分别装着米、面、棒子面及各种豆类杂粮，槽子旁放有秤和用来铲米铲面的高帮铁簸箕，每个槽子前面是一个白铁皮做的大漏斗，再往里面就是码放整齐跟小山似的米、面垛。

---

① 梁景和主编《中国现当代社会文化访谈录》（第五辑），首都师范大学出版社，2016，第319～320页。

那时的粮店都是卖散粮食，所以居民得自己准备米面口袋。

当身穿白制服头戴白帽子的售货员称好您要的米面后，总是热情地提醒您把口袋套在大漏斗下，然后'忽'地一下倾倒下来，有较真的老太太还会敲敲大漏斗，不剩一点面渣。记得那是第一次替父母买10公斤面，由于没对准漏斗，劲儿也没使好，'扑'地一下撒了半袋子，逗得前后排队的大人们直乐，都说这孩子准是第一次买没经验。

刘仰东在《北京孩子：六十七年代的集体自传》中也回忆起买粮的情景：

> 那时，国家实行粮食统购统销的政策。买粮时，必须持购粮本并付给粮票。粮本是北京市粮食局发的，前面填着户主姓名及住址和指定粮店。然后是一栏《粮油供应标准登记表》，依次为姓名、性别、工种、粮食定量标准。""当时，每户都备有多条容量二三四十斤的米面口袋。半大男孩子，经常充当买粮的劳力。离粮店近的，就连扛带抱带提溜，倒着手把粮弄回家；远的就得借助运输工具，一般是自行车，也有用竹子童车往家推的。有个中学同学告诉我，他曾一次买过三大口袋粮食，用自行车驮回去，车把、大梁、后架子各放一个口袋，我以为他是推回去的，他说：'哪儿呀，骑着。'可见其车技还行。粮店售货员用一种簸箕式的铁制大容器从箱柜里舀出米面上秤，量好了，往往会负责任地问一句：'兜好了没有？'听到'兜好了'的答音后，再把几十斤粮食通过漏斗倒进面口袋里。"[1]

当时买粮的时间一到，家家户户拿着购粮本按定量去领粮票。除了购粮的日子，粮店门前会排起长队，还有一个时间段，粮店前也会人满，那就是秋季买白薯。当时白薯对于家家特别是小孩子来说可是个稀罕物，一听说来白薯了，街坊四邻立马儿放下手中的活计拿起口袋前去排队，那队排得里三圈儿外三圈儿的，轮到自己了，人人都不忘说上一句："谢谢您，多给挑点儿红瓤的。"[2]

---

[1] 刘仰东：《北京孩子：六七十年代的集体自传》，中国青年出版社，2009，第194～195页。
[2] 《消逝的粮店》，http://news.qq.com/a/20091110/000731.htm，最后访问时间：2017年1月16日。

刘仰东对于买白薯的回忆，更加细致。

> 粮店还负责供应白薯，一年一度。每年深秋，叶落的时节，白薯就该上市了。白薯在孩子看来，是一种稀罕而向往的食品，分红瓤和白瓤两个品种，北京孩子统称为白薯。白薯也应按本供应，每五斤需交一斤粮票。四人以下的家庭，可以买五斤粮票的，二十五斤；五人以上，可以买十斤粮票的，五十斤；七人以上，可以买十五斤粮票的，七十五斤。白薯都过磅秤，装麻袋，用排子车往家运。""买白薯的时候，有如孩子的节日。家家的男女老幼，凡能动弹的几乎全体出动，起大早摸黑排队，一般都得排几个小时。有时候上午到粮店，天擦黑才能买到。可想而知，一所粮店只供应几天白薯，所连辖的人家，户户不落地来一遍，得多少人……凸显出孩子多的家庭的优势。四口之家较五口之家，供应量就差出去一半。[①]

笔者访谈过关于家庭凭票证购买生活用品的事情，一位老人谈他的经历：

受访者：W 先生，1932 年生于河北保定，1956 年随部队到北京，后转业，一直从事地矿工作。

> 采访者：谈谈用粮票买粮的情况。
>
> 受访者：得有粮本。买粮的时候，得拿着本，不是说你拿着粮票就可以买。你买多少粗粮细粮都给你记上。一个月 2 两麻酱啊，1 两粉丝啊，1 两碱啊，什么都记上。
>
> 采访者："文革"前粗粮细粮什么比例啊？
>
> 受访者：白面是 30%，大米是 20%，粗粮是 50%。
>
> 采访者：油是多少啊？
>
> 受访者：也是定量的，一个人半斤，我家是四口人，一共是 2 斤。困难的时候，一个人是 2 两，一家四口人是 8 两。
>
> 采访者：这怎么够吃呢？
>
> 受访者：嗨！那时候什么够吃不够吃啊，谁炒菜啊。弄点菜，洒点盐就吃了。炒得过来吗？8 两油。

---

① 刘仰东：《北京孩子：六七十年代的集体自传》，中国青年出版社，2009，第 196 页。

采访者：分的油是什么油？

受访者：大多都是花生油，油是不错的。有时候来点菜籽油，过年过节的时候，一个人给补助 1 两还是 2 两。过春节的时候，是半斤花生、2 两瓜子，呵呵，就是过年了。

采访者：肉怎么分啊？一个月多少？

受访者：肉也定量。一个月也是几两，超不过半斤。那时候都愿意要肥的，炒菜炼点油。

采访者：您现在想想，五六十年代那时候过得苦吗？

受访者：怎么说呢？你得算计着花，多少口人，多少收入。再一个，那会也没多大油头，国家都给算计好了，什么都定量。发完工资，先把这个月的东西都买好了，不发愁了。零花，有就花，没有就拉倒。

采访者：那时候零花都买什么啊？

受访者：抽点烟，生活上要是富裕，喝点茶。那时候妇女、小孩没有喝茶的，都是男的喝茶。那时买 2 两就不错了。孩子顶多吃个冰棍，困难的连冰棍也吃不上。[①]

票证作为计划经济的重要组成部分，直到 1993 年才从北京居民的生活中消失，有近 40 年的流通和使用历史。票证在北京市民的生活中扮演着重要的角色。第一，作为计划经济时代购买商品的凭证，票证几乎有着类似货币的作用，所以被称为"第二货币"。有时，有钱没有票是不能购买物品的，说明其对于居民生活的意义已不在货币之下。票证决定着居民的最基本的生活需求，吃饭问题，穿衣问题等，从这个角度讲，票证的意义可能比货币还要重要。第二，票证体现着社会主义分配制度。作家张贤亮说："不仅是一般人，即使经济学家也把以票证为主要形式的分配制度与社会主义制度等同起来，社会主义＝票证，成了一个公式。这段历史将永远让后人难以理解，甚至可以说给全人类提供了永远研究不尽的课题。"[②] 虽然在票证年代，居民有着很多痛苦的经历，但票证在物资短缺情况下对生活资料的分配起到过重要作用，起码照顾了绝大多数人。因为票证制度的执行，全国范围内不会出

---

① 梁景和主编《中国现当代社会文化访谈录》（第五辑），首都师范大学出版社，2016，第295 页。
② 张贤亮：《"票证"的副作用》，载《票证旧事》，百花文艺出版社，1999，第 49 页。

现类似于 1948 年底～1949 年初的通货膨胀下的抢购粮食和其他生活物资，保证多数城市居民吃饭穿衣问题。第三，票证制度是计划经济的产物。居民粮食供应量及其他生活物资供应的经常性变化的背后是国家政治与政策的不断调整，是计划经济制度的短板，居民鲜有人能自主选择个人及家庭的生活方式，这是体制性问题。第四，通过社会身份认定物资分配数量和层次存在不合理。虽然票证制度作为社会分配制度有其公平的意义，但依照社会身份来认定票证的分配数额和层次，是不合理的。在现代社会，人人皆有生存权利，人人皆有追求美好生活的愿望。同年龄段的人，食量和基本生活物资的需求量差别不大，但是社会身份不同，同年龄段的人分得的票证和物资差异可能很大，高知和高干等享受特殊供应的人士可以在物资匮乏的年代分配到更多更优质的物资，甚至享受特供物资，但普通居民常常食不果腹，这是有失公平的。

二 饥饿年代

在使用粮票供应商品的年代里，有不少特重体力工人、干部、学生和一般居民感到口粮不足。如煤厂摇煤、送煤的工人，由于实行计件工资制，劳动强度增加，不少家庭粮食不足，其中有些人到外地自由市场或黑市买粮吃，或到郊区挖野菜、打猎补充口粮。一些厂矿企业的机械工人及重体力工人，原来定量较高，1961 年压缩定量，普遍口粮不够吃。居民中亏粮户的情况也屡见不鲜。"从当时典型调查的资料中看，在 1524 户居民中，有 6% 的居民户亏粮，其中有亏三四天的，个别也有亏 10 天左右的，这些户大部分寅吃卯粮，或者东借西凑，也有到郊区买高价粮的。"[①]

不少市民家中人口比较多，粮食不够吃。有的在家中供养外地来京居住的临时户口人员，他们多是投靠子女、父母或其他亲属关系，给亲属家里造成了比较大的负担。有的城市居民家里养鸡，是为了吃鸡蛋，但在粮食供应紧张的时候，是没有余粮喂鸡的，所以当时的报纸上宣传，建议市民家里不要养鸡。

1958 年冬季，除粮食问题逐渐成为国计民生的最尖锐的问题，粮食全年

---

① 北京市地方志编纂委员会编《北京志·商业卷·粮油商业志》，北京出版社，2004，第 75 页。

库存比 1957 年减少 50 亿斤，油料库存出现前所未有的紧张局面，许多城市只能供应几天、十几天。许多市民对于那个时代的粮食紧张，食不果腹的记忆是非常深刻的。特别是"三年自然灾害"时段里，"大跃进"政策造成了粮食大量减产，在粮食极少的情况下，农村还要首先保障城市的粮食供应。在城市里，虽然还能喝上一点稀粥，但是饥饿的感觉，给市民留下了永远抹不去的回忆。

一位老人谈到 20 世纪 60 年代的印象，首先一点就是粮食不够吃：

受访者：M 先生，20 世纪 30 年代生于河北固安，新中国成立之初到北京定居。

> 采访者：您回想五六十年代的生活，是什么样的感受呢？
>
> 受访者：五十年代还好点，特别是六十年代，粮食都不够吃的。
>
> 采访者：一个人一天是几两粮？
>
> 受访者：分工作，要是重体力劳动一个月是四十多斤，轻体力劳动才二十多斤。
>
> 采访者：您是重体力劳动吧？
>
> 受访者：是。
>
> 采访者：您家里吃的相对来说还好一点吧？
>
> 受访者：不。孩子多也不行。要是初生的小孩子，一个人才几斤。①

在 20 世纪 60 年代初期，一般市民家里的粮食不够吃是很普遍的现象，而一些享受"特供"的家庭可以过着优裕的生活。当时的特殊人群可以享受三"高"证：即高级油票——为高级脑力劳动者加油而发放的一种票；高级糕点票——专为华侨、专家、高干等发放的食品购买票证，一般每半年发放一张，面额四两；高级饭馆就餐证——高级人员可凭证享受高级饭馆就餐待遇。"北京灯市口锡拉胡同的特殊食品供应处，外国使馆人员、专家和高级干部、高级知识分子可以买到市面买不到的'特供'主副食品和烟酒等。"②当时的高级知识分子享受特殊供应，其待遇与一般的市民相差特别大。作为高级知识分子的钱钟书和杨绛夫妇当时就享受"特供"，据杨绛回忆，他们

---

① 梁景和主编《中国现当代社会文化访谈录》（第五辑），首都师范大学出版社，2016，第 319 页。

② 《人民记忆五十年》：http://blog.sina.com.cn/s/blog_ 5d8437c301015lui.html，最后访问时间：2017 年 1 月 18 日。

夫妇与其年轻的女儿的待遇相差悬殊。"'三年困难'时期，锺书因为和洋人一同为英译毛选定稿，常和洋人同吃高级饭。他和我又各有一份特殊供应。我们还经常吃馆子。我们生活很优裕。而阿瑗辈的'年轻人'呢，住处远比我们原先小；他们的工资和我们的工资差距很大。我们几百，他们只几十。'年轻人'是新中国的知识分子。'旧社会过来的老先生'和'年轻人'生活悬殊，'老先生'未免令人侧目。我们自己尝过穷困的滋味，看到绝大多数'年轻人'生活穷困，而我们的生活这么优裕，心上很不安，很抱歉，也很惭愧。每逢运动，'老先生'总成为'年轻人'批判的对象。这是理所当然，也是势所必然。"[①] 在饮食最困难的三年里，享受特殊供应的人可以常常下馆子，而月收入几十元的人只能过着困难的生活，待遇不平等，收入差距悬殊，在一个小小的家庭中表现得如此明显。

"三年困难"时期，饮食的困难给市民的影响是非常强烈的，有些即使是享受"特供"的家庭，也有粮食不够吃的情况。章含之的父亲章士钊是高干，可以享受特供，在当时被戏称为"糖豆干部"，因为每个月政府补贴二斤白糖、二斤黄豆。他们家的粮食不够吃，每天晚餐只能喝粥。章含之的母亲害怕这种日子，异想天开地在院子正中的四棵树中间的空地做了一个大圆台子，中间铺了泥土，栽上了花生和玉米。还叫人挖去一部分砖，种了一片苋菜。章含之的母亲与女儿，祖孙二人都很高兴，忙活着收获嫩玉米和督促着刨花生。高大的官府结构的四合院，每当收获季节，变成了农家场院。[②]享受特供的家庭尚且担心粮食不够吃，更遑论一般市民了。

为了生活下去，人们必须想尽各种办法弥补粮食的不足。

画家黄永玉当时是中央美术学院的教师，他为了解决一家人饮食的问题，特意利用周末时间去郊区打猎，靠着这点"肉腥"维持家人的营养。原来在中央美院"大雅宝胡同另一头的转角是间家庭面食铺，早上卖豆浆、油条、大饼、火烧、糖饼、薄脆，中午卖饺子和面食；后来'资本主义改造'，停了业。"[③] 本来吃饭是非常方便的，饮食花样也比较丰富，可是社会主义改造后被取缔，居民的日常生活反而不如之前方便。

---

① 杨绛：《从干面胡同逃往北师大的小红楼——1962 年至 1974 年的岁月》，《抚摸北京：当代作家笔下的北京》，三联书店，2005，第 163 页。

② 章含之：《跨过那厚厚的大红门》，《抚摸北京：当代作家笔下的北京》，三联书店，2005，第 285 页。

③ 黄永玉：《比我老的老头》，作家出版社，2003，第 29 页。

作家张承志是北京人，20世纪50年代他要上小学，因为是9月3日出生，不够"9月1日前出生的七岁小孩"的入学条件，他的母亲为了不让儿子多耽误一年，所以让他念了私立小学，已有八十年建校史的汇文一小，学费是16块钱（那时公立小学的学费是2元5角），这对于一个普通家境的市民家庭来说，是笔极大的负担。这个学校里不少学生出自高干家庭，条件非常不一般。有一次班里的同学聊天，有几个同学说他们的家里不吃窝头、不吃棒子面。对于张承志来说，"这件事也许是我作为一个人第一次受到的刺激。因为对于我们来说，吃棒子面是很正常的事。怎么居然有不吃棒子面的？这使大家都有一种说不出来的低下的感觉。"食物，不仅仅是填饱肚子那么简单。食物，成了区分人的身份高低的象征。

张承志上初中的时候赶上了粮票制度和三年自然灾害，"60年代初饥饿袭击之下的少年时代，很多人的故事是一样的。粮票是二十来斤，后来有了二十八斤半。粮食太缺了，学校里的体育课因此被取消，为了保存体力，还减少了很多课。当时每顿饭都有严格的定量，比如中午吃四两，晚上吃三两。我记得星期六大家为了过一顿瘾，把中午的四两锁在课桌里不吃饭，放学后拿着月票饿着肚子坐上公共汽车来回地蹿，一直到晚上把晚饭、中饭一齐拿出来，大吃一顿。"除了饥饿的记忆，中学生对于饮食，还有苦中作乐的趣味。"那时候，我们都带中饭，有的人带米，有的人带豆子，都带着一个缸子。教室中间生着一个炉子，到了第三节课下课以后，大家都把自己的饭盒、茶缸里倒上粮食、装上水，放在炉子上。开始上第四节课。第四节课的老师常常忽然从讲台上蹿到炉子边，因为有哪个饭盒潽了，老师拿块布把那个饭盒挪一挪。有的人带半个窝头，放在炉子边的铁圈上烤，老师上课就一边讲课一边翻一翻炉子上的窝头，那姿势特别好玩。第四节课教室里充满着各种粮食的香味。因为很多同学吃的是煮黄豆，教室里经常有嘟嘟的放屁声。"

那时候，每一家都有小秤，做饭都是用秤先称好才下锅的。张承志的姥姥做饭把每个人的粮食称出来放在碗里蒸，不是用锅蒸。"蒸出来以后，这个碗四两是你的，那个三两是她的。老人做饭时常常把每份都节约一点，这样可以多出一点，这一点经常给了我。"[①]

除了日常的定量口粮，张承志家里也有额外的寻找食物的方法。星期

———

①　张承志：《饥饿的记忆像根金属线》，《抚摸北京：当代作家笔下的北京》，三联书店，2005，第204～206页。

天，她的妈妈带着孩子买五分钱的票坐车到东坝，那边是一片农田。一下车就开始摘野菜，刺儿菜、马苋菜。当时他的妈妈带着他和两个姐姐，一共四个人，一次能带回来满满的两麻袋野菜。这些野菜有多种吃法，着实弥补了家庭食物不够吃的窘况。

电影导演陈凯歌出生并生长于北京，他对于饥饿年代的回忆，自称不是合格者。可是我们也可以从他的回忆中，看到当时人的生存状态。"不仅因为年龄，也因为其他，我不是一九六〇——一九六二年大饥荒的合格回忆者。在饥饿突然露面时（其实它一直跟在背后），城市居民中的重体力劳动者的月粮食定量降低到十四公斤；而孩子们，只有六到九公斤。我记得我曾在市场附近寻找菜根和菜叶，切碎了用红薯面包成菜团子，双手捧着吃，以防它散开。在学校大群的孩子中间，有些渴望在课间休息时，得到五粒黄豆，很香地炒熟了，握在掌心，握出汗来，才咸咸地一粒粒吃掉，腿上却依然浮肿着。我们对童话像对鞭炮一样又爱又怕，因为童话中总是提到糖果。偶然可以吃到面条时，哪怕在同一家庭中也须用小秤将面粉一份份事先秤过，再为每个人单独制作。在大型食品店里被轻易捉住的贼是一具腹部滚圆的尸体。北京各机关派出卡车和枪手，追赶内蒙古草原上的黄羊，把被打死的黄羊肉血淋淋地分给许多家庭。根据我的经验，这种肉食并不好吃，但在当时，很好吃，非常好吃。我们到底生活在首都，到底偶尔还能吃到黄羊肉。我的一位在美国居住了十二年的朋友回忆当年的情景：她当时躺在河南省的一个村庄里，两眼望着悬在房梁上的一只篮子，里面的几个干馍是一家最后的食物。她后来偶尔活了，在父母把她接到北京之后。此后许久，只要听到炊具的碰撞声，她就开始感动得啼哭。"[①]

当时，粮食定量大幅度减少，人们对于食物倍加珍惜。孩子们要到菜市场附近捡菜叶和菜根吃，他们害怕提到糖果一类的美食，因为现实实在不能满足他们的想象。每一家在做饭之前都要先将粮食称过才能下锅，以免造成吃了上顿没下顿。而北京可以吃到黄羊肉，总算是有肉的。对于黄羊肉，作家张承志有另一种与陈凯歌不同的印象，"有些军队里的孩子说过，军队怎么到内蒙古打黄羊，他们经常吃黄羊肉，没怎么饿着"。陈凯歌的父母是电影工作者，可列入高级知识分子行列，收入较一般市民为高。陈凯歌只觉得黄羊肉可以果腹，谈不上有多少好感，可能因为他当时小，并没有觉得自己

---

① 陈凯歌：《少年凯歌》，人民文学出版社，2001，第6~7页。

家所受的待遇较一般市民家庭好。而张承志代表着多数的普通市民，他们享受不到特权，得不到特别的照顾，心怀距离感和失落感，也不敢奢求自己可以得到特别的照顾。两个人年龄差不多，但家庭出身不同，阶层的鸿沟，待遇的差异，间接造就了两种不同的价值观与艺术观，这也表现在日后他们的作品当中。陈凯歌的电影作品以古典题材为多，他像一位善于剖析历史与文化传统的电影贵族，而张承志的文学作品有浓重的人文与宗教意识，深刻而犀利，关注民间疾苦。二人艺术风格之迥异，一个是贵族般的高雅格调，一个是饱经人世沧桑后的深刻洞察，谁能说与他们小时候的家庭环境无关呢？

陈凯歌小时候的保姆"奶奶"身上发生的一件小事，给人的震动很大。

一件发生在饥荒年代的事却是我没想到的。一九六一年的一个冬日，奶奶把按定量做成的面条端给我和妹妹之后，母亲把我们叫到卧室，关上了门。她在厨房里低低地说了几句什么，就听见奶奶的声音："我错了！我错了！您原谅我！"未久母亲走回来，一脸的怒气。我和妹妹被着实地吓住了。以后才知道，奶奶把我们定量中的一部分放进了自己碗中。母亲的心情是容易理解的：爱子，又是米贵如金的年代，她是宁愿自己不吃，也要让我们吃饱的，自然不能容忍奶奶的行为。奶奶是一看到母亲的脸色就跪下了，之后就是"我错了"的呼声。刺痛我的，并不是奶奶吃了我的食物，却是她有些凄厉的喊声。我宁愿永远不知道这件事。过后，没有人再提到这件事，奶奶依旧在我家，仍然梳头，仍然喝茶，仍然茫然着。我一直不解，以奶奶的体面、自尊，竟将事情做到钟爱的孩子们身上，必然的理由是：她饿。可那一点点食物果然能减轻她生理上的不适吗？当然不能，惟一的解释只能是：饥饿使她恐惧。恐惧比爱更有力量。①

饥饿使她恐惧。恐惧比爱更有力量。这是对饥饿的深刻回忆。

作家邵燕祥的妻子在1960年秋冬时已经怀孕半年了，她吃不饱，肚子大了，脸小了，人憔悴，还要上班。他们从单身的时候就在食堂吃饭，现在想自己独立起伙也不行，单位不许退，不给发粮票。他们每天下班打饭，"三下五除二就划拉下去了，菜也稀汤寡水"。他们谁也没想到，自己的分量被扣除了，几年后才听说，一个管行政的副局长决定，在食堂吃饭的每个人

---

① 陈凯歌：《少年凯歌》，人民文学出版社，2001，第25~26页。

头上，每天扣一两粮食。他们就这样糊里糊涂地被盘剥着。他的妻子吃完炸鱼后，连带炸鱼的骨头都放在暖气上焙干，轧碎了吞服，不是好吃，也不是充饥，是稀罕带鱼骨里那点钙质，孕妇要补钙，不轻易糟蹋东西。

据邵燕祥回忆，1959～1960年，副食商场除了凭证定量供应一点点心（桃酥之类）以外，空空荡荡，水果货架上摆着蜡制的假香蕉、假苹果。一般饭馆主食也得凭粮票买。只有高级饭馆才卖免收肉票的菜，价格高得吓人不说，机关里也不允许干部下饭馆，偶尔去的人都是偷偷摸摸的。他们夫妇在大饥馑之年也下过一次饭馆，在离机关较远的公主坟，为的是避开熟人。①

笔者访问过一个经历过饥饿时代的中学教师，她谈到在学校食堂吃饭的经历：

受访者：D女士，吉林通化人，1934年生，大学学历，1989年退休后到北京定居。

受访者：困难时期饿的呀，我85斤，腰一尺七，杨柳细腰的。那时候第二个孩子都生了，哪有奶吃啊。我有一次在三楼上课，下课后，从楼梯上滚下来了。下了课，忽的眼前一黑，倒在那了，学生给我弄起来了。早上就喝了一点高粱米粥，连咸菜都没有。吃不饱，省着点，还得给老大。老大和老二差四岁，那时候老大五岁。礼拜天我不做饭，就在学校食堂吃，大师傅再揩点油，二两的馒头就剩下一两多了。我买了五个馒头，用了一斤粮票。我老伴儿（一个月）29斤（粮），我（一个月）29斤（粮）。还买了两碗红色的汤，叫高汤，里面什么也没有，就是水兑点红色的东西。连咸菜也没有，吃点馒头喝点汤，我那个老大，他一个人吃了两个，我和老头一共吃两个半，我吃一个，他吃一个半。人能胖吗？哪有油水啊？

采访者：那时候发油吗？

受访者：油还是有点，一个月3两。我们户口都在学校里，在学校食堂吃饭，也见不着油。学校不给发粮票，换成饭票，发给我们。一两、二两、三两的，就那样。哎呀——当时馋的呀，不用好的，就是棒子面，让我吃饱就行。现在什么山珍海味都有，一看见肉就恶心。②

① 邵燕祥：《京门旧忆》，《抚摸北京：当代作家笔下的北京》，三联书店，2005，第274～275页。
② 梁景和主编《中国现当代社会文化访谈录》（第五辑），首都师范大学出版社，2016，第290页。

那个时候的粮油定量压缩到少得不能再少了，吃食堂的居民的生活状况比在自家吃饭的状况差得多。

那时候下乡到农场的知青每两个月才能得到每人一两的食用油，比一口口水还少，根本不可能用于炒菜。作家张贤亮那个时候想出了一个好的窍门：用眼药水瓶子装油，每顿饭都能滴出一滴。这个发明在农场迅速推广。

由于长期营养不良，缺乏必要的蛋白质，全国许多人得了浮肿病。笔者访谈中遇到一位老人，他在饥饿年代得过浮肿病：

受访者：H先生，79岁，祖籍河北，1948年在河北省参加工作，后调到北京的印钞厂工作。

采访者：那个时候粮食紧张吧？
受访者：很紧张，不够吃，我一个月定量28斤。饿得腿都浮肿了。
采访者：那时候挣钱多少？
受访者：我一个月76，够用。那时候一个月10块钱都没有问题，就是吃的不够。[①]

据资料记载，当时得浮肿病的人比例很大。"1960年11月23日，中央指示各级党委必须注意职工、学生和居民的生活安排。据有的省和团中央的报告，近来有相当一部分职工、学生和城市居民患了浮肿病。10月和11月间，重庆9所大学患浮肿病的人数占师生总数的10%以上；太原市14所大学占13.5%；山东财政厅占35%。另外，不少地方患肝炎、妇女病的人数也不断增加。因此，中央要求各级党委必须抓紧副食品和瓜菜的生产，大搞代食品的采集和制造；要严格控制劳动和工作时间，保证足够的睡眠和休息时间；对干部和学生参加体力劳动要严格控制，不可过度；凡是口粮标准已经减得差不多的地方，不要再压减口粮标准；对现有的浮肿病人，要限期治好。"[②]

对城市浮肿病人也供应黄豆、"康复散"等营养品，并根据病人的职业，病情轻重等具体情况制定了定期、定量供应的办法和规定。从1962年1月份起，对少数尚未完全康复的浮肿病人，又根据病情轻重每月在定量外补助粮食2~3市斤，直至病愈才停止供应，在一定程度上控制了发病率。与此同时，为

---

① 梁景和主编《中国现当代社会文化访谈录》（第五辑），首都师范大学出版社，2016，第352页。
② 《人民记忆五十年》，http：//blog. sina. com. cn/s/blog_ 5d8437c301015lui. html，最后访问时间：2017年1月18日。

了预防浮肿病的发生，从 1961 年 12 月起，对科技、文教界和行政 17 级以上干部在定量外给予黄豆补助；1962 年 1 月起，对全市居民在定量外每人每月补助黄豆 0.5 市斤，到 1964 年 5 月，才取消黄豆而增加了半斤粮食定量，为照顾医生的身体健康，于 1962 年 1 月起，对医护人员定量外每人每月补助黄豆 1 市斤，全市每月共补助黄豆 1500 公斤，直到 1964 年 3 月才取消供应。1962 年 11 月，对甲状腺机能亢进的病人，对多吃症状和身体消瘦明显者，凭医院证明可一次补助粮食 10～15 市斤。对年老体弱患有胃溃疡、十二指肠溃疡等消化系统疾病不能食用粗粮者，凭医院证明可以粗粮调换细粮。①

在饥饿年代，有位年轻人得了浮肿病，他是这样描述的："全身肿得活像是一个泡在水里的大馒头，连走路的力气都没有了，有时候对着镜子照照自己，那镜子里面的一张死灰色的大圆脸，比死人的脸还要可怕。"那时，浮肿病被称为 6011，因为是在 1960 年 11 月蔓延开来的。这位年轻人在医生的建议下，不得不想办法去票证黑市弄一点粮票，给自己补充食物。他在票证黑市的心理感受是这样的："走进票证黑市，不由自主地心脏就怦怦地跳了起来，一种强烈的犯罪感压得人几乎窒息，唯恐遇见熟人，又怕遇见领导，更怕赶上公安局搜捕黑市，而且最最重要，是自己感到不应该把别人活命的粮食攫为己有，尽管是'买'，但是你能买到，就一定要有人卖掉，那个卖掉粮票的人，并不是多得吃不了的人，他也和你一样，每个月就是二十八斤粮食定量，你买到手一斤，就有人要挨一天的饿。"当时的黑市交易也是在悄无声息中进行的，买卖双方都不需要了解对方，甚至不需要看清对方的脸。"你只要把钱捏在手里，向票贩子送过去，票贩子低垂下眼睛往手里一看，心领神会，立即就把你要买的票证送到了你的手里，随后一个转身，票贩子就走开了，甚至你不必查看他给你送过来的票证够不够数，只管放心，这里面的一切交易都是规规矩矩的，堪称得上是童叟无欺了。"这位年轻人将八元钱递到票贩子手中，立刻得到二斤粗粮票，双方一字没说，全部交易过程没超过十秒钟。当时的细粮票是五元钱一斤，年轻人放到票贩手里的是八元，自然得到二斤粗粮票了。当这位年轻人拿着粮票沉重地往回走时，一位老人把他当作票贩拦住了，小声说："我拿一斤粗票，再加给你一元钱，向你换一斤细粮票，我家的小孙子病了，他想吃馒头。"② 听着老人的

---

① 北京市地方志编纂委员会编《北京志·商业卷·粮油商业志》，北京出版社，2004，第 72 页。

② 林希：《痛心的记忆》，《票证旧事》，百花文艺出版社，1999，第 60～62 页。

话，这位年轻人眼窝酸了，泪水涌了出来。

20 世纪五六十年代饥饿经历的不仅仅是具有普遍性的"个人记忆"，早已成为经历过那个时期的中国人的"集体记忆"。集体记忆理论由法国学者哈布瓦赫提出，它强调记忆的公众性，在对历史记忆（社会文化成员通过文字和其他记载获得）与自传记忆（个人对于经历往事的回忆），指出记忆都必须依赖某种集体处所和公众论坛，通过人与人之间的相互接触才能得以保存。诚然，饥饿记忆既是个人记忆，也是集体记忆，也是全中国绝大多数人的集体伤痛。人们通过切身的身体感触亲历那段历史，无数动人的个人记忆，通过口述、文字、影像等各种方式融合汇集、发酵酝酿最终成为当事人的集体记忆。因为这段集体记忆真实可考，所以基本不存在过多的偏差和曲解，目前也不需要过多的历史解构和重构，这是一段很接近历史真实的历史叙事。

对于北京市民乃至全国居民来说，饥饿年代都是一段哀伤的回忆，是民族史上的一段不能磨灭的伤痛。

第四节　衣着打扮

新中国成立之后，居民的服装发生了极大的改变，伴随着政治制度的变迁，人们的服装审美也在与时俱进。

从 20 世纪 50 年代以来，人们的着装样式是新旧并存的，不少市民的服饰以传统样式为主。普通男性以对襟马褂为主，下配布料长裤。部分有文化、有地位的男性例如大学教师等会延续旧传统穿长袍，或是中山装、西装。普通女性的着装为：上衣多是斜襟小袄，下配裤或裙，更多的妇女则喜欢穿旗袍。颜色方面，男性以青灰、蓝、黑等深色素色为主，女性的着装色彩丰富得多，特别是年轻女性则喜欢颜色稍明亮些，中老年则多着深色衣服。

20 世纪 50 年代中后期，人民生活水平提高，人们的穿着打扮是比较活跃的，服装样式丰富多彩，除了传统服饰之外，还有不少新式服装出现。年轻的女性尤其喜欢穿连衣裙（布拉吉），年轻的男性喜欢穿中山装和西装，也有人穿上了毛衣。这一时期的服装追求艳丽多彩，体现了年轻人蓬勃向上的朝气，侧面反映了新兴的国家蒸蒸日上的美好景况。（见图 3-2、3-3）

图 3 – 2　20 世纪五十年代穿着传统服装的女性

图片来源：《人民画报》1957 年 1 月和 1959 年 4 月封面。穿着传统服装的青年女性和少年女生。

图 3 – 3　20 世纪五六十年代穿着新式服装的年轻人

图片来源：《人民画报》1956 年 5 月、1962 年 7 月、1959 年 9 月的封面。展示了五六十年代青年新潮、时尚而明丽的着装。

　　1956 年 1 月 28 日，青年团中央宣传部和全国妇联宣教部联合发文《关于改进服装的宣传意见》，该文件明确指出："在日常穿着的服装上仍然是颜色单调、式样一律，不仅和我们生活中的欢乐气氛很不调和，不能满足广大青年和妇女对服装的热烈要求，且为许多国际人士所不满。据我们了解服装改进缓慢的主要原因有两个，一是社会风气的束缚较大，二是服装式样少，好的花布少。我们提倡改进服装应当符合经济、实用、美观等原则。"① 在文件精神的指导下，"首都服装展览会"于 1956 年 3 月 31 日正式在北京市劳动人民文化宫开幕，5 月 20 日闭幕。展览会按照春、夏、秋三季展出服装，男服 98 种，女服 411 种，童服 253 种，同时，展览会还评选出 100 多种服装，组织进行时装表演。展览会期间参观人数多达 30 多万人次，观众看完展览后还可到展览会旁边的临时服务站选购衣料，据统计约 8 万人购买了各种花色布 163000 多尺。② 在此后一段时间内，女青年们穿上了花布罩衫、绣花衬衣、花布裙子等。男子也普遍穿着春秋衫、两用衫、夹克衫、风雪大衣等。这是 20 世纪 50 年代人们在穿着上最活跃的一段时期，人们尽情享受着美的乐趣。刘仰东也回忆到："'文革'前，孩子的衣服，品种并不算单调，尤其是女孩。北京孩子可以翻出小时候的相册看看，他们的打扮，即使以今天的审美眼光来挑剔，也说不上落伍。"③

　　除了色彩艳丽的服装之外，20 世纪 50 年代也有不少人穿着色彩深暗的列宁装、中山装、人民装等，穿这些服装的目的：第一，因为北京成为新中国首都后，因进城的干部多穿灰色的中山装，人们受解放军、干部的影响，所以青年纷纷效仿穿起象征革命的服装，表达自己的革命热情；第二，北京正处于经济发展的起步时期，工人、农民的政治经济地位有了很大提高，全市人民正全力投入经济建设工作中，这类服装简洁轻便，利于开展工作；第三，在国家物质基础非常薄弱的时候，社会风气提倡以朴素为美，如果穿得过于花哨，也可能受到别人的批评。

　　20 世纪 60 年代初，由于粮食、棉花大量减产，人们买服装、棉布、日用纺织品都要凭布票。为了尽可能地节约，服装一般选择结实的布料和耐脏的颜色。父母给孩子添衣已顾不上合身和美观，而是要考虑孩子还要长，衣服大一些，可以多穿几年；孩子多的家庭，还要考虑大孩子穿新的，之后弟弟妹妹可以接着穿。孩子们盼望过春节，其中很重要的一点就是，过节可以穿上新衣服。"三年困难"时期，蓝、灰、黑色服装更普遍了，季节不分、男女无异的服装样式也更通行了。

---

① 北京市档案馆藏《市团委与市工会、市妇联联合举办的服装展览会文件》，档案号：100 - 003 - 00300，1956。
② 北京市档案馆藏《市团委与市工会、市妇联联合举办的服装展览会文件》，档案号：100 - 003 - 00300，1956。
③ 刘仰东：《北京孩子：六七十年代的集体自传》，中国青年出版社，2009，第 237 页。

图 3－4 是北京一个中学班级在"文革"前在天安门广场的合影，可见当时人们的服装开始趋同。

图 3－4 "文革"前的一个中学班级合影
图片来源：网络。

1966 年"文革"开始，人们的服装样式随之改变为单调的品类。西服和旗袍被定为"四旧"，一些有西服的人怕被抄家，就把西服之类的服装拆掉。西装暂时离开了中国人的着装序列，不分年龄、职业、身份、地位甚至性别，大家都穿上了中山装或干部装。

除了着装之外，人们穿的鞋也很值得回忆。当时不少人还穿着手工制作的布鞋，有单布鞋，也有棉布鞋。经济状况好一些的家庭，可以穿上皮鞋，皮鞋的样式也是不错的。

多数的北京孩子穿着的是"懒汉鞋"，即一种布鞋。鞋面有灯芯绒和布面两种，底有塑料、轮胎、和布底三种。塑料底又有红白之分，边以颜色论，非黑即白。搭配起来五花八门，最具生命力的是红塑料底黑边条绒面的那种；最体面的是黑布面、白边、白塑料底的懒汉鞋，俗称"白边儿懒"。用王朔的话说："那些大点的，已知风情的，不那么正经的孩子更爱穿'白边儿懒'。"布鞋一般是家里的老人手工制作的，老人戴着顶针纳鞋底，鞋帮也是自家缝制的。球鞋也是当年孩子常穿的，主要是"飞跃""回力""双钱"这三个牌子。[1]

---

① 刘仰东：《北京孩子：六七十年代的集体自传》，中国青年出版社，2009，第 243～244 页。

那个时期男孩子们最喜欢的鞋是回力牌球鞋。刘仰东说回力球鞋是球鞋中的"大哥大"。它是一种高腰的篮球鞋，底子很厚，有两三厘米，内侧有个半月形的红色标志，内踝骨位置有个纪念章大小的白色圆形皮子，是一个做健美状的裸体男子的压模图案。导演陈凯歌曾有一段动人的回忆："使我们这些醉心体育运动的男孩子更加醉心的是一双同样由上海生产的'回力牌'白色球鞋，索价十元。我是在这一年夏天才头一回得到这样一双球鞋的，是母亲祝贺我考上四中的礼物。等到它渐渐旧了，我就用白粉把它重新涂白，因为我知道，一斤面粉市价一角八分钱的当时，不是每个孩子都可以得到这样一双鞋的。"①

回力牌球鞋在当时无疑算是"奢侈品"，因为当时有不少家庭的月收入只有三四十元，不太舍得花十元钱为孩子买一双如此昂贵的球鞋。笔者记得以前看电视访谈节目时，演员侯耀华也谈到小时候得到一双梦寐以求的回力鞋，高兴程度不亚于陈凯歌，他说的保养方法也与陈凯歌相同。陈的父母是电影编导，侯的父亲是相声大师侯宝林，两家的经济条件在当时都是出类拔萃的，他们二位也不是那么轻易得到令人醉心的球鞋，一般的市民家庭的孩子，要得到这么一双鞋，可能就得攒上一段时间的钱了。

第五节　物价状况

随着新中国经济形势的好转及新人民币的发行，全国的物价趋向稳定。当时物价较低，即使一个月只挣二三十元钱，通过精打细算，也是可以过好生活的。

表3-2是20世纪50年代中后期和60年代初期月人均收入10元的低收入家庭和月人均收入50元的高收入家庭各项生活费指数的对比、分布、变化情况。

先看月人均收入10元的低收入家庭，他们在1961年和1962年的商品消费所占比例为91.4%和88.83%，即他们每月的绝大部分消费都用于购买吃、穿、用等实物商品，用于满足精神生活的消费所占的比例非常小。吃的占家庭消费全部的78.0%和79.68%，可想而知，当时较为微薄的收入，

---

① 陈凯歌：《少年凯歌》，人民文学出版社，2001，第5~6页。

表 3-2 按生活水平较高和较低的分组计算职工生活费指数的变化情况

	10 元左右户					50 元以上户				
	比重（%）		1961 年指数	1962 年指数		比重（%）		1961 年指数	1962 年指数	
	1961 年	1962 年	以 1957 年为 100	以 1961 年为 100	以 1957 年为 100	1961 年	1962 年	以 1957 年为 100	以 1961 年为 100	以 1957 年为 100
总指数	100	100	120.11	106.83	128.50	100	100	139.86	120.77	144.13
甲、商品支出	91.4	88.83	121.50	106.36	128.63	83.2	82.46	146.76	122.95	147.74
1. 平价	—	99.35	—	105.53	127.72	—	89.46	—	109.09	133.87
2. 高价	—	0.65	—	240.60	265.42	—	10.54	—	240.66	265.42
一、吃的	78.0	79.68	122.82	105.13	123.13	53.4	56.91	169.00	129.37	148.54
1. 平价	—	99.20	—	104.10	121.99	—	81.48	—	104.10	121.99
2. 高价	—	0.80	—	240.60	265.42	—	18.51	—	240.60	265.42
二、穿的	8.4	6.34	115.26	100	125.40	7.2	10.74	115.26	102.42	128.11
三、用的	8.1	9.08	123.94	116.82	142.71	35.4	29.50	123.94	118.61	142.99
四、烧的	5.7	4.90	108.37	100	108.66	4.0	2.85	108.39	100	108.66
乙、非商品支出	8.6	11.17	105.38	110.56	127.16	16.8	17.54	105.38	110.56	127.16

资料来源：北京市档案馆藏《市统计局关于职工生活和农民家庭收支情况调查报告以及北京和上海两市职工生活消费值对比情况》，档案号：002-021-00210，1963。

绝大部分都花在维持基本生存的饮食上了，所谓"民以食为天"，恰是如此。再纵向地比较，以 1957 年的消费指数为 100，1961 年和 1962 年的商品消费均高出了 20% 多，这两年处于"困难时期"，国家供给的生存资料如粮油等非常贫乏，家庭消费本应该减少才是，为什么会增加呢？如果不是享受"特供"的家庭，是有钱也买不到少得可怜的定量之外的食品的。把钱花在黑市上购买食品的毕竟是少数，多数人只能勒紧腰带过日子。笔者以为，答案在物价上。虽然当时是计划经济时代，但商品的定价也不是一成不变的，国家相关部门对商品的定价会随着供求关系的改变而发生变化，在供求关系中，如果供大于求，价格会低于价值；如果供不应求，价格会高于价值。1961~1962 年显然属于供不应求的情况，市场上很多商品都成了紧俏货，商品价格自然会高出平时，这一点从当时人的回忆中也可以看出，所以，1961~1962 年的商品消费指数会高于经济较为平稳的 1957 年。

再看家庭月均收入为 50 元左右的富裕家庭，他们 1961~1962 年的商品支出分别为 83.2% 和 82.46%，比 10 元的低收入户比例低一些。他们用于饮食方面的消费占消费总额的 53.4% 和 56.91%，这一点明显低于 10 元户的 78.0% 和 79.68%，富裕户在 1962 年的高价食品消费占了 18.51%，而同期低收入户高价食品消费只占 0.80%。富裕户的家庭消费总额高于低收入户是一定的，富裕户比低收入户吃得好，而且他们除食品之外的其他消费相对较多，他们的消费较为丰富，生活水平自然比低收入户要高。在 1961 和 1962 年，富裕户用于饮食方面的消费分别比 1957 年高于 69% 和 48.54%，显然他们可以买到更多的高价食品，在饥荒时期，他们的生活会比低收入户好过一些。

下面，我们来看物价上涨对于职工生活的影响。（见表 3 - 3）

表 3 - 3　物价上涨对于职工生活的影响统计（一）

	1962 年消费品总额		以 1961 年为 100			
	城市居民消费品总额（万元）	每人年平均（元）	指数	物价变动对居民生活支出影响		
				全市增减额（万元）	每人年平均（元）	每人月平均（元）
总指数	153298	354.65	112.78	+17388	+40.22	+3.35
甲、商品支出	135157	312.68	113.10	+15655	+36.22	+3.02
吃的	84663	195.87	114.93	+10474	+24.23	+2.02
穿的	14803	34.25	102.42	+270	+0.63	+0.05
用的	31299	72.41	118.61	+4911	+11.36	+0.95
烧的	4392	10.16	100	—	—	—
乙、非商品支出	18141	41.97	110.56	+1733	4.01	0.33

资料来源：北京市档案馆藏《市统计局关于职工生活和农民家庭收支情况调查报告以及北京和上海两市职工生活消费值对比情况》，档案号：002 - 021 - 00210，1963。

由表 3 - 3 可见，在商品支出和非商品支出两方面，1962 年都比 1961 年有增加，从总消费情况看，1962 年每人一年平均比上年多消费了 40 多元，这对于一个普通的拥有三个孩子的五口之家来说，1962 年比上年增加了平均 200 元的支出，是个不小的数目。家庭消费中，仍然是饮食消费占用最大头，全市平均每人每年增加 24 元多用于吃饭，平均每月增加了 2 元，看似不多，但对于月收入 100 元之下的家庭来说，也是笔不小的增长。

表 3 - 4　物价上涨对于职工生活的影响统计（二）

	1962 年消费品总额		以 1957 年为 100					
	城市居民消费品总额（万元）	每人年平均（元）	包括商品降价后低档变高档因素			不包括商品降价后低档变高档因素		
			指数	物价变动对居民支出影响		指数	物价变动对居民支出影响	
				全市增减（万元）	每人月平均		全市增减（万元）	每人月平均
总指数	153298	354.65	133.40	+38402	7.40	118.85	+24354	4.70
甲、商品支出	135157	312.68	134.31	+34527	6.66	118.88	+21475	4.15
吃的	84663	195.87	134.16	+21527	4.15	122.56	+15285	2.95
穿的	14803	34.25	128.11	+3248	0.63	105.74	+803	0.16
用的	31299	72.41	142.99	+9402	1.81	121.48	+5446	1.05
烧的	4392	10.16	108.66	+350	0.07	98.66	-59	-0.01
乙、非商品支出	18141	41.97	127.16	+3875	0.74	118.86	+2879	0.55

资料来源：北京市档案馆藏《市统计局关于职工生活和农民家庭收支情况调查报告以及北京和上海两市职工生活消费值对比情况》，档案号：002 - 021 - 00210，1963。（此表与 3 - 3 原为一个表，篇幅所限，将其列为两个表）

　　如果包括商品降价后低档变高档因素，那么包括了物价变动对居民生活质量的影响，1962 年人均月消费居然高于 1957 年 7.4 元，用于饮食的每月高于 4.15 元，可见变化非常大。这个表格也恰好可以印证笔者对于上表 3 - 2 中 1962 年商品消费为何会高于 1957 年的原因的推测。

　　在一般的北京老人的回忆中，人们很少会想起关于物价变化对他们生活的影响。相应地，当今人对当时的生活的印象也往往忽视物价因素的作用，似乎那时的生活是一成不变的，根据上面的资料显示，人们在当时不仅要担心粮食不够吃的问题，还要承受物价的变化对他们生活造成的困扰，只不过这种困扰在居民践行"勤俭节约"的行动中，可以转化为替国家着想，为国家分忧之类的爱国精神。

　　北京与上海是中国的两大主要城市，通过两个城市的消费水平对比，我们可以更好地理解北京的家庭消费水平。（见表 3 - 5、3 - 6）

　　由表 3 - 5、3 - 6 可以看出，作为中国两大城市的北京与上海，职工的生活消费水平相差很小，虽然食品品种有差异，穿的用的都有一些差异，这主要与地域和供给有关，但从生活成本上看，差别不大。

表 3－5　国家统计局计算的北京和上海职工生活消费值情况表（一）

品　名	上海规格品	单位	上海消费量	上海价格		上海消费值（元）	
				57 年	62 年	57 年	62 年
消费值						16.008	16.588
1. 吃的						9.566	10.079
大米	中白粳	斤	12	0.1515	0.1515	1.818	1.818
面粉	标准粉	斤	3	0.17	0.17	0.510	0.510
杂粮	中白籼	斤	15	0.121	0.121	1.815	1.815
猪肉	带皮去骨	斤	1.80	0.91	1.08	1.638	1.944
羊肉	去皮骨	斤	0.7	0.60	0.86	0.420	0.602
黄豆		斤	3.00	0.16	0.16	0.48	0.48
食油	菜油	斤	1.00	0.615	0.75	0.615	0.750
食盐	粗粒盐（淮盐）	斤	0.63	0.15	0.15	0.095	0.095
砂糖	古巴	斤	0.25	0.64	0.64	0.16	0.16
鲜菜	混合价	斤	22	0.0584	0.0507	1.285	1.115
豆芽		斤	1.5	0.6	0.6	0.09	0.09
烟卷	大联珠	合	3.00	0.16	0.18	0.480	0.540
酱油	特级	斤	1.00	0.16	0.16	0.16	0.16
2. 穿的						2.543	2.576
白布	四平（龙头）白市布	尺	0.5	0.275	0.275	0.138	0.138
蓝布	水月工农（海昌）蓝斜	尺	1.5	0.36	0.36	0.54	0.54
袜子	42/2176 针罗口青年花袜	双	0.33	0.90	0.90	0.297	0.297
毛巾	83#19.5 两全白	条	0.25	0.39	0.39	0.098	0.098
絮棉	二级	斤	0.17	1.02	1.02	0.173	0.173
男布夹鞋	冲贡呢小元明上机制	双	0.25	3.60	3.73	0.90	0.933
力士鞋	布面胶底短统 39 号	双	0.12	3.31	3.31	0.397	0.397
3. 用的						0.524	0.528
香皂	上海（力士）	块	0.25	0.41	0.41	0.103	0.103
牙膏	白玉	支	0.5	0.41	0.41	0.205	0.205
肥皂	菜花	块	1.00	0.15	0.15	0.15	0.15
民用线	42/3　412M	个	0.20	0.25	0.25	0.05	0.05
火柴	100 支安全	合	1.00	0.016	0.002	0.016	0.02
4. 烧的						1.15	1.18
煤	机制煤球	斤	35	0.028	0.028	0.98	0.98

续表

品　名	上海规格品	单位	上海消费量	上海价格		上海消费值（元）	
				57 年	62 年	57 年	62 年
木柴	木杂线	斤	5	0.034	0.04	0.17	0.20
5. 服务支出						2.225	2.225
房租	混合结构	平方米	5.00	0.362	0.362	1.810	1.810
电费		度	1.00	0.2952	0.2952	0.2952	0.2952
水费		吨	1.00	0.12	0.12	0.12	0.12

表 3－6　国家统计局计算的北京和上海职工生活消费值情况表（二）

品　名	北京规格品	单位	北京消费量	北京价格		北京消费值（元）	
				57 年	62 年	57 年	62 年
消费值						15.583	16.038
1. 吃的						9.829	10.308
大米	长粒 4 号	斤	5	0.148	0.148	0.74	0.74
面粉	标准粉	斤	14	0.184	0.184	2.576	2.576
杂粮	玉米面二号	斤	13	0.11	0.11	1.430	1.430
猪肉	带皮去骨	斤	1.80	0.82	1	1.476	1.800
羊肉	去皮骨	斤	0.7	0.71	0.71	0.497	0.497
黄豆	二号	斤	3.00	0.1135	0.134	0.341	0.408
食油	豆油过淋	斤	1.00	0.55	0.79	0.55	0.79
食盐	芦盐	斤	0.63	0.13	0.13	0.082	0.08
砂糖	糖	斤	0.25	0.72	0.72	0.18	0.18
鲜菜	混合价	斤	22	0.0535	0.0454	1.77	0.999
豆芽	黄豆制	斤	1.50	0.08	0.06	0.12	0.09
烟卷	丙级万象	合	3.00	0.17	0.19	0.51	0.57
酱油	乙级（北京一等）	斤	1.00	0.15	0.15	0.15	0.15
2. 穿的						2.462	2.437
白布	2321 京棉白布	尺	0.5	0.285	0.280	0.143	0.140
蓝布	2321 蓝斜纹	尺	1.50	0.350	0.335	0.525	0.503
袜子	24 支双股罗口男袜套	双	0.33	1.03	1.03	0.34	0.34
毛巾	19.5 两全白	条	0.25	0.42	0.42	0.1050	0.1050
絮棉	二号 7.3 级	斤	0.17	1.06	1.06	0.18	0.18
男布夹鞋	冲服呢申千底男鞋	双	0.25	3.00	3.00	0.75	0.75

续表

品　名	北京规格品	单位	北京消费量	北京价格		北京消费值（元）	
				57 年	62 年	57 年	62 年
力士鞋	布面胶底短统 39 号	双	0.22	3.49	3.49	0.419	0.419
3. 用的						0.579	0.582
香皂	上海	块	0.25	0.42	0.42	0.105	0.105
牙膏	白玉	支	0.5	0.44	0.44	0.22	0.22
肥皂	灯塔	块	1.00	0.185	0.185	0.185	0.185
民用线	450 码 32□□团	个	0.2	0.26	0.26	0.052	0.052
火柴	100 支安全（英式折算）	合	1.00	0.017	0.02	0.017	0.02
4. 烧的						0.81	0.81
煤	机制煤球	斤	60	0.0115	0.0115	0.69	0.69
木柴	民用小块	斤	4	0.03	0.03	0.12	0.12
5. 服务支出						1.903	1.903
房租	瓦房	平方米	5.00	0.315	0.315	1.575	1.575
电费	民用	度	1.00	0.148	0.148	0.148	0.148
水费	民用	吨	1.00	0.18	0.18	0.18	0.18

资料来源：北京市档案馆藏《市统计局关于职工生活和农民家庭收支情况调查报告以及北京和上海两市职工生活消费值对比情况》，档案号：002 – 021 – 00210，1963。（此表与 3 – 5 表原为一个表，因为篇幅所限，分为两个表格列出。）

表 3 – 7 是全国三十个城市职工生活消费值比较。

表 3 – 7　三十个城市职工生活的消费值比较

以北京市职工生活消费值为 100（包括鲜菜和房租水电）

绝对值单位：元

地　区	以 1957 年 12 月 31 日价格计算		以 1962 年 12 月 31 日价格计算	
	绝对值	（%）	绝对值	（%）
北　京	15.583	100	16.038	100
天　津	15.222	97.68	15.687	97.81
太　原	14.869	95.42	15.464	96.42
包　头	14.425	92.57	15.664	97.67
呼和浩特	14.376	92.25	15.209	94.83
沈　阳	14.799	94.97	15.228	94.95
旅　大	14.301	91.77	15.004	93.55

地 区	以 1957 年 12 月 31 日价格计算		以 1962 年 12 月 31 日价格计算	
	绝对值	（%）	绝对值	（%）
长 春	14.807	95.02	15.886	99.65
哈 尔 滨	14.126	90.65	15.769	98.32
西 安	14.993	96.21	16.325	101.79
兰 州	15.837	101.63	16.638	103.74
西 宁	16.987	109.01	16.834	104.96
银 川	14.640	93.95	14.983	93.42
乌鲁木齐	21.570	132.09	20.446	127.50
济 南	14.232	91.33	15.703	97.91
郑 州	14.660	94.08	14.797	92.26
上 海	16.208	102.73	16.588	103.43
杭 州	14.980	96.14	15.527	96.81
南 京	14.171	90.94	15.049	93.83
合 肥	13.255	85.06	14.118	88.03
福 州	15.141	97.16	15.712	97.97
南 昌	13.903	89.22	14.857	92.63
武 汉	14.265	91.54	15.257	95.13
长 沙	14.465	92.83	15.406	96.06
南 宁	13.890	89.14	15.193	94.73
广 州	15.454	99.17	15.410	102.32
成 都	12.332	79.14	13.356	83.28
重 庆	13.620	83.55	14.376	89.77
昆 明	13.912	89.28	13.299	82.92
贵 阳	12.903	82.80	13.961	81.05

资料来源：北京市档案馆藏《市统计局关于职工生活和农民家庭收支情况调查报告以及北京和上海两市职工生活消费值对比情况》，档案号：002－021－00210，1963。

由上表可见，1957 年乌鲁木齐的消费值最高，超过北京 32%，此外，西部的西宁与兰州也比北京要高，是因为西部地区物资非常缺乏，导致物价高，生活消费高。与此相反，南方的城市，南宁、成都、重庆、昆明、贵阳几个城市的消费值较低，应该与当地的物产较为丰富有关。其他一些城市，消费值一般都略低于北京，是正常现象。从北京市在全国三十个城市中的水平来看，属正常略高一点的层次，在 20 世纪五六十年代，这里的商品比别的城市要丰富得多，而消费值却不比别的城市高许多，由此看来，北京居民的日常生活水平应该比全国别的绝大多数的大中城市要高。那个时代，物质的丰富程度是影响居民生活水平最重要的因素，北京市民的物质生活比外地要好。

20 世纪五六十年代的普通北京市民家庭普遍来说消费水平不高，除了当时社会提供的消费产品很少外，当时还实行票证化供应，很多紧俏商品即使有钱没有票证也买不到。可以说，票证制度是一把双刃剑，既有合理的一面，也有不利的一面。在当时社会生产力较低的条件下，人口越来越多，对消费的需求越来越迫切，但国家提供不了那么多的消费品，甚至连最基本的粮食都难以保证足量供应，所以不得不实行计划供应，即学习苏联的经验，以计划经济来调控社会物资分配，依靠票证来把居民的消费定量。这是无奈之举。从历史角度看，票证制度的实施，一切社会生产按照计划来，在很大程度上禁锢了社会的生产能力。当时居民的消费不是由市场来引导，居民的需要也激发不了社会生产，相反是计划决定了消费，换句话说是政治决定了消费，这造成了居民生活水平的普遍低下。

在国家政治混乱的"大跃进"时期，农业生产和社会物资生产受到错误的指引而导致接下来三年严重的"困难时期"，几乎全国的绝大部分居民都无法解决温饱问题。北京市作为首都，要首先保证粮食供应，北京的普通市民虽然在饥饿中度过三年"困难时期"，但绝大多数人有惊无险地度过了那个时代。由此看来，由政治引领，而非市场引领的消费，注定是低水平的。

按照马斯洛的需求分层理论来说，人类的需要是分层次的，由低到高分别是：生理需求、安全需求、社交需求、尊重需求、自我实现需求。生理需求是人们最原始、最基本的需要，如空气、水、吃饭、穿衣、性欲、住宅、医疗等。如果这些得不到满足，人类的生存就成了问题。20 世纪五六十年代的家庭消费，主要是围绕着满足生理需求而展开的，人们为了吃饭、居住、穿衣而精打细算着。至于更高的安全需要、社交需求，多数市民家庭是无能力体验的。

从消费内容方面看，当时的北京市民消费基本处于生活资料的消费层次，更高的精神层次和享受层次的消费非常少。从上文中几个引述的史料来看，不少精打细算的家庭根本没有把精神消费纳入计划中。可见当时人们消费的目的，特别是饥饿年代的消费，只是为了保证自己的生存。至于精神文化层次的消费，只能留在社会经济状况好一点的年景。

第四章　居住与出行

民国时期，由于政治的变动和大量移民进入北京，北京市民的居住格局发生了很大的变化，主要表现为：（1）由于清皇室和旗人地位的衰微，原先的皇族与富户大量破产，不少人靠变卖房产维持生计，造成了大量豪华府宅易主，清室遗民的居住环境也大不如前。（2）大量外地移民进入北京城，既有知识分子、商人政客等经济条件较优者，又有河北、山东、山西、东北等地衣食无着、进京讨生活的穷困人群，尤其是后者的源源进入，使得本来就不宽裕的北京居住状况显得更加紧张，许多四合院变成了能居住几家甚至十几家、二十几家的大杂院。

民国时期的北京民居主要集中在城墙以内，还有一小部分在关厢地区，居住的房屋类型主要为平房，有少部分的楼房。"民国三十七年（1948 年），在全市 1354 万平方米住宅中，平房住宅（包括四合院）有 1270.7 万平方米，其中 91% 以上集中在城墙以内的 62 万平方公里的范围内。"①

新中国成立之后，大量的党政人员、部队官兵和外地调京人员在短短几年内进入北京，使得北京的居民结构发生了重大变化，众多的移民，像强大的冲击波一般，改变了北京的居住格局。这些 1949 年后进京的为新中国服务的党、政、军及相关人员，笔者称之为"新北京人"。为了解决新北京人的居住问题，一些老北京人的私有房产逐渐变成国家及集体所有制的"公房"，这个过程在"文革"时候完成，多数居民靠租住"公房"生活。此外，政府还拆除了原来的不少危房，建设了临时性过渡房屋，在城外大量建造了楼房，形成了沿用至今的"居民小区"。

---

① 北京市地方志编纂委员会《北京志·市政卷·房地产志》，北京出版社，2000，第 29 页。

第一节　租房

1949 年后，人民政府房地产主管部门举办房地产总登记，颁发房地产权证书，到 1953 年总登记基本结束，彻底废除了旧契证，真正实现了一产一证。经过总登记和换发证件，明确了产权，为房屋管理打下了基础。[①] 1966 年"文化大革命"开始，在运动的冲击下，全市 8 万余户 50 多万间约 765 万平方米私人房产被迫交公。[②] 有的老北京人的祖屋有幸未被没收可以一直居住着。

笔者访谈中遇到一位一直居住在祖屋的老北京人：

受访者：W 先生，1926 年生于北京，为世代累居的老北京人。

> 采访者：家里当时住的什么房子？
>
> 受访者：平房。就是祖上传下来的房子。
>
> 采访者：工作后单位给分房子吗？
>
> 受访者：没分，有房子就不分。
>
> 采访者：老房子现在还有吗？
>
> 受访者：有，还住着。一个小院，就住一家人，清静。[③]

1949 年后才进城的新北京人，住房可能就存在不小的问题，要么迟迟分不到房子，要么环境拥挤不堪。

一　住上新建的房屋

民国时期，社会动荡不安，民生疾苦，多数人没有钱修葺房屋，不少房子都是明清时期遗留下来的老房子，到新中国成立时，已经是危房了。"1952 年调查统计，城区的危险房屋（不足二成半新）有 6 万多间，860 多万平方米，占城区旧有房屋的 4.9%；破旧房屋（二成半到五成半新）有 74

---

① 北京市地方志编纂委员会《北京志·市政卷·房地产志》，北京出版社，2000，第 95 页。
② 同上书，第 108 页。
③ 梁景和主编《中国现当代社会文化访谈录》（第五辑），首都师范大学出版社，2016，第 314 ~ 315 页。

万多间，1070 万平方米，占 61%；关厢地区的危险房屋占 15%，破旧房屋占 71%。"[①] 政府决定将这些房子分片拆除，盖上新的房屋供市民居住。

1949 年，不少人已经破产，无家可归，还有不少家庭居住条件极其恶劣，所以政府不得不以最短的时间抢建一批平房住宅。

1950 年上半年，在贡院西大街利用空地新建工人宿舍 200 间。新建的这些平房住宅，一般坐北朝南，成行排列，只有居住空间，生活设施较为缺乏。

1951 年，公私共新建住房 19675 间。最初，有 400 多间工人宿舍和一部分平民住宅，每间成本为 7500~10000 斤小米，在北京市各界人民代表会议上，工人代表反映租不起。根据这种情况，市政府强调"先普及，后提高"的方针，随即试建了用土坯做墙身的一批规格较低的房屋，每间成本一般不超过 3500 斤小米，保固年限 15~20 年。当年，仅市公逆产清管局新建工人住宅 484 间，市民住宅 2419 间，其中为土坯墙的有 1600 间。[②]

1953 年后，随着对旧城的改建，拆除部分平房建住宅楼房。同时，仍建有规模不等的平房住宅。许多平房的建设都是临时性的，建设质量不好，非常粗糙。20 世纪五六十年代，北京新建了很多新式的居民住宅楼，主要分布于百万庄、三里河、和平里、幸福村、白纸坊、龙潭湖、复兴门外、劲松等地。这些居民小区的设计来自苏联，一般是三至六层楼，在当时来说，是非常先进的居住形式。这些住房有不少已经使用五六十年了，且仍在使用，可见工程质量是不错的。

二　租住私房与公房

在民国时期，有不少进京的外地人和本地无钱购置房产的居民都要租住他人的房屋，经济条件好一点的，如商人、资本家及高级知识分子，他们往往会租下或买下一套四合院，家人住得宽松惬意。但普通人家就不能妄想租住那样的房子，他们租下的多是大杂院中的两三间房。不论租什么样的房

---

①　北京市地方志编纂委员会《北京志·市政卷·房地产志》，北京出版社，2000，第 30 页。

②　同上书，第 29 页。

子，民国时期人们租住的都是私房，没有公房可言。

到了新中国初期，随着住房形势的紧张，租住房子的现象更为常见。在20世纪50年代前期，那时一般的私房没有被充公，租住私房的比较多。

有一部分家庭一直居住私房，一些职工直至退休也没能住上单位分配的公房。当然，有的单位是不分房的。下面的材料出自一位老北京居民之手，作者讲述了自己的老父老母租住半辈子私房的经历，代表着一部分老北京市民紧张的居住状况：

> 我的父亲是1949年参加革命，母亲是1952年参加工作的。从1950年我们家搬到北京，就一直租住在史家胡同的私人房子里，那是一间十平米的平房，我和两个妹妹在这里长大，读小学，读中学然后统统下乡。以后我们陆续回城结婚成家，有了自己的孩子，父母又在这里帮助我们带孩子。直到1992年，小妹夫的单位分到房，父母才搬进楼房。父母在史家胡同住了42年，养育了我们两代人。以前，住房由单位分配解决的年代，父亲和母亲单位从来没有分配给他们住房，我们家的住房一直都很困难。上世纪八十年代，改革开放以后，母亲退休，父亲离休，住房制度逐步改变为市场商品化，父母仍然没有能力去改善住房条件。①

上文作者的老父母在史家胡同租住私房42年，直至1992年才搬进女儿家的楼房里。作者的老母亲是在建筑单位退休的，虽然公司本身就是建筑单位，但在那几十年，单位并没有给自己职工盖多少房，绝大多数老职工直到退休都没有自己的住房。父亲虽是离休干部，但从未分配住房。老两口直至2009年也没有自己的住房。他们的儿子和儿媳，即作者及其夫人，于2009年开始为老两口申请两限房，2012年才申请上，而到2014年才能交房。可是老父亲已经离世，只有老母亲可以在晚年享受属于自己的房子。

关于租住私房的租金，1950年北京市人民政府公布《北京市私有房屋租赁暂行规则》，1951年对其进行修正，规定瓦房每间月租不得超过40斤至60斤小米，灰房每间月租不得超过20斤至30斤小米，其他不同结构的房屋可以比照核算。当年，按内部掌握的标准，以规定的伏地小米批发价折算，平均月租金每间5.54元。当时之所以用小米的重量来结算房租，是因为新

---

① 王一翁：《两限房申购记》，http://blog.sina.com.cn/s/blog_ 6314cb0a01015w86.html，最后访问时间：2017年1月18日。

中国刚刚成立，货币混乱，物价不稳定，所以统一用小米批发价来结算当时的工薪、房租等，随着市场秩序的好转，逐渐以人民币旧币来结算资金。租私房的租金，政府有着明确的规定，政策方面曾经出现过几次变化：

　　1952 年 7 月 4 日，北京市房地产管理局制定《北京市城区房屋租金标准》，作为政府内部掌握的标准，房屋成新为八成至三成，无水电房屋租金酌减 5% 至 10%，有卫生、暖气设备另加 10% 至 20%。同月，修订后的《公产房地租标准》公布实行后，私房租金也参照执行，以货币为计租单位，一般私房租价按使用面积每平方米月租 0.41 元。
　　……
　　1953 年，随着近郊区建筑工程项目增多，人口增加，高租现象十分严重，一般租金均超过正常租金的一倍以上，由此引发的租赁纠纷甚多……
　　由于 1952 年制定的私房租金标准比公房租金标准高 50% 以上，影响承租职工的生活，1957 年上半年，根据保障房屋修缮、适应房客负担能力、适当照顾房主所得、按质论价的原则，北京市房地产管理局拟定《私有房屋租金试行标准》（简称"57 标准"），1958 年 1 月经市人民委员会批准公布施行。该租金标准平均每平方米使用面积 0.33 元，租金构成中修缮费占 42%，折旧费占 15%，房地产税占 9%，房主所得占 34%……

表 4 - 1　房屋租金标准

项　　目		条件及内容	月租（分）
租金基数	房屋类型	洋式楼房	27
		中式楼房	23
		瓦房（包括筒瓦）及洋式平房	20
		灰瓦房（包括干挂瓦、仰瓦灰梗、棋盘心、石板顶）	17
		灰房	15
		灰土房	13
		土房	12
	地面	细地板、水磨石、瓷砖地	10
		普通地板、花砖地	8
		粗地板、洋灰地、方砖地	7
		焦渣地、条砖地	6
		碎砖地、土地	5

续表

项　目		条件及内容	月租（分）
租金基数	门窗	双层玻璃门窗	12
		玻璃门窗	10
		部分玻璃门窗	8
		木门窗	7
	顶棚	天花板、细纹灰顶棚	4
		灰顶棚	2
		纸顶棚、芦席顶棚	1

1966 年"文化大革命"开始后，私房被迫交公，并改按公房"66标准"向房管部门交租。[1]

由上述资料看，当时租住十平方米的房屋，租金大约要四元左右。一般的家庭都是可以承受的。

租住私房的家庭非常多，笔者在访谈的时候遇到过一位老先生，他于1956 年从部队转业到北京，在老家结婚。1957 年，其家属来到北京，先是租住私人的房子，后来单位给分了房，他们有了自己的住房。

受访者：W 先生，1932 年生于河北保定，1956 年随部队到北京，后转业，一直从事地矿业工作。

采访者：奶奶到北京来的时候，部队里给分房子吗？
受访者：我刚来北京的时候没带家属。家属带来也没房子。
……
采访者：奶奶来了以后，你们在哪住的？
受访者：她来了以后，我就转业了。在八里庄租的老百姓的房子。
……
采访者：后来单位分的房子是什么样的？
受访者：平房，10 平方米左右，后来拆了，住单位的楼房。[2]

---

[1]　北京市地方志编纂委员会《北京志·市政卷·房地产志》，北京出版社，2000，第 204～206 页。
[2]　梁景和主编《中国现当代社会文化访谈录》（第五辑），首都师范大学出版社，2016，第 292 页。

像上述老先生一家那样先是租住私人房子，后来住到单位分的公房里的家庭非常多，他们的居住经历比较典型，代表着从 20 世纪五六十年代走过来的多数北京市民家庭的经历。

公房中有一部分归国家所有，还有一部分归各企业、事业单位所有。公房的主要管理机构是各地的房管局和房管所。和私房的租金一样，公房的租金在政策上也呈现出几次变化：

1950 年 5 月，在苏联专家帮助下，北京市人民政府地政局制定《公产房地租金标准》（简称"50 标准"）。该标准由折旧费、修缮费、管理费、地租和房地产税五项内容构成，房屋按西式楼房、西式平房、中式房屋公成八类，按建筑面积计算，并按地区等级二十级另加地租，走廊、小亭、阁楼、地下室折半计租。月租金平均每间 2.31 元，每建筑平方米 0.16 元（折合使用面积每平方米 0.21 元）；房地产税按每户租金总额（不包括地租）加 10% ……为照顾职工的负担能力，民用住宅按租额的 80% 计租。

"50 标准"收租过低，其年收租金只为年修缮费的 50%，不能实现以租养房。为使租金标准趋向合理，有利于房屋的正常维护，1951 年 7 月，对"50 标准"进行修订，1952 年 7 月开始执行（简称"51 标准"）。这个标准保留了"50 标准"的基本特点，并规定楼房过道、楼梯间、房廊租金按房屋建筑面积核减 10% 计算，地租按十八级地区等级分别另加地租。该标准平均租价按使用面积为每平方米 0.34 元……

1954 年 8 月 9 日，北京市房地产管理局制定《新建民用公房租金标准》（简称"54 标准"）。该标准按自然间计租，在十级地区以内的瓦房每间租金 4 元至 4.5 元，灰瓦房 3.6 元至 4.2 元，灰房 2.85 元至 3.17 元；十级地区以外的瓦房每间租金 3.7 元至 4 元，灰瓦房 3.2 元至 3.5 元，灰瓦房 3.2 元至 3.5 元，灰房 2.64 元至 2.85 元。这个标准折合使用面积为每平方米 0.34 元。

新中国建立后，中央国家机关工作人员住用公房，有收房租的，也有不收房租的，且租金标准不一。据 1954 年统计，中央国家机关、党派、团体有 80 个，其中 44 个对工资制人员的宿舍用房已经收租，平均租金 0.16 元。1955 年 8 月 31 日，国务院颁布《关于国家机关工作人员全部实行工资制和改行货币工资制的命令》。改行工资制后，国家机关工作人员住用公家房屋和使用公家家具、水电者，一律缴租缴费。为此，《中央国家机关工作人员住用公家宿舍收费暂行办法》一并发布。这个租金标准主要是根据当时干部的收入情况，照顾干部的负担能力，并结合了以租养房的精神。国务院同时责成了各省、直辖市，参照这个办法，结合当地具体情况，分别制定收租办法发布实施。

同年 10 月 14 日，北京市人民委员会公布《北京市国家机关工作人员住用公家宿舍收租暂行办法》（简称"55 标准"）据此，市、区各级国家机关、民主党派、人民团体等单位宿舍用房，以使用面积计算，由使用人向本单位按月缴租。

1956 年 1 月 18 日，北京市房地产管理局公布了《为安置城区拆迁户新建的房屋有关接管订租问题的规定》（简称"居民区标准"），对安置城区拆迁户的新建平房，坐落关厢或郊区，质量、条件相差不多的，不论房屋大小，均按自然间计算，北房每间 2.85 元；东、南、西房每间 2.65 元；半间房中的南半间 1.55 元，北半间 1.35 元；房后小厨房 0.50 元。尚未订租的即按该标准计租，已订租的高于该标准的从 1956 年 2 月起调整。

……

1958 年 6 月房地产管理局重新拟定《民用公房租金标准》（简称"58 标准"）……该租金标准包括折旧费、修缮费、管理费和房地产税，计算单位以使用面积计算，房屋分为钢骨水泥、混合结构、瓦房、灰瓦房、灰房和其他房屋六类，属于公用的门道、厕所、游廊等不计租，每平方米月租金平均 0.30 元，不同地区等级，租金差额最多为 20%。为照顾职工负担能力，房租按标准的 75% 计租，楼房平均每平方米 0.27 元，平房 0.22 元……这个租金标准执行后，除"55 标准"外，其他各种租金标准即停止使用。

1965 年，北京市房地产管理局根据新建居民楼的特点，制定《统管公产楼房住宅租金标准》，每平方米居住面积平均月租金 0.24 元。同年专为龙潭湖小区统建住宅楼房制定《统建楼房住宅标准》，每平方米平均月租金 0.19 元（简称"19 标准"）。两个标准分别于 1966 年 2 月和 4 月开始执行。①

---

① 北京市地方志编纂委员会《北京志·市政卷·房地产志》，北京出版社，2000，第 194～196 页。

表 4 - 2　北京市房地产管理局统管公产楼房住宅租金标准

项　目		每平方公尺使用面积月租金（元）
租 金 基 数	居室	0.27
	有暖气设备的地下室	0.18
	无暖气设备的地下室	0.16
	厨房、厕所	0.14
	立式壁橱	0.14
	各式阳台	0.10
居室调剂因素	窗口向东、向北	－ 0.02
	窗口向西	－ 0.03
	无暖气设备	－ 0.02
	合用单元	－ 0.01
	木地板、地皮布	＋ 0.01
	无电梯设备，由第四层起逐层递减	－ 0.02
	简易楼房	－ 0.03

注：1. 地下室：系指室内窗户下口，低于地面，作居室使用的。2. 厨房，厕所均不计租，两户合用的按户分摊，三户合用的不计租。

资料来源：北京市西城区档案馆（北馆）藏《1965 年北京市房管局关于居民车棚管理、订租问题，各单位零星交房接管工作，统管；楼房住宅租金，停止群众评议分配房等方面通知》，档案号：054－002－00187，1965。

表 4 - 3　北京市房地产管理局统建楼房职工宿舍租金标准

项　目	每平方公尺使用面积月租金（元）
居室租金基数	0.19
厨房、厕所	0.10
立式壁橱、贮藏室	0.10
阳台	0.06

注：1. 本标准在计算时，不计方向，楼层等调剂因素。2. 厨房，厕所两合用的按户分摊，三户以上合用的不计租。

资料来源：北京市西城区档案馆（北馆）藏《1965 年北京市房管局关于居民车棚管理、订租问题，各单位零星交房接管工作，统管；楼房住宅租金，停止群众评议分配房等方面通知》，档案号：054－002－00187，1965。

　　下面一则访谈，受访者谈了家庭的租房经历。

　　受访者：M 先生，20 世纪 30 年代生于河北固安，解放初到北京定居。

采访者：结婚后是运输公司给分的房子？

受访者：不是。找的私人房。

采访者：买的还是租的？

受访者：租的。

采访者：那时候租房贵吗？

受访者：那时候挣不了多少钱，（租）两三块钱、三四块钱一个月。

采访者：房子多大？

受访者：两间。

采访者：一间厨房用，一间卧室用？

受访者：不分那么清，不像现在似的，有卧室，有厨房，有厅。①

由上述受访者提供的信息看，当时租私房并不贵，每月花上三元左右可以租两间房子。当时房租的负担是比较小的。一般的家庭都容易承担。

因为公房不是自家的房子，所以公房的住户对于房子也不太爱惜，损坏公房、拖欠租金、强占公房、用公房谋私利的现象比较常见。前门区小椿树胡同十三号住着一个百货大楼的售货员赵天心，他的工资不少，还有房贴，每月收入近百元，全家八口人，可是，他却拖欠了八个月的房租；为了让他交房租，法院传讯他七次；他不但拒绝出庭，反而捏造事实，空喊穷，写了一首打油诗贴在门口："数九寒天衣尚单，哪有力量交房钱；人生尚需衣食住，房租应该属第三。"② 这种收入不低却拖欠房租的事情，在当时倡导人人为国家奉献的精神下，是极端自私的行为，会被严重批评的。

还有的人把单位分配给自己的公房转租给了其他人，利用公房谋取私利。"西单区石驸马大街二十二号住户王精仁，把公家房子转租给五个单身汉，每月从中赚取十五元。还有东单区内务部街甲三十九号住户吴唯，先后将自己住的公房转租别人，骗取了几十元。"③ 利用公房谋私利的行为，在当时被批判为"剥削"，属于没有割掉的"资本主义"尾巴。

---

① 梁景和主编《中国现当代社会文化访谈录》（第五辑），首都师范大学出版社，2016，第316页。

② 《损人害己的公房住户》，《北京日报》1958年2月25日第二版。

③ 同上。

更有甚者，强占公房和多占公房。"海淀区一个派出所的民警张治中所住的公房是不经过正常手续强占的。海淀房管处几次让他搬出，他也不理。""西四区宝禅寺街一号住户张伯阳，一口人住着三间公房；西内大街酱房大院六号住户马余田，自己有宿舍住，却租了一间房子长期空着。在长春百货公司工作的陈德纯，租了西四区藕芽胡同四号四大间北房，到现在已经连续空闲了两三年，不肯退出。"[①] 在住房普遍拥挤的20世纪五六十年代，强占和多占公房的事情非常不合理，可是事实却存在着。除了事主的道德上有问题，主要原因还是当时行政管理的不够严谨，才造成这样的乱象。

笔者通过访谈得知，当时的年轻人结婚或者是家属从外地来北京，大多是租住的房子。笔者还访谈过一位结婚时借的房子住的，当时借房结婚的人也不少。

受访者：C先生，祖籍江苏无锡，79岁，大学学历，20世纪50年代来京学习、工作、定居。

采访者：家里住的房子是机关的房子吗？

受访者：结婚时借了人家的房子，结婚两年后（单位）给了一个7平米的小屋子，放一张双人床，就没地方了。那时住房非常紧，好多人结婚都借人家的房子。

采访者：借房子给人家点租金吗？

受访者：没这一说，那时不能谈钱，一谈钱就资产阶级思想。同事，要好的朋友，借给你房子。

采访者：7平米的房子什么时候换的？

受访者：下干校前换的，换了12平的。下干校回来又换了17平的，住到87年才给了三居室。

采访者：三居还是不错的。

受访者：像我这人口多，是老同志，给大一点的。

……

采访者：您回忆在小房子里生活，觉得苦吗？

受访者：无奈，没办法，没房子，给个地方住就不错了。客观条件在那儿，你不能超越当时的条件。六十年代我还和一个科长家合

---

① 《损人害己的公房住户》，《北京日报》1958年2月25日第二版。

住。科长一居加一个门厅，厅也算一间房子。我们进去也通过他家的
门厅。①

　　这位受访者在中央机关单位工作，他结婚的前两年是借住在同事的房子
里，之后单位给了 7 平方米的公房，只够放一张床的。需要说明的是，这时
的公房也是租住的。由借房，到 7 平公房，换成 12 平公房，再换成 17 平公
房，一直租住单位的公房，直至分配到了三居室，才有了自己的住房。这就
是一个北京市民的住房史，是时代变迁的缩影。

第二节　拥挤的居住状况

　　20 世纪五六十年代，随着城市人口的不断膨胀，北京市的居住状况越来
越糟糕，基本上可用"拥挤不堪"来形容。有的大杂院里的住户特别多，
"北京西单区西顺城街七十一号是个三十七户人家的大杂院"②，一个院住着
如此多的人家，可以想见这样的杂院条件如何，卫生、治安、防火各项基础
设施基本谈不上。一些干部、高级知识分子的家庭因为享受了国家的照顾，
他们的居住条件比较好，有的家庭可以住上独门独院的房子，或是几家合住
一个四合院，居住比普通市民要好得多。对于一般的北京市民家庭而言，一
家五六口人住在不到十平方米的小屋子里的情况十分常见。下面是 1964 年
对西城区二龙路地区居民住房紧张状况的一个调查报告，可见市民居住情况
之恶劣。

关于二龙路地区居民住房紧张情况的调查报告
（一）

　　截至去年 12 月底，二龙路房管所共有居民承租的公产和经租房屋
一万二千六百八十四间（包括近几年接管中央、市属单位交下的带户
公房九百零八间），承租居民有五千八百三十三户，管界内还有民用

---

① 梁景和主编《中国现当代社会文化访谈录》（第五辑），首都师范大学出版社，2016，第 336～
　337 页。
② 《大杂院变团结院》，《北京日报》1958 年 5 月 8 日第二版。

私房一万七千八百七十八间、六千八百七十五户。粗略统计，今年一
至五月，有五百零二户居民要求房管所解决住房拥挤问题，占住公
产、经租、私房总数一万二千七百零八户的3.94%。最近，我们会同
该所对经常来所要房的二百七十五户居民（内住公、经租房的二百二
十三户、住私房五十二户）住房拥挤等问题做了分类排队，大体有五
种情况：

第一类，家庭人口较多、房屋窄小，住房面积平均每人在两平方米
以内的有九十户。这类住户白天室内没有转身的余地；晚上全家人难以
挤下，只得临时搭床或搭双层床。有的只好至室外露天过夜，衣物家具
无处存放，只得架在屋顶或放在屋外。室内空气不好。夏天屋里闷热如
同"蒸笼"，冬天夜里又无空地放置炉火取暖。遇有成员患有传染性疾
病，更无法隔离预防。学生回家也无处做功课。如太平湖中街一号史德
龙，全家七口，住九平方米公房一间，平均每人不至一点三平方米。本
人系四季青公社运输工，家里有妻子一人、子女五人，屋子里一个大土
炕虽占去了三分之二的面积，但是还得有一个孩子睡在小桌上，另一个
孩子睡在炕上搭的双层铺上，本人睡在院子里。至于衣服和箱子，就只
好架起木板悬在空中。

第二类，老少三辈同居一室的有五十七户。这类户平均每人居住
面积一般不超过两平方米。不但拥挤，而且生活也很不方便。如佟麟
阁路二十六号陈熙平，在西单钟表修理合作社工作，全家六口人，住
十点七二平方米房屋一间，夫妻三十来岁，两个孩子、父母六十多
岁。这对年轻的夫妇和父母住在一间屋里，深感不便。再如北闹市口
六号张彦文，全家七口人，住六点九平方米南房一间，平均每人仅有
零点八四平方米，家中有三个孩子，还有六十多岁的公婆二人。虽然
公公很少回家，屋子里经常居住六口人，仍然十分拥挤。床铺上只能
睡下五人，还有一个孩子睡在椅子上。婆婆只好和儿子、儿媳睡在一
个床上，生活很不方便。特别是个别婆媳不和经常吵架的，同住一室
矛盾更多。

第三类，父母和十六岁以上大儿女同居一室的有九十户。例如佟麟
阁路一号李宗华，全家七口，住八点七平方米东屋一间。丈夫在大兴评
剧团工作，经常回家，六个孩子，除二女儿在戏校学习只有假期回家以
外，十几岁的大女儿和其他四个孩子，都和父母住在一起，生活上有很

多不便。夏天就更为突出，一个人在屋内擦洗，其余的人就要到外面蹓大街。有的女孩子晚上睡觉时只好躲在被窝里脱衣服。

第四类，本人无房向亲友借住、婚后无房分居和等房结婚的共有二十六户。如后宅七号姜玉林（北京扣子厂工人）家里有父亲、爱人和三个孩子、共计六口，自去年从外地调来就借住在岳父家。岳父、岳母才四十多岁，还有岳祖父一人，内弟妹共五人，最大的已十六七岁。两家合计十四人，老少三辈同居住在三间房子里既拥挤又不便，而且两家还经常吵架，已无法再住在一起。宣内大街二百三十七号北京昆曲剧院演员顾凤莉、侯长治（已三十二岁）夫妇，结婚已有二年，一直无房间同居，现两人分别住在剧院的男女单身宿舍。又如国会街二十八号兰国安和母亲居住五点八平方米的筒子房一间，又小又暗，本人早已办好结婚登记手续就是因为没有房屋，不能结婚。

第五类，居住条件恶劣，甚至有倒塌危险的二户。如前老来街五号陈秀瑛，现为太仆寺一小教员，爱人已参军，原住学校集体宿舍，生小孩以后，得到一间原作鸡窝用的小棚子居住。棚顶漏雨，面积只有三、四平方米，最高的一端只有五尺高，既不透风又不见阳光，条件很恶劣，很影响母子二人的身体健康。

上述二百七十五个经常要房的居民中，拥挤不便程度最严重急需解决的有九十二户，占33.4%，情况也很严重也需要很快解决的九十三户，占33.8%，比较起来情况不算严重，一般尚可暂缓解决的有五十三户，占19.2%，属于住房要求条件较高，基本上不存在问题的三十七户，占13.4%。根据这个分析，需要解决的共有二百三十八户约需房屋一百八十间，即便将可以从缓解决户数别出，最急和比较急的也有一百八十五户，约需房屋一百四十间。

这部分居民，因为住房过于拥挤，在他们思想上也很苦恼，有的因此家庭不和，为了解决住房问题，很多人多方奔走，呼吁。近年来向房管所申请要房人数很多，每天一上班，都有十余人赶到办公室争相要求拨给房屋。其中，许多都是重复多次来房管所的，最多的已有几十次、最少的也不下五六次。房管所的干部在解决这个问题上既伤脑筋又费时间。有的来到所里一谈就是半天。房管所的管理员不管是走在大街上或是到居民家里，只要和这些人相遇，就被拉住不放，要求给他们解决问题。有些管理员连下班回家以后，也会有居民登门拜访。与此同时，他们还不断向各机关来信来访，从国务院、市委、市人委到区委、区人委；从市房管局、区房管局到房管所，都多次收到过他们的来信，恳求党和政府帮助他们解决困难。仅64年1月至6月份不完全统计，二龙路房管所就收到各方面转来的来信来访三百一十四件。居民这样到处奔波，不仅耗费了许多精力增加了接待单位的负担，因房屋紧张，实际问题也仍难解决。由于住房问题长期得不到解决，有的甚至发展到有违犯制度，不经房管所的同意就强占空房。从6月中旬采取群众分房措施以后，要房人数大有减少，群众情绪也有所缓和。但这只是暂时缓和了居民和房管所的直接冲突并没有解决缺房的根本矛盾。

群众住房条件这样差，要求这样急迫，但房管所的解决能力却很有限。今年头五个月申请要房的五百零二户中，只解决了四十户（用房四十八间），占申请总户数的7.8%。目前该所已决定能够使用的三十三间房子全部拿出，分给群众。现已拿出了二十七间半解决了二十五户的问题，还拟拿出三间解决五户的问题。但这也只能解决三十户的问题，而且是最急需户当中的尖子，占上述二百七十五户的11.27%，此外，尚有近二百户的问题不能解决，还需要房屋一百五十余间。如果按上述比例推算，头五个月申请要房的五百零二户中就有四百三十三户需要解决，其中最急和比较急的也有三百三十七户，减去已经解决的和正在解决的七十户，尚有三百六十三户不能解决，需要房屋二百七十间，内最急和比较急有二百五十七户，需房一百九十三间。

（二）

近几年来居民住房所以这样紧张，主要是这个房管所的民房，自59年以来基本上没有建筑新房，一方面，随着人口的自然增加，房屋需要量增大，另一方面，由于大办城市人民公社及发展其他事业，又占去许多居民用房，致使居民用房数量减少很多，造成部分居民用房过分拥挤。根据该所对1959年初至1963年12月民用房屋变化情况的不完全统计，全所公产和经租等直接管理的民用房屋，1959年初（2月）原有一万二千五百三十九间半，（不包括交出和接管中央市属单位带有居民住户的房屋，下同）到1963年底则减少到一万一千七百七十六间半，63年比59年减少了七百六十三间，减少7%。其增减具体变化如下：这个期间该所新建二十九间，接收外单位交来空房二十二间，合计增加五十一间；同期减少了八百一十四间，内公社方面占去的最多，大办公社工业、服务、托儿、食堂等事业当中共腾出原居民住房六百三十一间半，（其中公社党委及办事处办公占用五十九间半），商业扩大网点占去七十七间，原西城电机制造厂挤占十五间，小学扩充占去十四间，该所仓库等占用九间，本所安置基建单位的拆迁户拿出三十间半，居民住的危险房屋拆除后没有如数补建的三十七间。与此同时，私有房屋数量也在减少，粗略统计，到1963年底共有民房（居民居住）一万七千八百七十八间，比1959年初的一万八千五百五十三间减少六百七十五间，占原有房屋数的3.63%。

其实，充分利用现在房屋不够，使用不合理，对居民住房的紧张也有一些影响。第一，极少数居民住房过宽，将多余房屋当成储藏室，存放些杂乱物品，甚至长期闲置不用。如官房四号李郁如，三口人住六间公房，面积四十六平方米，平时只有本人和外孙（五六岁）居住，女儿在郊区菜工厂工作，每逢星期六才回来。实际仅住三间，其余三间只放置有限的一点东西（炊具）。属于这类的三十九户，堆放杂物的房间有四十一间。第二，还有的租房人已由所在单位分配了新的住房，或是全家已迁往外地，但仍按期交纳房租，不愿退房，这类共有十二户，占房十三间半。如头发胡同三十八号张志崑，租公房一间，给母亲居住，自己住在机关家属宿舍。四年以前母亲搬到张志崑那里，这间房子只堆放些破烂东西，一直闲到现在。动员他退租时，张就以宿舍的房子小为借口，不同意退租。又如东太平街十九号兰天祥，夫妇均已到甘肃工作，所租的三间公房，也闲置了三年之久，一直还不肯退租。再如光彩胡同五号，卢文芳，本人六十多岁，老伴已死，现在两间半北房，近三十平方米，儿子在北城住，动员她退出一间，她则让儿子来这里居住为借口不愿退租。实际上她儿根本不愿来此居住。对于这些户的动员工作，管理员也作了一些，但由于这类户一般都不愿意退租，再加上行政上级缺少有力措施和明确的办法，所以动员工作效果不太显著。据统计，今年1至5月份，经过动员退租的只有九间半。第三，区房管局有些领导干部有特殊化作风，将该所腾出的空房化配给自己的亲戚朋友，造成住房较宽等不合理现象。如1963年6、7月间，该局开展五反运动前夕，宋永安副局长将国会街四十六号新腾出的大北房一间（面积二十多平方米）批给原住海淀的一个亲戚居住，致使该院两家拥挤户困难得不到解决。进住以后，同院群众对他们夫妇俩居住这样大的房子，很有意见。又如 1962 年原区房管局局长李勤义，将太平桥五十三号腾出一间房，只是因为她嫌家里离机关远就另给了一间，德内三间房未退。对此管理员很有意见。[①]

部分市民的住房十分紧张，不但直接影响他们的生活和休息，也在影响着他们的工作和学习，甚至一定程度上影响着他们的健康。不少住房紧张的市民，不得不动用各种关系，到房管人员那里走后门，通过私人关系或私下里的运作，达到分得大房子的目的。

当时的房管部门做了一些工作，主要是动员住房过宽的居民将闲置的房屋退出。这样的动员效果一般是不太大的，许多人宁愿占着公房交一点房租，将房子空着，也不愿意将房子交到房管部门。据 1964 年对于西城空闲房屋的调查，管界内私人房屋中共有空房 261 间，其中有的养鸡，有的种花，但不愿出租。据上述档案材料记载，根据房管所管理员反映，该所管界内有的中央单位，闲置房屋较多，如石驸马大街中央粮食部招待所共占房 300 多间，许多房屋经常闲置。又如承恩寺七号中央教育部宿舍，共有 300 多间房，据反映其中也有三四十间闲置不住，存放些书籍。

"大跃进"之后，兴起了建设城市人民公社的潮流，不少城市人民公社挤占了居民的住房，开办街道工厂。关于公社挤占居民的房屋（公产及经租范围内的民租房屋）问题，当时的政策是：过去已经挤占了的，不再退赔，今后不应再挤占。

为了解决拥挤不堪的居住局面，政府与企事业单位采取了三种措施。

（1）新建大量的居民住房，特别是楼房，能够较充分地利用空间，使更多的人改善居住条件。

（2）将一部分原来的临时工、职工家属、由外地乡下进京的投靠亲友等人员遣返回原籍，由政府或单位发给一定的路费与补偿金。控制进京人数，不符合落户条件的一律不给落户。

（3）调往外地的工作人员腾出原来的房子，交给单位或房管部门处理，安排急需房子的人居住。

---

① 北京市西城区档案馆（北馆）藏《［西城区委办公室 1964 年］关于区服务公司当前工作任务以及二龙路地区居民住房紧张情况的调查报告》，档案号：007－002－00041，1964。

第三节 家庭的居住形式

对于 20 世纪五六十年代的北京市民家庭来说，居住的形式有两种。一种是住在平房中，多以四合院为主，有些家庭可以住上独门独户的四合院，有的家庭住在几户或十几户或拥有更多户的大杂院之中；还有一种是住上新建的楼房。

一 四合院和大杂院里的家庭

1. 生活环境

四合院作为北京传统的民居形式，元代时已经出现，因为院子的四面都建有房屋而称之为四合院。古代时的富户通常是一户一宅，一宅有几个院，多为南北纵向排列，以中轴线贯穿，北房为正房，东西方向的房屋为厢房，南房门向北开所以叫作"倒座"。

新中国成立后，由于人口的骤然增多，所以越来越多的四合院变成了大杂院。能一直住在四合院里的家庭，一般是党政军高级干部或文化名流、民主人士等身份比较特别的家庭或是曾经比较富庶的老北京人家庭。

以老北京人，作家老舍先生的四合院为例，可以重现当时四合院里的陈设与生活。据老舍之子舒乙回忆，1949 年底，老舍先生终于回到了故乡北京，家人也由重庆归来团聚，他想买一所小房子，安排一处安静的家。

老舍先生是在大杂院长大的，他的《四世同堂》《骆驼祥子》《龙须沟》等写的都是四合院、大杂院里发生的事。《四世同堂》是战争时期在重庆和美国写成的，文中的"小羊圈胡同"就是新街口附近的小杨家胡同，这条胡同的 8 号院是老舍先生的出生地。虽然创作的时候远在他乡，但对四合院描述生动到仿佛就在眼前，说明北京的四合院是老舍先生心目中永远都挥之不去的生命之所。新中国成立之后，他回到北京，迫不及待地要买一座四合院住下，只有四合院，才是他真正的家。

那个时候，自己买房的非常少，全是等着政府分配公房住。刚回北京时，老舍暂时被安排在北京饭店里，但饭店决非写作佳境。有一次，老舍先生碰见周恩来总理，便问能不能私人出钱买一所小房，别的他都能忍受，惟独吵闹不行，写不出东西来。周恩来总理不假思索地回答：老舍先生需要安静的写作环境，当然可以，你买吧，没有问题。

老舍先生后来不无骄傲地说："我这所小房是批准买的，我是作家自己掏钱买私房的头一名！后来好多朋友来过之后羡慕得不得了，连共产党员也跟我学，像赵树理、丁玲。"

老舍先生当时有点存蓄，是由美国带回来的稿费。那个时期，房子相当便宜，因为没有房屋市场，国家干部实行供给制，手里没有钱。房子只有卖的，几乎没买的，他的老同学卢松庵先生和老朋友张良辰先生替他在东城看好一所小房要一百匹白布。老舍很爽快，对卢松庵说："你看中就成了，我不看了，你作主吧，定下来赶快修修，早点搬过去。你受累了。"小房稳稳当当地到了手，稍加修饰，能住人了。

小房位于北京东城区乃兹府丰盛胡同，门牌 10 号，大门开在南北走向的小胡同里，胡同以明代一个公主的名字"丰盛"命名。小房在胡同的路西，进了胡同第一个门就是，好找。胡同的南口通乃兹府，北口通东厂胡同，都是明朝赫赫有名的地方。先生去世后，小丰盛胡同改了名，叫"丰富胡同"，门牌也改了，现在是 19 号。几乎是在市中心，交通方便，离王府井商业街和著名的东安市场、隆福寺都很近，市立二中、育英中学、贝满中学就在附近，小孩能就近上学，萃华楼、东来顺、灶温这样的老字号饭馆也近在咫尺，下小馆也绝用不着发愁。这小房的特点是能闹中取静，因为不在交通要道上，乃兹府大街既能走大车，又不是主道，车辆和行人都不多；加上小房有围墙，院中有树，大城市的嘈杂便都隔在耳外了。

进了大门，有一座砖影壁，有两间小南房，是看门工友住的，冬天也是石榴树、夹竹桃的避寒处。老舍先生搬进来之后，在大门里靠着街墙种了一棵枣树，砖影壁后面，老舍先生求人移植了一棵太平花，这是故宫御花园里才有的名花。小南屋房檐下还放着一大盆银星海棠，也是一人多高，常常顶着一团一团的红花，老舍先生送客人出门时，常常指着它说："这是我的家宝！"

砖影壁的后面是个小外院，自成体系，有三处灰顶小房，一为厕所，二为贮藏室，三为正房两间。正房坐北朝南，由男孩子住，兼作老舍先生私人秘书南仁芷先生白天的办公室，也兼作外地客人临时客房。外院的空地是老舍先生的花圃，种过的菊花和大丽花多达百余盆。

里院有北房五间，东西房各三间，全是起脊的瓦房，中间是一个方方正

正的小院。进大门绕过太平花有一个"二门"，通向里院，迈进二门又有一
个木影壁，漆成绿色。有十字甬道通向东、北、西房。甬道之外是土地，可
以栽花种树。老舍先生托人到西山移植了两棵柿子树，甬道两边一边一棵。
种的时候只有拇指粗，不到十年，树干直径已超过海碗。因这两棵柿树，后
来夫人为小院取名"丹柿小院"，称自己的画室为"双柿斋"。

图4-1　老舍故居"丹柿小院"

图为老舍先生故居"丹柿小院"及其内景。

　　在这座小院里繁殖过许多花草，其中被老舍先生称为家宝的植物，还有
一棵昙花、一株蜡梅、一大棵宁夏枸杞、两大盆山影、一大缸水葱、红白黄
三种令箭荷花。

　　北屋正房三间中有两间是当客厅用的，靠东头一间是夫人的画室兼卧
室。东耳房是卫生间，装有抽水马桶和洗澡盆。东耳房朝外还有一间小锅炉

房，内装一台小暖炉，供冬季全院采暖用。西耳房是老舍先生的书房兼卧室，又黑又潮又小，住了几年，又做了几次大改动。原来的东西耳房和东西屋的北山房之间都各有一小块小天井，改造之后，分别加了灰顶，装了玻璃门的纱门。东边的冬天当餐厅；西边的和西耳房打通，成为一大间，还有棚顶上加开了天窗，增加了室内亮度，地面加铺了木地板，解决了"黑、潮、小"的问题。老舍先生在这间屋里生活了 16 年，度过了他的晚年，创作了 24 部戏剧剧本和两部长篇小说，其中引起轰动的是《龙须沟》《柳树井》《西望长安》《茶馆》《女店员》《全家福》《正红旗下》……

卧室中有两样东西很值得一提。一是老舍先生自己设计了一个大壁橱，请工人打在墙里，足有六七立方米，是他贮藏字画和小古董的地方。第二件特别的东西是老舍先生的床，那是一张红木的老床，又大又沉，床帮上还嵌着大理石，床屉是棕绳的。他的腰病使他不能睡软床，特意去旧木器行选购了这张硬床。

客厅的陈设是严格按照老舍先生的意图布置的，家具方面，除了一张双人沙发，两张单人沙发和一个小圆茶几是现代的，其余的全是红木旧家具，其中穿衣镜是夫人的嫁妆，其他的还是迁进新居后陆续选购来的，有书橱、古玩格、条案、大圆桌、背靠椅、乡绣墩等。桌面上陈设很少，但有两样东西必不可少，一是花瓶，二是果盘。花瓶中各种鲜花四季不断，果盘中时令鲜果轮流展出。客厅除了花多之外，就是画多，墙上总挂着十幅左右的中国画，以齐白石、傅抱石、黄宾虹、林风眠的画作为主，兼或有陈师曾、吴昌硕、李可染、于非闇、沈周、颜伯龙、胡佩衡的更换。[①]

北京四合院家庭基本上保持着老北京生活的传统，喜欢养花草装饰环境，喜欢传统的古典家具，家里的老幼尊卑有一定的秩序。单独住在一个四合院里的家庭，生活空间很大，没有拥挤之感，舒服而惬意。

而大杂院就不一样了，生活在大杂院里的人家，呈现出了与四合院家庭不一样的特点。在城区特别是东城西城，民居一般都是四合院，比较齐整。民国之后，京城人口也少，住房并不太紧张。大杂院最早出现在外城，生活在社会底层的穷苦人家挨着城根儿用碎砖烂瓦盖个遮风挡雨的小房，以后又扩展成了院。随着社会向前发展，京城人口的增多，房子宽敞的四合院也开

---

① 舒乙：《老舍：丰富胡同 19 号丹柿小院》，收入北京市政协文史资料委员会编《名人与老房子》，北京出版社，2004，第 49～54 页。

始对外招租客，城内出现了"吃瓦片儿"的，即专门靠房租生存。直到 1949 年后，四合院还都比较完整地保存着，虽然几家、十几家在一个院子里住着，但四合院的格局并没怎么被破坏。四合院格局的破坏是在"文化大革命"和 1976 年唐山大地震以后。"文革"时，京城比较像样儿的四合院纷纷住进了出身好的工农兵，独门独院逐渐"杂了"起来。以后为了躲避地震余波，人们纷纷私建防震棚，由防震棚改为居室和小厨房，尤其是七十年代末，城区搭小厨房成风，把四合院的空间占用了。如今，要想在京城找个像样儿的四合院，是非常困难的。四合院成了实实在在的大杂院。现在一些保存完整的四合院，也被文物部门列为文化保护单位，院门口挂了牌子。

北京作家刘一达曾经绘声绘色地描述了大杂院的生活氛围：

> 北京的大杂院，您闭上眼都能把那场景描画出来，碎砖烂瓦破油毡，院里成河，大杂院倒是"开放"型的，谁家有点什么事都得在院里曝光。户与户只隔一道墙，有的只隔一层木板，家里那点事一点儿不糟蹋都过了外人的耳目。好事，还能仰起脸；坏事，擎等着眼珠子戳后脊梁骨吧。提起大杂院，年轻点儿的有几个不皱眉的，不是实在没办法绝不会在这儿窝着。可是在上岁数人的眼里，大杂院却另有一种情感。您觉得住着窝憋不是，他却感到亲热。院里的街坊四邻比亲戚走得还近，出门甭上锁，有邻居给您照应着。谁家有点事，大家伙都来伸把手儿，有点新鲜物儿，也是各家都送到了。最可心的是夏天，小方桌院里一摆，酽茶一沏，邻居们围坐在一起聊闲篇，肚子里有点窝屈的事，抖落出来，全都化了，离开大杂院，上哪儿找这份幽情去？老北京的古道热肠有时真让人咂摸不透。
>
> ……
>
> 日前，我在朝阳门外红庙西里小区宿舍楼采访了著名红学家周汝昌。他对大杂院感慨万端："我原先住的那个院本来是夏衍先生的，'文化大革命'，他进了牛棚，原来住一家改为住了八家，情况可想而知。大杂院的特点是穷和破，从民族生活方式和传统文化看，京城最早的居民是单细胞的四合院，大杂院的出现是特殊历史背景下的产物和向现代化住宅发展的过渡。"显然周先生对大杂院持否定态度。[1]

---

[1] 刘一达：《皇天后土》，中国社会出版社，1998，第 125～126 页。

红学家周汝昌先生全家初到北京时，居住环境很差，后来几次搬迁，才得以居住在夏衍先生曾经的旧居，情况才好一些。下文是周汝昌先生的回忆，他一家在搬到楼房之前，一直住在杂院里，他在每个杂院的居住环境都不同。

从一九五四年到一九五九年春，住东四以北的门楼胡同，倒了整整五年的霉。一九五九年春得以迁居无量大人胡同——明代的吴良（功臣）大人胡同，"文革"时改名"瑞金路十四条"，后又曰"红星胡同"，门牌14号。此地原先大红大门，对门巨大椿、槐各一株，门内也一巨槐（后皆伐去），十分可观。但院内则很是简陋，中间砖楼二层，像个小教堂，隔为东西两院。东院三排房，不像住宅，不知原为何种处所。我"升"入此院，住最南排最西端，后窗外一道大黑墙，终日不见阳光。过了几年，俄文翻译家陆风调往西安，他的居室空出来，我费了"九牛二虎"，方得"总务科"恩准，移住陆室二间——中间向阳，后窗见了大片蓝天，当时的感觉真是到了福境！

两间屋，一为内室，内人孩子等挤住；外间用书架隔开：内支木床为我安歇"卧室"，外为"书斋兼客厅"。心里很欢喜。

一次，《人民日报》的姜德明同志因送《战地》创刊号（有我文稿或诗句）莅临此舍，惊讶说：您怎么住的这个样子！我们想不到，您写个报告，我立刻想法儿代为上报……我至今感念他的热诚与关切，因他之助，国家有关部门派了梁光弟同志来目验实况，这才得以寻找较为适于工作的住所。

经过曲折，最后定在上述的八大人113号院。

这儿是夏衍先生的旧居（不是"故居"，他后迁了），是个四合院。在北京来说，算是中下级的单院规格，然而正房大红抱柱，前廊后厦，厢房也带走廊，有二门，有门房，就不算寒伧了。

给了我正房五间，有厕所、厨房、自来水设备，其余同院只一个水管龙头，我一下子升了天堂。

初搬入时，就见二门花墙上一行大字，写道是："文艺为无产阶级服务！"这当然是写给夏先生看的，在墙内面，对着正房。一般住家户不会在院里写这个标语口号，此系"文化大革命"之遗痕也。

我与夏衍有一面之缘，那是"文化大革命"之后，香港《文汇报》

的吴羊璧先生来京邀请几位文学名家聚会，记得清楚的座次，从右向左，坐着的有夏衍、钱锺书、冰心、曹禺、戈宝权、夏承焘、吴闻（女）诸位，我这后学，叨居末座。今日想来，此会亦非等闲可比，人间不可重见全座了。

院子本来很好，靠二门还有一株杏花，近正房偏东也有竹树；只偏西一家盖了一间很小的"厨房"。正房廊台下左右有花池。

可是不太久，东厢某家带头盖起了红砖房，占了半个院子。西邻当然效法……，于是院不成院，中间仅留一条小走道，闷得"喘气"也不舒服。

当我在天气佳时，坐于廊下瓷桌旁工作，还能自得其乐，别无干扰。过年时我写了大春联贴于廊柱上，见者无不称赞。

一次，日本红学家还到此院来过，大门前留影，当做中国京华住宅的"标本"。

胡同被一家"金笔厂"给毁了，机器响，塑料臭味"散馥飘香"，厂外黑煤堆满了通路……①

正如周汝昌先生所述，大杂院的环境确实不怎么样，是"穷和破"的代名词。公共空间很小，有的房子采光不行。除了乱搭乱盖占用了公共生活空间，还有污水排放也是个大问题。原来的胡同没有地下水的排水设备，只能建些污水池，有的污水池不通沟，味道很大。也有的污水池满了收拾不及时，也严重影响了环境。据档案记载，西城区于1956年曾对污水池问题做了调查，这次共调查了街道105条，住户12523户，人口57142口，共有污水池渗井1497个，其中包括大型的194个，小型的559个，通沟的151个，简易的568个，已满快不能用的25个。计算平均每条胡同14个，平均每个使用的人数40人，污水池的类型一般可分为三种，一种是简单的约占44%，即挖一不大的坑，中间填满碎砖头，上面盖一个花盆。约使用一年；一种是小型的约占42%，即挖二米左右的坑，上面用花盆或砖砌成井口，可使两三年；另一种是大型的约占14%，即挖坑三米以上，井口用水泥和砖砌成，使用期为四五年。② 由材料可见，污水池总体上比较少，使用寿命也较短，造

---

① 周汝昌：《北斗京华：北京生活五十年漫忆》，中华书局，2007，第99～101页。
② 北京市西城区档案馆（北馆）藏《西城区清洁队关于居民污水池问题的调查报告》，档案号：055－002－00003，1956。

成的各种环境问题，确实比较困扰当时的居民。

2. 四合院里的居民

住在四合院里的居民，如果只有一户人家，基本上可以享受宁静惬意的生活了，但如果住在大杂院里，那么就得忍受嘈杂喧闹的环境了。邻里之间低头不见抬头见，彼此之间几乎没有秘密可言，也难免碰上吵架、斗气之类的事情。但也有一个好处，所谓"远亲不如近邻"，邻里之间互帮互助，也是不错的。当时的报纸上经常登载大杂院里的故事，意在宣传邻里之间的和睦相处和新社会新风尚，同时也是大杂院生活的真实写照。

大院日记

棉花胡同下四条三号院，住着五家。大大小小，老老幼幼，共有二十三人。全院像个大家庭，有团结院之称。

×月×日

清晨起来，正在收拾屋子，院子里就传来陈增淑清脆的声音："我去买菜啦，谁要带的？"贾家、刘家都交钱给她，托她带些白菜、萝卜等。

刘大嫂、秦二奶奶等打扫院子，等陈增淑把好几家的菜买回来时，院子里都打扫得干干净净了，她家的炉子也有人代她生好，火烧得旺旺的。

贾奶奶年岁大，打水、倒土等用力气活，都不用她自己动手，老奶奶也不闲着，左一壶，右一壶地坐开水，各家的暖水瓶总是灌得满满的。

×月×日

今天是月底，五家中只有刘大嫂手头有余钱。

年后，送机器煤球的来了，问哪家要买？因为多是没有开支，手边无余钱，都说不要。

刘大嫂连忙去屋里拿出十块钱，她说：我这儿有钱哩，你们要吧，免得送煤球的再跑一趟。

×月×日

天下着蒙蒙雨。

陈增淑病了。她爱人不在家。她房里挤满同院的人，大家觉得她病得不轻，需要送医院，就作了决定。

刘冰清是个孕妇，却自告奋勇要送她去。匆匆雇了三轮，一手打着雨伞，一手扶着车上的病人，她把陈增淑一直送到医院。

刘大嫂送陈增淑去医院了，在家的代她哄孩子。

×月×日

全院的注意力都放在刘冰清的身上。这两天，她的身子更累了，前回医院里检查，说刘大嫂怀的双胎，大伙都抢着不让她干生活。

陈增淑催刘大嫂马上进医院，她说："宁可早去，免得临时措手不及，家里事有同院这许多人，还有什么不放心的。"

×月×日

护送刘大嫂去医院的陈增淑今天早上才回来，她带回刘大嫂平安生产的好消息。

刘大嫂果然是双胎，大人小人都很好。

×月×日

刘冰清的爱人刘大哥回来时，大家都向他道喜，他一再感谢大伙对刘大嫂的照顾。

大家说："你安心生产吧，别耽误生产，孩子大人都很好，家里事，我们都会帮助做。"

刘大哥好半天才说出一句话来：有这样好的好街坊，有这样好的新社会，真叫我从何说起，我只有安心生产，来领大家的情。①

大杂院的好处就是这样，互相帮忙买菜、看护孩子、打扫卫生、处理紧急事务、借钱过渡一下临时困难等，过的就是这个热乎劲儿。邻里之间关系如何，成了互帮互助重要的前提。政府为了加强对社会秩序的控制，弘扬社会主义的新风尚，特意评定了一些"五好家庭"，也评定了一些"五好院"，作为好的典型和榜样向全市宣传。"五好"的内容为："家庭生活安排好，邻里团结互助好，鼓励亲人生活工作学习好，教养子女好，自己学习好。"②

报纸上登载了关于"五好家庭"和"五好院"的宣传材料。

---

① 《北京晚报》1958年3月29日第三版。
② 《让社会主义思想深入家庭》，《中国妇女》1957年第5期。

五好家庭

1. 爷爷清早就起床，屋里院外扫个光，三洁四无讲卫生，不得疾病身体强。

2. 奶奶从早到晚忙，做饭做菜洗衣裳。勤俭持家生活好，全家大小喜洋洋。

3. 自从颁布总路线，爸爸干劲冲破天，赶上英国有何难，产量提高万万千。

4. 妈妈每天闲不下，街道工作热情大，参加生产又扫盲，团结邻居如一家。

5. 教育子女有方法，两个孩子都听话，姐姐是个优秀生，弟弟无事把蝇打。

6. 街道开会去参加，评选五好笑哈哈，红色奖旗家中挂，五好家庭人人夸。①

可见能够当选"五好家庭"的家庭，需要必备几个条件：家庭关系好、政治活动积极参加、工作积极努力、政治认识跟得上、邻里关系处得好、勤俭节约、讲究卫生等，此外，当然还隐藏着家庭背景简单，最好是工农出身等因素。

"五好院"的评定是"五好家庭"的扩大，扩大到住在一个杂院的全体家庭。如果全院的每一家都像"五好家庭"那般，那么这个院很可能被评上"五好院"。报纸上报道了某个大杂院被评为"五好院"，居然出现了神奇的效果："小二刚要哭，阿林就说：'咱们五好院的孩子呀！'当时就不哭了。"② 被评上"五好院"的大杂院里，每个居民都要按照比别的大杂院更高的标准来要求自己，就算孩子哭，再自然不过的一件小事，也要以"五好院"的名号来威吓一下，孩子就不哭了。事情的真实性不必过多计较，单就此事来看，肩负政治样板的人们，生活中需要严格要求自己，好的政治声名不仅是荣誉，更是对个人行为的束缚。

"五好院"的相反是"落后院"，"落后院"基本上有以下的特点："要他们开个会万难，都不来；稀稀拉拉来几个也是待一会儿就托个词走了。院

---

① 《五好家庭》，《北京晚报》1958 年 7 月 5 日第三版。

② 《五好院》，《北京晚报》1958 年 7 月 5 日第三版。

里奇脏，小孩屎能摆上几天没人打扫，只有几户每天扫扫自己的门口。有几家常常为了孩子吵架骂街，闹得互不往来。勤俭节约的风气在这个院也看不到，有两户整夜开着电灯。"[①] 所谓的"落后院"在卫生作风上不太好，邻里关系不够和睦，开会不主动，不够勤俭节约。主要是政治上不积极，才被评为"落后"。

所谓的"五好"与"落后"，首要是政治表现，兼及工作态度、生活作风、卫生习惯等。虽然政治色彩很浓重，但从移风易俗、提倡美好生活方式来讲，"五好"的评选，确实有利于推进卫生健康的生活习惯，有利于创造和谐文明的邻里关系。

从笔者搜集的材料中，关于大杂院的布局及大杂院中的日常生活，最为详尽和生动的莫过于著名画家黄永玉先生回忆的关于东城区大雅宝胡同甲二号了，这里是中央美术学院教员宿舍。虽然那里大多都是大师级的画家，他们从民国时期走来，以深厚的艺术造诣和饱满的激情投入到新中国美术事业的创作与教学中，但是这些人在新中国成立之初，与普遍的市民所居住的环境没有多大区别，同样是大杂院，一个院子同样住着十户左右的人家，家家的住宿条件都谈不上好，但每位画家都以安贫乐道的心态生活着。

我一家的住处是一间大房和一个小套间。房子不算好，但我们很满足。我所尊敬的许多先生都住在同样水平而风格异趣的房子里。学院还有几个分布在东西城的宿舍。

大雅宝胡同只有三家门牌，门口路面安静而宽阔，早百年或几十年前的老槐树绿阴下有清爽的石头墩子供人坐卧。那时生活还遗风于老北京格局，虽已经开始沸腾动荡，还没有失尽优雅和委婉。

甲二号前口小小的。左边是隔壁的拐角白粉墙，右边一排老灰砖墙，后几年改为两层开满西式窗眼的公家楼，大门在另一个方向，而孩子们一致称呼它是"后勤部"大院，这是无须去明白的。

我们的院子一共三进，连起来一长条，后门是小雅宝胡同。小雅宝胡同往西走几步向右一拐就到了禄米仓的尽头；"禄米仓"其实也是个胡同，省下胡同二字叫起来原也明白。只是叫大雅宝和小雅宝却都连着胡同，因为多少年前，前后胡同出了大小两个哑巴的缘故。

<hr>

① 《整风之花开在居民区——永泰寺五号不再是"落后院"》，《北京晚报》1958年4月10日第四版。

禄米仓对我们的生活很重要。那里有粮店，菜站，油盐酱醋，猪、牛、羊、鸡、鸭、鱼肉店，理发店和一家日用杂货店。还有一座古老的大庙，转折回环，很有些去处。可是主殿的圆形大斗拱，听传说被旧社会好事贪财、不知轻重的人卖到美国波士顿博物馆去了。更听到添油加醋的传说，那些大斗拱材料被编了号，一根不多、一根不少地存在仓库里，根本没有高手能把它装配起来。我们当时还很年轻的国手王世襄老兄恰巧在那儿，得到他的点化，才在异邦重新跟惊讶佩服的洋人见了面。

那座庙是个铁工厂，冶炼和制造马口铁生活用具，油烟和电焊气味，冲压和洋铁壶的敲打，真是古联所云："风吹钟声花间过，又响又香"的感觉。

甲二号宿舍有三进院子。头一个院子，门房姓赵，一个走失了妻子的赵大爷带着十二岁的儿子大福生子和八岁的小儿子小福生子和一个十四五岁的女儿。女儿乖，大小儿子十分创造性的调皮。

第二家是单身的陆大娘，名叫陆佩云，是李苦禅先生的岳母。苦禅、李慧文夫妇和顽皮的儿子李燕、女儿李健住在隔壁。门口有三级石阶，面对着一块晾晒衣服的院子。路过时运气好，可见苦禅先生练功，舞弄他二十多斤重的纯钢大关刀。

第三家是油画家董希文，夫人张连英是研究工艺美术的，两夫妇细语轻言，沉静而娴雅。大儿子董沙贝，二儿子董沙雷，小女儿董伊沙跟我儿子同年。沙贝是个"纽文柴"，小捣蛋；沙雷文雅。我买过一张明朝大红木画案，六个人弄了一下午还不能进屋，沙雷用小纸画了一张步骤图，"小娃娃懂得什么？"我将他叱喝走了。大桌案露天放了一夜。第二天，老老实实根据沙雷的图纸搬进了桌子。沙雷长大后是个航空方面的科学家。沙贝在日本，是我一生中最中意的有高尚口味的年轻人之一。我们一家时时刻刻都想念他，却一直不知道他生活得怎么样。

第四家是张仃和陈布文夫妇。张仃是中国最有能力的现代艺术和民间艺术的开拓者。他身体力行，勇敢、坦荡、热情而执著地拥抱艺术，在五十年代的共产党员身上，散发着深谷幽兰似的芳香。夫人陈布文从事文学活动，头脑黎明般清新，有男性般的愤世嫉俗。和丈夫从延安走出来，却显得十分寂寞。布文是"四人帮"伏法后去世的，总得解开了一点郁结；可惜了她的头脑和文采。

　　数得出他们的四个孩子：乔乔，女儿；郎郎，大儿子；大卫，二儿子；寥寥，三儿子，跟我们关系最好。寥寥跟我儿子黑蛮同在美术学院托儿所低级班，每天同坐一辆王大爷的三轮车上学，跟儿子一起叫我妻子"梅梅妈妈"。想到这一件事，真令人甜蜜而伤感。

　　大卫沉默得像个哲学家，六七岁，有点驼背，从不奔跑打闹。我和他有时静悄悄地坐在石阶上，中午，大家午睡，院子里静悄悄，我们就谈一些比较严肃的文学问题。他正读着许多书。

　　郎郎是个非常纯良的孩子。他进了寄宿学校，星期天或寒暑假我们才能见面。他有支短短的小竹笛，吹一首叫做《小白帆》的歌。他善良而有礼，有时也跟大伙做一种可原谅的、惊天动地的穿越三大院的呼啸奔跑。一般地说，他很含蓄，望着你，你会发现他像只小鹿，一对信任的鹿的眼睛。

　　妻子曾经说过，写一篇小说，名叫《小白帆》，说这一群孩子的"将来"长大了的合乎逻辑的故事。不料匆忙间这些孩子长大了，遭遇却令我们如此怆然。

　　郎郎在"文革"期间脚镣手铐押到美术学院来"批斗"，大会几天之后分组讨论枪毙不枪毙他。我难以忍受决定孩子生死的恐怖，我逃到北海，一进门就遇到王昆，她的孩子周七月那时也要枪毙。我们默默地点了头，说声"保重"，擦身而过。那天雪下得很大，登临到白塔山头，俯览尘寰，天哪！真是诉不尽的孤寂啊！

　　乔乔原来在儿童剧院，后来在云南，再后来到国外去了。一个女孩走向世界，是需要强大的勇气和毅力的。她开阔，她对付得了！

　　只有那个沉默的大卫，自从上山下乡到了庐山之后，近二十年，一直没有过下山的念头。他是几十万分之一的没有下山者。我许多年前上庐山时找过他，那么超然洒脱，漠漠于宁静之中。

　　他们家还有一位姨娘，是布文的姐姐。她照顾着幼小的寥寥，永远笑眯眯的，对一切都满怀好意。

　　过了前院还不马上到中院。中间捎带着一个小小天井。两个门，一门曲曲折折通到张伃内室，一个是张家简陋的厨房。说简陋，是因为靠墙有个古老的长着红锈的浴盆，自来水管、龙头阀门一应齐全，通向不可知的历史那里。它优越而古老，地位奇特，使用和废弃都需要知识和兴趣，所以眼前它担任一个很谦虚的工作——存放煤球。

中院第一家是我们。第二家是工艺美术家柳维和夫妇和他们又小又胖的儿子大有。第三家是和尚仁夫妇，也是工艺美术家，女儿七八岁，清秀好看，名叫三三；三四岁的儿子，嗓门粗而沙，大眼睛，成天在屋子里，让我把他的名字也忘了。

一个大院子，东边是后院袁迈夫妇的膳房，隔壁还有一大一小的屋子住着袁迈夫妇、后来为彦涵夫妇做饭的、名官宝兰的女青年。

院子大，后来我在李可染开向我们中院的窗前搭了个葡萄架，栽了一大株葡萄藤。在底下喝茶还有点"人为的诗意"。

然后钻进左手一个狭道到了后院。东南西北紧紧四排房子。不整齐的砌砖的天井夹着一口不歪斜的漏水口。左边再经一个短狭道到了后门。

南房一排三间，两间有高低不平的地板，一做卧室，一做客厅；另一间靠东的水泥地的窄间是画室，地面有两平方尺的水泥盖子，过去是共产党从事地下工作人员藏发报机的秘密仓库，现在用来储放大量的碑贴。每间房的南墙各有一扇窗可看到中院我栽的葡萄和一切活动。

这就是李可染住了许多年的家。

西边房子住着可爱可敬的八十多岁目明耳聪快乐非凡的可染妈妈李老奶奶。

东房住着姓范的女子，自云"跟杜鲁门夫人吃过饭"。她爱穿花衣，五十多岁，单身。

北房原住在前面说过的袁迈一家，他们有三个孩子，大儿子袁季，二儿子有点口吃的叫袁聪，三女儿可爱之极，名叫袁珊，外号"胖妹妹"，和我儿子也是同年。袁家的两个儿子长得神俊，规矩有理，也都成为我的喽啰。后来工艺美术系扩大为中央工艺美术学院，属于这个系统的人才都搬走了。搬走之后住进一家常浚夫妇，原在故宫工作，新调来美院管理文物。他们家的孩子也是三个，十五六岁的大男孩叫万石，二儿子叫寿石，三女儿叫娅娅，都是很老实的脾气。常家还带来一位约莫八十来岁的驼背老太太做饭，从不跟人多说句话，手脚干净而脾气硬朗，得到大家暗暗尊敬。

隔壁有间大房，门在后口窄道边，原住着木刻家彦涵、白炎夫妇和两个儿子，大的叫四年，小的叫东东。四年住校，东东住托儿所。四年是个温顺可人的孩子，跟大福生子、李燕、沙贝、沙雷、郎郎、袁季等同龄人是一伙，东东还谈不上跟大家来往，太小。

……

彦涵走了以后搬来了陶瓷大家祝大年夫妇和三个孩子。大的叫毛毛，小的叫小弟，更小的女儿叫什么，我一时想不起来。小弟太小，毛毛的年龄在全院二十多个孩子中间是个青黄不接的七岁。大的跟不上，小的看不起，所以一个人在院子里走来走去，或是在大群孩子后面吆喝两声。他是很聪明的，爸爸妈妈怕他惹祸，有时关他在屋子里，便一个人用报纸剪出一连串纸人物来，精彩到令人惊讶的程度。

……

有一天夫人不在家，吃完午饭，祝大年开始午睡，那位不准外出的毛毛一个人静悄悄地在地板上玩弄着橡皮筋，一根根连成十几尺的长条。祝大年半睡半醒，朦胧间不以为意，眼看着毛毛将长条套在一个两尺余高的明洪武釉里红大瓶的长脖子上，跪在地上一拉一拉，让桌上的瓶子摇晃起来。说时迟那时快，大瓶子从桌上落在地面，这个价值连城的瓶子发出心痛的巨响，祝大年猛然清醒已经太迟……虽然他是位大藏家，仍肯定会长年地自我嘲笑这件事。

……

大雅宝甲二号的夜晚各方面都是浓郁的。孩子们都躲进屋子，屋子里溢出晚饭的香味，温暖的灯光混合着杯盘的声音透出窗口，院子里交织着甜蜜的影子。这是一九五三年，春天。①

这间杂院虽然人口有些许变动，但一直维持着住 10 家人的状况。三进院中每进院有东房、北房、西房，加上看门的南房，一共是十座房子，从黄永玉先生的描述上看，基本上每座房子住一户人家。人口虽然多，可是每家人的修养都不错，院子住着也不觉得嘈杂。倒是那时候每家都有几个孩子，成群结伙地闹着，显得非常有生气，也很热闹。这座院子里住的人员，在当时都是顶尖的艺术家，如今看来，不可复制，几乎成为"千古绝唱"了。住在院子里的人们都很想念五十年代的时光，在那段日子里，大家过得开心而满足。文中所说的张仃家的孩子郎郎，后来也成为艺术家，他也很怀念当时在大雅宝胡同生活的故事，曾经出版过《大雅宝旧事》一书，与黄永玉先生

---

① 黄永玉：《大雅宝胡同甲二号》，《比我老的老头》，作家出版社，2003，第 29～35 页。

的散文《大雅宝胡同甲二号》相互呼应，共同追忆那段不可重复的故事与人物。

由于杂院人口多，彼此相互了解，可以产生一呼百应的效果，所以大杂院里的政治动员工作比较容易做。国家一提出什么政策，整个大杂院里的居民可以很快响应。例如"大跃进"时期的大炼钢铁，虽然现在看来是一场劳民伤财的闹剧，已经被历史否定了。但在当时，那是国家头等大事，男士有必要放下自己手中的工作，家庭妇女有必要放下嗷嗷待哺的孩子，加入轰轰烈烈的运动中。"过去我们院里妇女们的生活就是做饭带孩子，那么，现在呢？她们的生活就是钢。炼钢成了她们的一切。""就连孩子们也懂得了炼钢的意义，看见大人一歇手，便抽空砸上两锤子，或者到角落里去找铁东西。"这个杂院二十四小时都在炼钢，"不论是星星刚刚隐退的早晨，抑是夜色朦胧的黄昏，或是在深夜，叮当砸铁的声音一直不断。"年纪大的老两口不能参加炼钢，就给在一线工作的同院的炼钢者做点宵夜；有的妇女不管家里的孩子哭闹，出去炼了一天钢；还有的丈夫在妻子进医院生产的时候还在炼钢第一线，直到医院电话通知他儿子出生了，还给孩子取了名字叫"钢"。①不管这篇报道的真实性有多大，都具有"通性的真实"，当时的民众容易动员，而生活在杂院里的人就更容易团结起来参加政治运动。

二 楼房里的家庭

1. 楼房的建设

1948 年，北京全市 1354 万平方米住宅中，平均层数为 1.06 层，楼房有83.3 万平方米，占 6.2%。

新中国建立后，为解决人民的住房问题，在新建平房住宅的同时，开始建设楼房住宅。20 世纪 50 年代初，当时按照组织"邻里单位"的设想，在复兴门外真武庙一带建起一片三层楼房住宅。

1953 年起，按照《改建与扩建北京市规划草案》中提出"居民区采取大街坊制度，一般为九至十五公顷。为节约用地和市政设施，建筑层数一般为四、五层。街坊要统一规划、统一设计、综合建设，配套建设文化福利设施，安排绿地和儿童游乐场，保证居住区有充足阳光和新鲜空气"的要求，

---

① 《杂院里的炼钢故事》，《北京晚报》1958 年 10 月 26 日第三版。

在东郊棉纺厂职工生活区和酒仙桥电子管厂等地建造了一批住宅楼房。这些楼房多数是三层，清水砖墙、木屋架坡顶、混凝土楼板。每户设有厨房、厕所以及上下水、采暖设备等，一梯两户或三户。这就是沿用至今的单元住宅的原型。

1957年，引进了小区规划的理论。在苏联专家指导下，正式提出城市居住区以"小区"为基本单位。小区规划理论首先在夕照寺小区应用。以后又在三里屯、呼家楼、虎坊路、和平里、垂杨柳、水碓子、龙潭、新源里等小区推广。

1958年"大跃进"中，住宅楼房质量标准和造价指标被降低，二层住宅造价为每平方米40~43元，三四层住宅为每平方米52~56元，由此建立起一批楼梯和过道窄、室内面积小、室内净高较低（2.6米）、外墙（空心墙）和楼板（预制空心板或砖拱楼板）薄的住宅楼房。到1959年，这一做法得到纠正，规定未开工的一律不能按旧图纸开工，已施工的要对图纸进行修改，修改内容包括加高层高（不低于2.7米）、加大阳台门、加大厕所门和面积、适当改变户室比、楼梯加宽等十五项。在"人民公社化"的影响下，在东城区北官厅、西城区福绥境、崇文区广渠门、宣武区白纸坊等地兴建了"公社化"住宅楼。这些楼房多为八层，其底层为大房间，作为公共食堂；楼层内为一个大通道，公共厨房、厕所、水房。因这种住宅楼房不符合居民居住特点，后及时得到纠正。到1965年，全市新建住宅竣工面积1720.6万平方米，其中六层以上住宅楼房20.6万平方米，占1.2%。

1950年到1951年，市公逆产清管局新建工人住宅484间，市民住宅2419间；北京市建筑公司新建宿舍、市民住宅2467间；城区各区政府新建市民住宅2478间；公私合营的兴业投资公司房产部新建市民住宅212间。总计由财政开支或投资和公私合资增建的住房共8050间。此外，国营企业的一些单位也新建职工宿舍3929间。这些房屋都出租给市民居住或卖给需房的单位或市民，其中各区新建的房屋，首先租给军烈属和由危险建筑物迁出的住户以及贫苦、无房的市民。同时，私人新建住房按12平方米一间折算，共建房7696间。

随着城市人口的增加，"房荒"问题突出。仅1952年，城区人口增加25万多人，而增加的房屋可供市民使用的只有32052间。当年1至10月，申请租房者需房73643间，而出租者仅能提供住房17323间。1953年8月，市房地产管理局对东四区宝钞胡同派出所辖区内的2248户的房屋租赁、使用情况进行了调查，住一间房的有954户，占调查户数的42.4%，平均每间居住密度从1952年8月的房主1.3人、借户1.9人、房客2.2人增加到1.5人、2.1人、2.6人；空闲房屋数量，从1952年8月的1.6%下降到0.85%。

1949年至1957年，新建住宅916.3万平方米，但住宅建设速度赶不上城市人口增长的速度，居民感到住房紧张。从1953年开始，人均居住面积已不足4平方米。1956年，市房地产管理局对国营、公私合营的厂矿、企业、事业单位及机关、学校563272名职工的调查，迫切需要解决住房的有150220人，占调查总人数的26.7%，共缺房136.2万平方米。

1958年至1960年的"大跃进"时期，在"先生产、后生活"的思想指导下，住宅建设比重下降，住宅投资缩小，造成生产工作用房与生活居住用房的"骨头"与"肉"的比例严重失调，三年新建住宅363.05万平方米。1960年，城市人口比1949年增加1.6倍，人均居住面积下降到3.24平方米，住宅紧张的问题更明显地暴露出来。

1961年，国家实行"调整、巩固、充实、提高"的方针，开始国民经济的调整。包括住宅建设在内，建筑任务大大缩减。从1961年至1964年，新建住宅建筑面积每年平均为85.57万平方米。①

2. 楼房里的家庭

对于20世纪五六十年代的人来说，住上楼房是非常前卫的，楼房干净而整洁，如果不是团结户，而是一门一户，那么私密性也很强。楼房拥有平房不具备或不完备的自来水系统、专业的污水排放系统、垃圾回收处；还有光洁而结实的水泥地面、洁白的墙面、明亮的窗户，比平房更好的通风通气，更好的视野；有的楼房需要自己生炉子和生火做饭，但先进一些的楼房更是拥有暖气设备、煤气设备，取暖与做饭都不必像平房一样使用煤球或蜂窝煤，环境不受污染，前所未有的干净。总之楼房具有许多的优点，因而在20世纪五六十年代能住上楼房的家庭，也是备受别人羡慕的。

1958年的报纸上，曾经刊登过一篇报道《看房记》，生动地记录了当时的居民看到新建的楼房时的惊喜之情：

新中街居民区。8幢四层红色的楼房，已经整齐地耸立起来，等候迎接新楼的主人。新楼临着马路的第一层，都安着宽有4、5尺，高近1

---

① 以上数据出自北京市地方志编纂委员会《北京志·市政卷·房地产志》，北京出版社，2000，第35～39页。

丈的大玻璃。人们一看就知道，这是准备用做开设百货商店、油盐粮店……的门市部的房间。居民区的对面，可容 8 万人的新建大型体育场，已经在这儿破土开工。居民区的后面，有第 55 中学，还有新中街小学和市场。现在，从前门和东单开来的第 6 路公共汽车，在新中街就正有一站。

居民们满意地浏览过居民区的四周环境，又三步并成两步走进新楼。穿过走廊，推开油漆一新的房门，这里有三间一组、二间一组的居室。每组居室里都有一间装着洋灰池，池上有自来水、池下边通下水道的厨房。四家有一间共用的有卫生设备的厕所。扶着光洁、润滑的楼梯扶手走上楼去，有的居民从口袋里掏出皮尺，丈量房间大小之后，高兴地连声说："够住的！够住的！"有的居民仔细端详过粉刷得雪白的洋灰房顶、乳黄色的墙壁，不住地喊："真漂亮！真漂亮！"站在走廊上，仰首四望的居民，逢人便说："好住处啊，好住处。"

居民走下楼来，看见楼头墙壁上大字标语："欢迎你！搬进社会主义大厦的人们！""新楼修的棒，不是解放住不上！"……

从新中街顺着马路往南走，一会儿就到了三里屯居民区。在这儿，27 幢新楼房大部分已经接近全部完工。在这些楼里，有雪白的房间、绿色的门窗，方便的上下水道，从楼上延伸下来的倾倒垃圾的设备。新的商店、学校、托儿所，这里也应有尽有。紧挨着居民区的南面，一片银灰色的楼群，那就是新开幕的朝阳医院。……①

在 21 世纪看来，新中街、三里屯、朝阳医院一带已经是老城区了，在当时，是刚开发了出来的新城区，加上附近的"十大建筑"之一的北京工人体育场，前卫时尚之气可想而知。20 世纪五六十年代的北京，刚有高楼拔地而起，人们开始见到新生的建筑，普通人立刻可以住上楼房，觉得国家蓬勃发展，自己家庭的生活也蒸蒸日上，那种饱含希望的心情，是非同凡响的愉悦之情。

那个时代的居民小区，也常常是单位大院，一个大单位，职工比较多，基本上都住在一个或几个居民小区中，集中程度相当高。通常来说，楼房因为生活设施完善，房子较新，所以租金比平房要高。多数家庭都可以分到房

---

① 《看房记》，《北京晚报》1958 年 5 月 25 日第四版。

子，只是早晚的问题。先分到房的，一般是领导以及家中急需要房屋的职工，因为领导的工资较高，房租负担起来比较轻松。

笔者曾访谈过一位老人，他和妻子在 20 世纪 60 年代的时候，单位分给他们和平里小区的一套楼房，那里住着不少名人，多是科级以上干部。和平里小区是当时的北京市市长彭真搞的一个试点工程，各项生活设施在当时是一流的，煤气直接从化工厂接到了小区。那里的楼房是仿苏的，外号叫"高干楼"。这么好的房子，老人和妻子在当时还考虑住不住呢。"一个月得交五块钱，还得生活啊，煤气钱、水钱、电钱、菜钱都算上，我们还能剩多少呢？你都甭关门，为什么？没有钱可偷的，连窝头都不剩下。我给老母亲菜钱，两块三块的，不够再给，不剩下多少啦。"① 他们夫妻二人一个月的工资是 70 多元，他本人因为在高温车间工作，粮食的定量每月是 60 斤，用他自己的话说："像皇上似的"，除了"三年困难"时期，他们家是可以吃饱的。

刚住上楼房的普通市民家庭，一时还难以适应楼房的生活，生活习惯多少还是住平房的样子。有的人喜欢从楼上往下扔垃圾、倒污水等，还有的楼房是"团结户"，几家共用一个厨房和卫生间，当时大家的卫生意识普遍不高，公用部分的卫生状况就有点不堪入目了。报纸上也有相关的报道：

> 在三里河东南部有两幢四层大楼，是首都汽车公司的家属宿舍，住在里面的人民，不论是垃圾、还是污水，都是开窗就倒，所以楼前楼后，处处是一堆堆的垃圾、大片大片的污水。由一楼到四楼临街卫生间的窗子，经常开着，上面的玻璃几乎没有一块是完整的，油漆也剥落得斑斑点点的了；窗台上还挂着冰柱，沾着灰土；空地上的垃圾堆更大，污水更多。记者同志，希望你们去看看，拍张照片或者画幅画，"宣扬宣扬"人们的"业绩"。……
> 三月十五日我们去首都汽车公司检查，发现办公室很乱，楼道上有垃圾堆、有痰。院子里有垃圾、积雪、木柴、擦画用的棉丝，乱得让人没法下脚。宿舍里更糟，屋内尘土很多，床下有脏衣服破鞋臭袜子。厕所更不用谈。厕所坏的时候，楼的周围每天就要出现很多

---

① 梁景和主编《中国现当代社会文化访谈录》（第五辑），首都师范大学出版社，2016，第 330 页。

大小便。

　　住在附近的邮电部设计院一位同志说："首都汽车公司的人，常从三楼上打开窗户往下倒污水、垃圾，给他们提过多次意见也没用。"

　　现在，希望他们听听别人的意见吧，要是等到"疾病"来提意见，那就晚了。①

　　楼房的这种卫生状况不只是首都汽车公司的家属宿舍这样，其他的楼房也差不多。卫生状况不好，并不意味着当时人的道德观念很差，而是说当时人们确实没有多少卫生意识，科学常识也不多，人们想不到乱扔垃圾，甚至随意大小便容易造成病菌漫延，对人的身体健康造成很大的潜在危害。那个年代的成年人基本上是从民国过来的，多数人没有受过太多的教育，更何况是卫生教育了。所以新中国的教育事业特别注重卫生教育，国家也开展了群众性卫生运动。在 1949～1952 年，即国民经济恢复期间，为了改变旧中国不卫生状况和传染病严重流行的现实，全国普遍开展了群众性卫生运动。在抗美援朝，粉碎美帝细菌战期间，在中央防疫委员会的领导下，各地迅速掀起了群众性卫生运动的新高潮。1958 年 2 月中共中央国务院发出《关于除四害讲卫生的指示》，提出 10 年或更短时间内，完成消灭苍蝇、蚊子、老鼠、麻雀的任务（其后麻雀平反，由臭虫代替。后臭虫又被蟑螂取代），清除垃圾、疏通渠道、改建厕所、改建水井、消灭鼠、蚊、蝇、蚤等，全国的卫生面貌有了不同程度的改善。（见图 4-2）

图 4-2　爱国卫生运动宣传画

---

① 《首都汽车公司卫生情况坏——住在家属宿舍的人不爱惜房子》，《北京日报》1957 年 3 月 20 日第二版。

第四节　居民的出行

对于当时的北京居民来说，出行方式较现在来说比较单一，主要有几种情况，一种是乘坐公共交通工具，电车、汽车、火车，一种是徒步，一种是骑自行车。那时普通人是很难坐上飞机的。

1949年以前北京城里的交通主要是靠有轨电车，1949年前后的北京有轨电车只有十几条路线，范围完全局限在老城墙以内，而公共汽车很少。新中国成立后，北京的公共汽车经过短短几年的发展，到20世纪50年代中后期，已经有60多条线路。从1路至30路是属于市区路线，31路至66路为近郊路线，67~80则是空的，但却有81路，其行驶路线为沿着西郊的古城环行。①。

20世纪五六十年代的北京公共汽车虽与有轨电车相比，其路线和车辆有了显著的增加，但其绝对数量还是比较少的。到"文革"前大约也就在1200辆，分属于五个汽车保养场，60年代初还有一个远郊车保养场。

下面一则资料反映了北京在新中国成立前后公共交通情况的变化。

5 比 507

北京公共汽车的演变，这里先谈谈过去，然后再讲今天。

北京有公共汽车开始在1935年5月。想起当时开办公共汽车是为谁服务的？不免让人啼笑皆非。公共汽车公司在开业的时候就宣布乘车资格，内中规定："赤背者不准乘车"，"身上有恶臭者不准乘车"……。公然把劳动人民拒之车外。劳动人民对这种侮辱人格的规定群起反抗，公共汽车公司才被迫在车上贴起此地无银三百两的广告："公共汽车，人人可坐！"既称公共汽车，而又人人可坐，岂不荒唐可笑。

"公共汽车"既然排斥劳动人民，劳动人民也就自然仇视"公共汽车"，人们宁可安步当车，也不受它乌龟气。于是"公共汽车"里就充塞着大量"摇头票"的乘客。因此公共汽车就比电车垮得更快，更彻

---

① 一位北京人回忆了当时的公交路线，见附录3。

底。1935 年创办时，平均每天出车 20 辆，随后减出 15 辆，10 辆（日伪时期，公共汽车为日本侵略者服务，曾经一度回光返照，这里不谈）。到 1948 年，街面上竟然只剩下 5 辆破汽车，这些车开起来像扭秧歌一样。而这 5 部汽车还是国民党公用局大力甩卖而卖不出去的遗物。行车路线由号称 10 条缩成了 8 条、5 条，最后只剩下由东四经东安市场到西四的唯一路线。5 辆破车在这条总长不超过 6 公里的路线上气喘吁吁地行驶，还要："一去二三里，停车四五回，抛锚六七次，八九十人推。"真是丑态毕露，出尽洋相。

现在，我们再以无比兴奋的心情，看看解放后公共汽车的迅速发展。

从公共汽车的增加看，1949 年平均每天出车数便由头年的 5 辆增加到 65 辆；1952 年陆续增加到 118 辆；……今年更增加到 507 辆。从行车路线看，解放不到十年光景，由一条增加到 41 条，由 6 公里延长到 545 公里多。乘客由 1949 年平均每天 4686 人次，增加到现在 678000 人次。

解放后的公共汽车，不仅是名副其实的"公共"，而且促进生产，为劳动人民服务。从便利厂矿企业职工出发，公共汽车从市中心往西开通到石景山、门头沟；往东直通棉纺厂、热电站工地；往南到南苑、丰台、长辛店；往北到八大学院和清河制呢厂。劳动人民聚居的、以往荒偏僻的宣武区南部，崇文门的西南角、东四区的西北角，现在都有公共汽车联成一片，变荒凉为繁荣，变死寂为活跃了。为了便利劳动人民游览名胜，几路公共汽车分别开往西郊动物园、香山、八大处、北郊十三陵……

更值得提起的是，北京的公共汽车随着我国汽车工业的诞生和发展，已经有了很大一批解放牌汽车在行驶了。解放前北京的街道上，全被福特、富士、奥斯汀……占据的时代，已经一去不复返了。[1]

上文提到了一些曾在北京的公路上行驶的老式汽车，基本都是进口汽车，其实它们不少在新中国成立后依然在工作。图 4-3 就是当时的老公交车。

---

[1]　《北京晚报》1958 年 4 月 27 日第三版。

图 4 - 3   1955 年三里河的公共汽车

　　关于那时公共汽车的站牌也很有意思，是一线一牌，不像现在一个站牌上好几条路线。站牌上所标识的路线基本是个简明地图，完全按照该车的走行路线画，不像现在就是一条直线。当年的站牌还有个有趣的装置，就是在站牌的顶处，有一个可拉出和缩进的呈 45 度角的铁箭头，上面有小字写着"末班车已过"。每条路线在每天晚上末班车走到每个站点时，由售票员用一个专用铁钩，将站牌上的铁箭头拉出。乘客只要见到这个箭头，就知道末班车过了，别等了。所以当年把末班车也称为"拉钩车"。那时候的公交站牌还是很人性化的。那时的报站，要把在一个车站附近的重点单位、胡同名称，以及换乘路线（要分上行的和下行的分别介绍），所以年轻或新调来的售票员要利用下班时间，沿线去调查搜集整理有关资料，并背得滚瓜烂熟。在一些车上还提供热水、针线包、地图等，只要有问题，售票员都百问不厌地详细回答。①

　　笔者访谈过一位电车售票员，她谈了售票员的辛苦工作：

　　受访者：H 女士，祖籍江西，76 岁，1956 年来北京，电车公司售票员，丈夫为抗美援朝复员军人。

---

①　锦达：《上世纪五、六十年代北京的公共汽车（六）》，http：//blog. sina. com. cn/s/blog_53e218e00100yzv3. html，最后访问时间：2017 年 1 月 18 日。

采访者：给您也安排工作了吗？

受访者：我自己考的，我是学生。

采访者：您考的什么？

受访者：电车公司。

采访者：您具体是做什么的？

受访者：卖票的。

采访者：50 年代电车多吗？

受访者：还行，刚发展起来。

采访者：那时候跑的哪趟线路？

受访者：4 路。从广安门到和平里。

采访者：50 年代车票多少钱一张？

受访者：5 分，3 分。坐四站是一个价钱，从广安门到菜市口是 5 分钱。

采访者：要是走全程呢？

受访者：我都忘记了，退休 25 年了，哈哈。

采访者：我觉得售票员的工作挺好的。

受访者：好也得退休啊，挺辛苦的，擦车，刷车都得干，和司机一样。

采访者：早上上班早吗？

受访者：四点半啊，头班车，有晚班的，有三班倒的，下班的，都有。

采访者：晚上几点下班？

受访者：十二点啊，三班倒。要是一个人盯，那还受得了吗？

采访者：如果是四点半上班，几点下班？

受访者：十点。[1]

售票员得三班倒，早上四点半就得到岗，或是晚上十二点才下班，能跑上正常上班时间的，就不错了。而且还得打扫卫生，确实很辛苦。

关于公共汽车的月票价格问题，笔者曾做过访谈。

受访者：W 先生，1932 年生于河北保定，1956 年随部队到北京，后转业，一直从事地矿业工作。

---

[1]　梁景和主编《中国现当代社会文化访谈录》（第五辑），第 341 ~ 342 页。

　　采访者：您上下班骑自行车？

　　受访者：有时是自行车，有时工作需要，单位给买的月票。

　　采访者：月票一个月是多少钱？

　　受访者：3块5，是坐市郊的车；5块钱是坐郊区的车。①

受访者：M先生，20世纪30年代生于河北固安，解放初到北京定居。

　　采访者：那时候坐公交车多少钱？

　　受访者：看你坐几站地了。

　　采访者：要是坐三四站呢？

　　受访者：三分钱。

　　……

　　采访者：那时公交多吗？

　　受访者：得看哪条线。

　　采访者：牛街呢？

　　受访者：那时候牛街没开发呢，马路窄。②

　　从这位受访者口中得知，当时的公交车是分段计价的，坐三四站地大概要三分钱。而当时的路线也要受马路宽窄的限制。

北京新中国成立前后公共交通比较③

	车类	路线（条）	里程（公里）	每天平均出车数（辆）	每天平均乘客人次（人）	从业人员
一九四八年	有轨电车	5	35.75	42	7934	缺
	公共汽车	1	5.67	5	缺	20
	车类	路线（条）	里程（公里）	每天平均出车数（辆）	每天平均乘客人次（人）	从业人员
一九五八年	有轨电车	9	72.05	219	355000	3571
	无轨电车	4	38.88	53	83500	
	公共汽车	41	545.72	507	678000	6366

---

① 梁景和主编《中国现当代社会文化访谈录》（第五辑），第294页。
② 梁景和主编《中国现当代社会文化访谈录》（第五辑），第321页。
③ 《北京晚报》1958年4月27日第三版。

图 4 - 4　1956 年北京西郊的第 31 路公共汽车

图片来源：网络。

　　由于新中国成立后进入北京的外地人很多，他们中很多人的父母还在老家生活，所以每逢春节，这些人一般都要回老家。因此"春运"问题在1950 年代已经成为一个比较突出的问题了。"春运"一词开始时称"春节客运"，之后称"春节期间的交通运输"，后来简化定型为"春运"。随着战争的结束，人民生活开始步入正轨，春节回家的人越来越多。从 1953年起，《人民日报》就开始登载有关"春节客运"的消息和评论，除了报道客运的紧张状况外，还提倡人们尽量不要回家过年。当然，这样的舆论倾向主要是为了缓解国家在交通方面的压力，客观上是有违中国传统伦常的。

　　1957 年初，北京市调查了 216 所高等学校、中等技术学校和普通中学，65 个机关，42 个建筑工地，62 个大商店，在该年"春节前十天北京要乘火车回家的人平均每天 48000 人，比平常多四倍。""春节前后，全国铁路的旅客比平常增加 30%，长江和沿海等水路的旅客比平常增加 20%～35%，全国公路的旅客比平常增加 40%～50%。那时旅客成分与现在也不同，没有现在的大量在城市打工的农民，挤在运输线上的旅客主要是回家探亲的机关干部、学校师生、企业和建筑工地的工人。"①

新中国的自行车，起步于 20 世纪 50 年代，属于初级阶段。20 世纪 60 年代，"永久""凤凰""飞鸽"，逐渐创出了品牌，在全国自行车评比中名列前三位。那个时代，自行车不仅是人们基本的代步工具，也是百姓重要的家当之一。北京 1965 年全市共有 94 万辆自行车，1970 年是 144 万辆，1975 年则达到了 223 万辆。② 20 世纪 60 年代一直到 70 年代，自行车曾作为结婚"四大件"之一（70 年代结婚"四大件"：手表、收音机、缝纫机、自行车），留存在人们的记忆中。那个年代的自行车是安"车灯"的。那个时候，很多地方晚上没有路灯，为了安全起见，自行车没有"车灯"照明，晚上是不让上路的。

笔者在访谈中了解到，当时的新自行车价格很高，而且一般人也不能轻易买到：

受访者：M 先生，20 世纪 30 年代生于河北固安，解放初到北京定居。

采访者：您上下班都骑自行车？

受访者：一开始不骑，走着也就半个小时。我之前在北京小学后身住，后来搬走了。

采访者：您爱人上班呢？

受访者：也走着。那时候买辆自行车得抽筋似的攒钱。那时候买辆新自行车回来，街道得调查调查你，根据你这条件，你哪来的钱买的？……那时不是有小脚侦缉队吗？一帮老太太，在街道里边，要不怎么那时候好破案呢。

采访者：那时自行车多少钱？

受访者：那时自行车不能随便买。得在厂子里，发票儿。一年来一

① 袁晞：《社论串起来的历史——从范荣康先生的讲述中回首往事》，人民出版社，2009，第 101 页。

② 《中国生活记忆之 60 年代（上）：物质短缺时期》，http：//history. news. 163. com/09/0828/ 18/5HQTLNA700011247_ 17. html。最后访问时间：2017 年 1 月 18 日。

批自行车，一百多人抓票。先紧着当头的分，剩下的各个车队分几个名额，各车队有几辆自行车得登记。

采访者：一辆新车得多少钱？

受访者：新的飞鸽得一百六七呢，凤凰、永久也得一百六。旧的二十多块钱吧，我买了一辆旧的。

采访者：您是什么时候骑上车的？

受访者：1960 年以后。①

当时的新车一辆得一百六七十块钱，对于月收入几十，还常常"月光"的家庭来说，一辆新自行车确实是奢侈品。而且 20 世纪 50 年代的时候，自行车还很稀少，到了 20 世纪 60 年代，人们才渐渐骑上自行车。好在二手车当时是 20 多块钱，一般的市民家庭可以消费得起。那个受访者还谈到，当时大家都想买自行车，但一年也就来一批车，还得排队，摇号，领上自行车票才可以购买。

20 世纪五六十年代的北京市民家庭住房条件总体来说不能令人满意。如果是受政府照顾的知名人士或高等干部，居住条件好一些。普通市民的居住条件则差得多。如果是老北京人，家里有祖屋，那么居住条件还好一点。而多数新北京人居住的是一间或两间房子。当时一家两个到四个孩子的居多，全家人挤到一起居住，会给生活带来很多不方便，没有私密的个人空间。但有一点好处，大人和孩子朝夕相处，交流的机会更多，尤其是兄弟姐妹间的感情会比拥有独立房间的孩子们更深。当时的人虽然住的拥挤，但很少会有怨言。笔者访谈时听到的一段话，代表了当时人的心态。

受访者：Q 先生，原为大兴县人，20 世纪 50 年代来北京市内工作定居。

采访者：那时候住的觉得窄吗？

受访者：困难时期，什么叫窄啊？那时候人的苛求没那么高，没有攀比，住两间的已经不错了，没有想着再宽敞点。②

就是这样一种平稳而知足的心态，不浮躁，也不攀比，才使从那个时代

---

① 梁景和主编《中国现当代社会文化访谈录》（第五辑），首都师范大学出版社，2016，第 320 ~ 321 页。

② 同上书，第 329 页。

走过来的人，能平静地面对曾经生活的艰辛。跟旧中国时期比起来，20 世纪五六十年代的生活要更稳定、更丰富。"那时候看国家有希望，起码不打仗了。"[①] 非常重要的是，那时候的人普遍怀有满腔建设祖国的热忱，心想祖国大有希望，个人和家庭眼前的困难都是可以克服的。正是这些默默奉献的劳动者，才把年轻的新中国建设得越来越好。

[①] 梁景和主编《中国现当代社会文化访谈录》（第五辑），首都师范大学出版社，2016，第329 页。

第五章　家庭关系

　　评价一个家庭幸福与否，家庭关系可以说是最重要的因素之一。俄国著名作家列夫·托尔斯泰说过："幸福的家庭是相似的，不幸的家庭各有各的不幸。"每一个时代的家庭关系都呈现出不一样的特征，在古代，由孔子至董仲舒再至朱熹，渐渐构建了"三纲五常"的家庭伦理和家庭关系标准，"三纲"是"君为臣纲，父为子纲，夫为妻纲"，"五常"指"仁、义、礼、智、信"。《三字经》里写道："三纲者，君臣义，父子亲，夫妇顺。""曰仁义，礼智信，此五常，不容紊。"传统的宗法家族社会，呈现出"家国同构"的政治文化特色，朝廷也是一个大家族，天子为家长，享有绝对权威，其余人等皆为子与民；在家族中，有年长辈分高者为族长，统摄几十几百口族人；在家庭中，丈夫为家长，妻子与子女皆受其支配。

　　传统中国是由男性主导的社会，女性处于边缘地位，但她们在自己的家庭中也扮演了重要的角色：母亲、妻子、儿媳、女儿。古代女性，需要遵循"三从四德"，即"未嫁从父，既嫁从夫，夫死从子"为"三从"，"四德"是"妇德、妇言、妇容、妇功"。作为女儿，地位不如儿子高，也会享受父母的宠爱，但婚姻方面需要听从父母的安排。作为妻子，面对丈夫，需要顺从、理解与支持。母亲对于未成年未婚配的子女具有较大的支配权力，当子女婚配之后，这种权力可能会有一定程度的减弱，但在亲情与孝道的影响下，母亲在儿女心目中的地位仍然是不可动摇的。作为儿媳，特别需要处理好与婆婆之间的关系，在中国，婆媳关系成为千古难题。身为一个女人，需要在四个方面做得出色，才能博得全家老小的尊敬：要有贤良淑德的品质，美好的言辞，庄重大方的仪态以及精巧漂亮的女红。

　　到了近代，家庭关系发生了翻天覆地的变化，古代的家庭伦理被批判，与家庭息息相关的家族制度也日趋解体。经过近代社会文化转型，到了新中国成立时期，家庭关系已经发生了许多的变化。在中国共产党领导下，新中国的家庭关系也出现了具有"中国特色"的特点。

第一节　夫妻关系

　　夫妻关系无疑是家庭关系中最重要，特别是核心家庭，夫妻关系的好坏决定着全家生活的幸福程度，更影响着子女性格的养成和人生观的塑造。新中国成立之后，国家大力提倡和睦的夫妻关系。20世纪五六十年代，北京市人口组成以中青年居多，青年们陆续组建家庭，结成夫妻关系。

　　当时影响夫妻关系的因素很多，如家庭出身、革命经历、工作调动、身份职业、文化程度、两地分居、政治观念等。不同的家庭背景，孕育了不同的家庭关系。

　　以家庭出身和人生经历来说，如果没有遇上政治运动，这个家庭的关系可能没有太多的波动。但如果有政治运动，如1958年的"反右"运动，甚至在"文革"时期，"出身不好"的家庭，如资本家、地主、曾在国民党政府工作的"伪职人员"、抗战时期曾与日本人有过接触的"汉奸"等，这些人特别容易受到运动的冲击。家人需要宣布与其"划清界限"，才能免受冲击，或尽量减少吃苦头。如果夫妻双方都是出身不好的人，那么这个家庭可能遭受很多政治上的厄运，如果他们的夫妻关系好，还能互相鼓励，期待渡过难关。例如我国文化界的两位名人，号称"双子星"的黄苗子（1913～2012）和郁风（1916～2007）夫妇，在"文革"时期，夫妻二人含冤入狱七年，关押在同一个监狱，却相互不知下落。在郁风的回忆里，监狱生活成了一种修炼："坚持锻炼，斗室之内，日行万米，就感到生命的正常存在。因为我相信，流水不腐，户枢不蠹。身体被禁锢了，思想却可以自由飞翔，和古人、世界对话，飞向每一个熟识的人，飞向每一处可怀恋的地方。"[①] 两个人忠贞不渝的情感并没有因为政治运动的迫害而改变，出狱之后，生活依然继续，夫妻关系因为磨难而历练得更为淳厚牢固。二老在人生的最后30年内携手创作出了许多优秀的作品，令后人感动。

　　新中国成立后，北京有一种家庭组合非常常见，即丈夫是"老革命"，与妻子是包办婚姻，在新中国成立时已经有子女了，丈夫进京工作后，将妻子与子女从老家接进北京，共同生活。刘润芬的家庭就是这样的情况，她的

---

　　① 转引自：http://hb.qq.com/a/20130327/000659.htm。最后访问时间：2017年1月18日。

父亲在新中国成立后任铁道部副部长，母亲与父亲是旧式包办婚姻结合的，她的父亲没有因为她母亲是一个农村妇女而厌弃她。新中国成立之前，她的父亲从事地下工作，她母亲冒着生命危险帮助其父完成工作，后来其母也入党了。她的母亲文化低又是小脚，但其父并不以此为耻，让妻子多参加社会活动，她后来成为托儿所的所长。20多年，在他们生死共患难的生活中，刘的父亲特别能感觉到母亲对党的忠诚，他们没有为自己的事情而忧愁过。家中共有八个孩子，每当星期六晚上，小的孩子们熟睡了，刘润芬的父母就和几个大孩子聚在一起，孩子们向父母提出许多问题，如对资产阶级的政策、党的团结等问题。刘润芬是家里的老大，在人民大学外交系学习，大弟到捷克留学，二弟在俄文专修学校学习。全家过得非常幸福。[①]

"不幸的家庭各有各的不幸"，夫妻关系不和睦，甚至到最后分道扬镳的情况在这一时期并不少见，常见的夫妻关系不和谐主要有两种情况。

一　老干部变心

因为拥有革命经历而居功自傲，影响家庭关系，特别是夫妻关系的例子着实不少。在新中国成立前已经参加了革命的人，在新中国成立之后成为革命的"功臣"，因而他们不仅社会地位高，可以做官，甚至可以享受一些特权。所以他们中有一部分人的思想起了很大变化，在"功臣自居"的心态的影响下，丢弃了原来的艰苦奋斗的作风。在家庭生活方面，尤其是男性，不少人显示出了厌烦糟糠之妻的情绪，找"第三者"、离婚甚至迫害妻子的行为并不罕见。有两桩上述类型的夫妻关系破裂而导致的离婚案曾在当时社会引起了强烈的反响：一桩是周希贤对妻子与子女不负责任事件；另一桩是罗抱一、刘乐群离婚案。

1953年5月的《新中国妇女》杂志刊登了读者来信，揭发周希贤对妻子与孩子不负责任的事。周希贤1937年参加革命工作，1948年他在农村工作时看上了16岁的王聚兰，自己隐瞒了3岁，托朋友介绍欲与其结婚，王当时不够结婚年龄，周为她加了一岁，骗得组织批准而结婚。婚后二人关系不错，但周的母亲常常虐待王聚兰。新中国成立之后，周希贤调入北京城里工作，升为科长，这时他感到妻子王聚兰无文化又落后，向组织提出离婚而

---

① 《可爱的家庭》，《新中国妇女》1955年第1号。

被驳回。1952年王怀第二个孩子时，周已经与同单位的女科员有了恋爱关系，因为法律规定不能与怀孕妇女离婚，所以周把王逼回门头沟老家，王在寒冷的11月生孩子时，婆婆不仅没有给予照顾，还令其把孩子生在露天厕所里，王因此得了严重的子宫下垂病。周希贤对妻子的苦难一直不问，还在北京恋爱。王聚兰在第二个孩子满月后回到北京城里，周立刻向其提出离婚，并且威胁她："好说好离，可以给你点东西，不然弄到法院，我是党员，没有你的好处！"法院没有调查了解情况，就发给了离婚证。王聚兰办完离婚手续后回到宿舍，感到生活无望，又拖着两个孩子，想要自杀。民政部门的干部得到消息后去找王，才知道她是被胁迫离婚的，介绍她去区法院起诉。周害怕被起诉，给了王一百万元（相当于新人民币100元），买些零用品，并许诺再给一百万元，然后将其打发到姐姐家。市法院将周的离婚证收回，宣布离婚无效，未征求女方的意见，并令周每月给王聚兰和子女十五万元的生活费。王聚兰的病没有治好就出院了，周希贤的单位给她安排在一间小屋里住，母女三人的生活非常困难，买不起锅，只好借别人的锅，做一次窝头吃几天，孩子大人每天吃凉的喝凉的，也买不起菜。三人睡在一张破床上，臭虫满墙，咬得成夜不能睡。天冷了，母女三人穿不上冬衣。王的病也没有治好。周希贤劝王聚兰把孩子送人，第二个孩子生病，由于无钱医治而死亡。周单位的领导也对其行为进行了批评和处分，周只是口头上答应好好对待王。北京市法院在1953年3月才正式宣判周希贤离婚理由不成立，不准离婚。周希贤母亲虐待王聚兰被判处6个月徒刑。周对法院判决不服，提出上诉，对王更加刺激，致使其精神错乱，时常想自杀。[①]

截止到当年7月20日，《新中国妇女》编辑部共收到了142个读者和4个单位团体的来信共70多封。许多读者都认为周希贤这种行为是违法的，不能容忍。有的读者说：在周的身上嗅不到一点共产党员的气味，他更不像一个受过党多年培养教育的老干部。有的读者认为，即使夫妻不能共同生活，也应以负责任的态度，帮助妻子恢复健康，负责教育子女，而不应采取卑劣的手段，企图将重病的妻子、孩子毫不负责任地推出去。有的读者说，周不应该用党员的身份来威胁群众，共产党组织内不能允许这种作风存在。有的读者指出，周对妻子和子女不负责任的思想本质，是资产阶级的剥削思

---

① 《应严肃处理周希贤对妻子、儿女不负责任的事件》，《新中国妇女》1953年第5号。

想。① 此外，杂志还分别刊登了几个读者的来信，从不同的方面展开讨论。有一个读者揭发了周希贤与王聚兰结婚的原因：一是当时革命环境很艰苦，假如不结婚牺牲了，岂不太冤；二是当时他在追求另一位女同志失败了，于是抓住王聚兰这个乡下姑娘，为的是气那个女同志。

《新中国妇女》杂志在 1955 年底至 1956 年又刊登了另一篇影响很大，展开了大讨论的文章：《我们夫妇关系为什么破裂？》。作者是当事人刘乐群，她来信控诉了丈夫罗抱一与其关系破裂的经过。刘乐群 1945 年在解放区参加工作，1946 年在张家口经人介绍认识了罗抱一，罗于 1939 年就参加了革命，是个党员。二人结婚以后，罗对刘特别体贴，以自己的爱人年轻漂亮、文化程度高、又是党员感到自豪。罗在结婚之前有一个相好的女同志，本来可以结婚，但一下子抗战胜利了，他就不要"那土里土气的工农干部"了，说"进城后，找多少知识分子没有！"在解放区缺少知识分子的情况下，刘乐群是他最好的选择。当时，刘也以有这么一个合乎理想的爱人而自豪。在刘乐群生第一个孩子的时候，罗不辞劳苦跨过茫茫雪山，给她送来几十个鸡蛋，每个鸡蛋都是用棉花包好的，刘当时生活得特别幸福。新中国成立之后，罗调进北京工作，随后刘和孩子也进京了。刘发现罗变了，他认识了一个能歌善舞的大学毕业生王××，是一个单位的同事，他在日记中写她是"聪明、大方、有事业心"。罗和王搞起婚外恋，罗在支部大会上做检讨公开说：要把王当作离婚后的对象来培养。当时刘乐群在城里的中学教书，罗抱一在西郊工作，在两人已经有三个孩子的情况下，罗依然每周都进城找刘，要求离婚。当时组织上为了挽救罗、刘二人的婚姻，把第三者王调到了天津工作。1953 年的国庆节，罗跑到天津，改名罗保义，与王在旅馆内通奸被警察抓到。后来他们又通奸被人检举，组织上给了他适当的处分。罗把怒火都发泄到了刘的身上，有一次刘推了他一下，请他走。事后罗到处宣传刘打了他，说她是泼妇和伪善者，挑拨刘与其婆婆、小姑的关系。刘去罗家看两个孩子时也遭到罗的谩骂。刘乐群之所以屡次容忍罗的无聊行为，主要是为了三个孩子，她一直不肯离婚。但事情发展到这个地步，她已经忍无可忍了，要控告罗抱一凌辱怀孕的她，及在婚姻中与第三者通奸。

刘乐群、罗抱一婚姻破裂案引起了范围更大的关注，连革命元老谢觉哉

---

① 《来信综述》，《新中国妇女》1953 年第 7 号。

和作家韦君宜都参与了讨论。有的读者认为，罗抱一的行为是玩弄妇女的资产阶级思想和行为。对于刘乐群在原则问题上过于迁就也提出了批评，认为像刘乐群这样的妇女在思想上没有完全摆脱封建残余的束缚，对丈夫的错误缺乏斗争的勇气。"含悲忍辱，教子成人"是旧社会不幸妇女的唯一出路，现在时代不同了，妇女应该鼓起勇气，向一切危害国家利益的行为进行斗争，向一切欺骗妇女、玩弄妇女的行为进行斗争。委曲求全、在原则问题上的迁就，是不能解决问题的。①

罗抱一和刘乐群的故事在当时是比较常见的，通常情况下是，丈夫新中国成立后在城里工作，眼界开阔了，眼光也高了，渐渐疏远了糟糠之妻，出现了想要离婚的念头。在现实中，有的人确实离婚另找新欢，而有的人自我检讨或组织帮助或其他的方法得以改变想要离婚的想法，夫妻关系弥合。河南的一位男士来信，说明了他曾经有与罗抱一类似的想法，看到他的劣迹之后自我反思，与妻子重修旧好。

读者对于罗抱一的控诉，有不少由私生活上升到政治方面。"罗抱一犯错误不是偶然的和不自觉的，而是明知故犯。这种资产阶级的个人主义已经发展到采取两面派的手法欺骗组织，欺骗领导的恶劣程度。""罗抱一常常这样安慰自己：我在私生活上犯错误，但在政治上还是对党忠诚，工作上埋头苦干。不！这是绝对不可能的。私生活不纯洁的人，政治上一定不纯洁。欺骗组织，两面态度，双重人格，明一套，暗一套。这能说政治上纯洁吗？罗抱一不仅是一个对妻子不忠实的丈夫，也是对党不忠诚的党员。"② 这位读者的看法在当时非常有代表性，把私生活上升到政治，认为私生活不纯洁的人，政治上一定不纯洁。在政治主导一切社会活动的年代里，无论做什么事，说什么话，都要以符合政治要求为第一准则。结婚离婚都要单位批准，夫妻关系不好，单位领导很操心，先是批评教育，群众提意见，自我批评，再表决心。如果一犯再犯，那么领导就要来给予记过、警告等处理。作家韦君宜谈到婚姻时，也提出了这样的标准："共同的标准有没有呢？有，那就是政治上的一致，革命者要爱革命者。这个标准有许多文章里提过，看起来像是空泛些，但是，仔细想想，实在只能提出这一个主要的标准。如果还要加上一条，那就是他真正爱你。别的也可以有些次要条件，但是这个是最基

---

① 《在家庭生活中应该坚持什么》，《中国妇女》1956 年第 1 号。
② 《我对罗、刘婚姻问题的看法》，《新中国妇女》1955 年第 12 号。

本的。没有了别的，或者也还可以成为幸福的夫妻，没有了这个，就绝对不会有幸福。"在韦君宜看来，婚姻的标准中，政治观点是第一位的，爱情是第二位的。她进一步解释道："政治上的条件还应该包含着道德品质的条件，因为道德品质的问题是个人政治问题。"① 道德品质问题到底是不是政治问题，可以讨论。在我国，特别是政治至上的时代，道德品质问题基本上是仅次于政治立场、家庭出身和个人革命经历之外的重要问题，如果一个人的道德品质不好，做过损公肥私、偷懒旷工之类的事情，是要被严重批评和教育的。

在周希贤和罗抱一的变心事件中，第三者都受到了读者毫不留情的批评。有的第三者如插足罗抱一与刘乐群关系的王某，确实在主观上刻意破坏别人的婚姻。但也有的第三者，是被欺骗或被胁迫才成为了第三者，她们并非主动要破坏别人的婚姻。《中国妇女》刊登了一封署名"恕帆"的读者来信，作者是一位曾经做过第三者的年轻女士，她讲述了自己做第三者及迷途知返的历程。恕帆是一位刚满20岁的女孩，三年前参加了革命部队，由于年轻活泼、容貌俊俏而被领导看中。领导是个参加革命十几年的老干部，能说会道，受群众爱戴和景仰。他想尽一切办法接近恕帆，透露他对她的爱慕之情。起初恕帆不敢相信，因为他是有妻子儿女的人，她鼓起勇气拒绝了领导。他一面向她讲妻子的坏话，一面讲自己革命多年，流血奋战，如今在私生活上得不到安慰。同时，他又在生活方面百般照顾恕帆，她逐渐产生了对他的同情和对其妻子的不满。在他的狂热追求下，她终于答应了他的求婚，他趁机与她发生了性关系。这事其后被组织发现，组织上要求他们二人断绝关系，并分别给予了处分。恕帆被调换了工作，此时心理上仍觉得那是爱情。后来那个领导又与另一个女同志搞不正当男女关系再一次受到处分之后，才粉碎了恕帆对他的迷恋。恕帆曾一度被痛苦压倒，经过组织的帮助，她从痛苦绝望中走了出来。② 像这个老干部一样的"腐化分子"在当时具有一定的代表性，以自己的革命经历欺骗年轻女性，他们与周希贤、罗抱一想要与糟糠之妻离婚不同，这类人并非要离婚，他们想要在保全自己婚姻的同时玩弄年轻女性，满足个人私欲。

除了老干部，一些有资历的老工人也存在虐待妻子的问题，仪忠良虐待

① 《爱什么样的人?》，《中国妇女》1956年第4号。(《新中国妇女》杂志于1956年起改名为《中国妇女》。)
② 《我的教训》，《中国妇女》1956年第3号。

妻子案就是一个典型事件，此事也同样发生在 20 世纪 50 年代。

改样工人仪忠良，和赵西云结婚已经十年了，以前两人的感情不算坏，但是近一两年来，仪忠良态度变了，虐待赵西云，愈来愈严重。

仪忠良在原平原省工作，去年调来我厂，赵西云随同来到北京。仪忠良本来对赵西云就不是平等的态度，一进大城市，更嫌赵西云是乡下人、土气、没有文化，不想参加工作，总看着不顺眼，一心想离婚。他曾经向西四区人民法院申请和赵西云离婚，因为不够条件，法院没批准。这一来，他就更恨赵西云了，百般虐待她，逼着她答应离婚。

赵西云离开家乡来到北京，一个亲人都没有，生活上一切都要依靠仪忠良。仪忠良要离婚，她对仪忠良更温顺，希望能使他回心转意。她伺候仪忠良端茶捧水，无微不至，就在生孩子的时候，也不敢让仪忠良动手做什么事，请房东帮了三天忙，自己起来就干活，还像平常一样伺候仪忠良。就是挨打受骂了，还是流着眼泪给仪忠良做饭洗衣服。可是这个轻视妇女、心肠狠毒的仪忠良反而常常无缘无故地辱骂赵西云，赵西云要是偶然回一句，他就揪着她的头发拳脚交加，不管死活地毒打。赵西云两次怀孕，仪忠良为了离婚方便都有意给踢流产了。最近，赵西云第三次怀孕，担心再遭仪忠良的毒手，害怕得不得了，跑到工会来要求保护。仪忠良还常骂赵西云："我杀你几刀也不解恨！""不一定哪天我用刀杀了你。"吓得赵西云每天晚上都把菜刀剪子藏到邻居家里去。有一次，赵西云一时心窄，跑到火车道上想卧轨自杀，幸而被邻人发觉劝住。赵西云回到家里，仪忠良用话刺激她说："你死了更好，我更欢迎，你自己自杀，也用不了我偿命。"

仪忠良跟他说的一样，不但欢迎赵西云死，而且用各种办法逼她活不下去。他有时在打骂赵西云之后，还把家里的碗、盘、壶、罐等等砸得稀里花拉，想使赵西云没法吃饭。有一次赵西云生病了，病势很沉重，十多天吃不下什么东西，邻居劝仪忠良给赵西云请医生瞧瞧，但是他说："看什么病，不看也死不了。"另外一次赵西云因为生病躺在床上不能起来，仪忠良不但不给看病，竟不怀好意地把煤炉添满了煤搬到屋里，又把门窗关严，门帘放下来，弄得满屋子烟气，赵西云被熏得呕吐。

对于仪忠良虐待妻子的行为，他们同院邻居（也是我厂工人）曾经提出批评，但是仪忠良不但不听，反而怀恨在心，不再答理人家。并且说赵西云是妇女，应该挨打受骂。我们工会也曾对他进行过教育，可是他当面说得很好，过后又恢复旧态。现在，为了保护赵西云的生命安全，维护婚姻法的尊严，我们建议有关检察机关对仪忠良虐待赵西云伤害胎儿的行为，进行检查处理。[①]

在20世纪50年代，因老干部堕落腐化而导致家庭关系破裂的事情屡见不鲜，还有一件更出名的案件，傅景林虐待妻子案。傅景林虐待妻子案在20世纪50年代，曾被改编成电影。片中那个道德败坏的干部对妻子大吼大叫："你已经对我失去了吸引力！"傅景林是中国进出口总公司天津分公司的业务科长，是1938年参加革命的老党员。进城以后思想起了很大变化，他居功自傲，觉得自己是老干部、革命的"头等功臣"，于是想到："人生在世能活多久？不寻寻快乐，吃点儿喝点儿，死后也是枉然。"慢慢地他堕落了下去，追逐着享乐生活。他觉得陪伴他生活了12年的李香芝"不好看""不时髦"，没有文化，于是感到她不称心了，不断虐待她。每月发了薪水，他都用去喝酒，只给家里掷下一小半。李香芝无可奈何地和两个幼小的孩子啃窝头就咸菜。他睡觉前，让老婆给他脱鞋脱袜。李香芝生完孩子10天，身体还很弱的时候也要下地服侍他。傅景林对她不打便是骂，动辄说："你和我离婚吧！"他认为：老婆是他的"私有品"，可以任意打骂和折磨。于是在他老婆身上为所欲为。他喝了酒，回家打老婆；在工作上遇到困难，也回家打老婆。

傅景林思想蜕化，道德败坏，虐待妇女，侵犯人权，已与共产党员称号毫不相称，为党纪国法所不容。经上级党委批准，将傅景林开除出党。同时天津市人民法院依法将傅景林逮捕法办。[②]

二　因经济问题引发夫妻关系出现问题

当全国于1955年实行工资制之后，除了新入单位的年轻人工资会涨级，其他人的工资多是几年甚至十几年不变的，当时多数人的收入是固定的。工资的多少决定了一家人的生活质量，工资多少也影响了一个人的社会身份的高低。作为一个妻子，如果她的丈夫收入比较高，那么她在亲朋面前当然会颇有面子，她花起钱来也当然不必过于算计。因经济问题引起夫妻关系不和

---

① 《仪忠良虐待妻子应该依法处理》，《北京日报》1955年12月7日第三版。
② 旷晨、潘良编著《我们的五十年代》，中国友谊出版公司，2005，第72页。

谐甚至离婚的，在那个时代是比较普遍的现象。

　　笔者在一次访谈中，遇见一位 78 岁的老大爷，他曾经在 20 世纪五六十年代的时候离婚了，前妻嫁给了一个单位的书记，受访者说，因为"他的工资比我高，职位也比我高。我们俩说不到一块儿去，离婚了"①。笔者对于这句话一直记忆犹新。笔者原来以为那个年代的人想法单纯，找对象不在乎挣钱多少，婚姻主要看人品。但是细细探究起来，那个年代婚姻不论财的说法是不能成立的。从全中国的角度来看，当时工资等级分明，高的人每月能挣几百元，可以天天下饭馆，有的人每月只能挣 30 块钱，一年也不敢下一次饭馆，如果家里人口多，那就更紧张了。所以在婚姻关系中，如果配偶可以挣得多，自然全家生活差不了。特别是对于女性而言，找一个工资高的对象，确实能在物资匮乏的年代中享受到比别人更优越的生活。

　　在北京，有一个比较特殊的现象，是其他中小城市里比较少见的。新中国成立后进京工作的中青年人员特别多，他们的父母许多还在老家生活，远在老家的父母和弟妹生活多数都在农村，比北京城里的生活要艰辛，收入也很少，所以多指望远在北京的孩子或哥姐每月给老家汇生活费。很多青年人是进入北京之后才结婚的，配偶要么是北京本地人，要么也是外地进京人士，外地的儿媳或女婿一般都没有与配偶父母共同生活过，和老人家感情较浅，所以在配偶向老家寄生活费的时候，有的夫妻双方经常会出现矛盾。

寄钱引起的风波

　　下班铃响了，志贤慌慌忙忙收拾起办公室桌上的文件，她伸手开了开抽屉，取出工资袋，这里面是刚发下的薪金四十三元。她将钱放在衣服的口袋里，提起手提包，走了。

　　王先也一定领到了工资吧，她心里盘算着，这个月王先准会给自己买那件紫红色的灯芯绒外衣的。她早就美慕小李穿的深蓝色的外衣了，如果买成了，颜色比小李的鲜艳多了。想着想着，脚步不由地轻快起来。她那圆而丰满的脸上露出了笑意，深深为找到王先这样的爱人而骄傲。一个年纪轻轻的科长，一个月的收入要抵她三倍哩！

　　她刚走进院子，保姆王大娘已经抱着毛毛来迎接了。她亲了亲毛

---

① 梁景和主编《中国现当代社会文化访谈录》（第五辑），首都师范大学出版社，2016，第352 页。

毛，便问毛毛的爸爸回来没有，晚饭煮好了没有？王大娘说："毛毛的爸爸刚回来，晚饭煮好了，有你爱吃的菜——红烧鲫鱼。"

这时，王先正在电灯下写信，志贤进前一看，只见上面写着"妈妈"两个字，她知道是写家信，也就不多言语了。不过，见到王先只顾写信，连人也不理睬，有点不高兴。一会儿，王先丢下笔，站起身来说："家里来信了，妈妈的气喘病发了，请医生，调理呀，都得花钱；小弟上初中，二哥一下筹备不来学杂费，要我先寄钱去。我先汇五十回去吧！"

志贤听了，好像当头泼了一桶冷水，脸上刷地一下变了颜色。真讨厌，这么一来，买外套的事，不是落空了。一时心都凉了。

吃晚饭了，香喷喷的白米饭和红烧鲫鱼，都端到桌上了。汤和菜的滋味是挺好的，可是志贤没吃几筷子就放下了。

王先看着不对头，便问："什么事，你又不高兴？"

志贤气鼓鼓地回他："我有什么不高兴，你有钱尽往家里寄！"

王先见她还这样狭隘，那话音里分别是不满的口气，也生气了，便冲着她说："难道老人病了，你不问？弟弟上学，做哥哥的接济他一点学费，也不为过呀！"

"我不好，我自私，你眼睛又未长在鼻子上，当初为什么苦苦向我求婚？"她一时想不出适当的字眼，只好随便顶了他一句。

她的心乱极了，婆婆和小叔，在她心里并没有丝毫地位，如今竟要来分享她的幸福，她实在受不了。早知道自己还不能完全占据丈夫的心，她又何必赶着和他结婚呢？而且寄钱这件事，自己向来就没有表示过同意，王先也从未按照自己的意见办事。他太不尊重自己了。她越想越恨，不禁抽抽噎噎起来。

但是，王先的心绪也并不比志贤好，母亲的重病，深深引起他的怀念和不安。作为他爱人的志贤，不但没能分担他的忧愁，反而跟他吵闹。过去也发生过为了寄钱吵嘴的事，他都原谅她了，而今后还会有这种事发生，能将就得了吗？他想还是要"打开天窗说亮话"，把大道理摆个一清二楚，免得老是闹得人不愉快。就对志贤说：

"我爸爸去世得早，妈妈抚养我们兄弟，是花了一番心血的。不要说寄钱回家，就是把妈妈接来，还不应当吗？"

"难得你一片孝心，你把妈妈接来也好，你把弟弟接来也好，反正主权在于你。"志贤呜咽着说。

王先想进一步说服她，又耐心地说：

"志贤，你还是缺吃少穿？我们在银行里每月还存个十元二十元。在经济条件许可的时候，对朋友也应该伸出援助的手呀，何况还是亲人哪！"

"你的话总是有道理，你有理你对别人说去，我不愿听你的政治报告。"志贤也不甘示弱地反唇相讥。

"真是蛮不讲理。"王先气极了，猛地站起身来，"砰"的一声推开门走出去了。

夜已经深了，院子里的几家，都已熄灯就寝了，只有志贤一人还在羞愧、凄惶地哭着。[①]

上文是因为给老家寄钱引起的一起常见的争议，夫妻之间常常因此出现问题。材料中的妻子志贤生气，一方面是自己想要的外衣可能暂时不能买了；另一方面也在争自己和婆婆在丈夫心目中的地位。也就是说，丈夫把钱给谁花了，谁就在他的心目中占有更重要的地位。当时的《中国妇女》上刊登这样一件事情，当然不是个别现象，说明具有一定的普遍性，要引起人们的思考，特别是那些儿媳，对于丈夫给婆家寄钱及经济援助，应该持正确的态度。

笔者在访谈中，曾遇到过一对老夫妻，丈夫83岁，祖籍山东，在北京生活了60年仍然保持着浓重的山东口音，妻子76岁，是老北京人。他们同样面临着每月给老家汇款的事情，妻子骄傲地告诉我："我们俩一生没为钱争论过。我们家没有负担，条件比较好。他家负担重，四个妹妹，一个弟弟，还有爹妈。一点没为钱争论过，有多就多花，有少就少花。""他那阵儿最高工资是62块钱，我是37块钱，加起来99块，还不到100块。""要说我们俩绝对没有问题，可是他有负担，一个月准给10块钱。"[②] 一次给老家寄10块钱并不是什么大事，但每个月都寄，多年积累起来，也是个不小的数字。作为妻子，她不仅没有一点抱怨，反而非常理解和支持丈夫的孝心，而且支持了一辈子，实在难能可贵。用他们儿子的话说："我爸爸托八辈子福啦。"这句话道出了这位贤妻良母对于良好家庭关系的伟大贡献。

---

① 《寄钱引起的风波》，《中国妇女》1957年第1号。
② 梁景和主编《中国现当代社会文化访谈录》（第五辑），首都师范大学出版社，2016，第332页。

第二节 亲子关系

一 父母与子女的关系

父母与子女之间因为天然的血缘关系自然会亲近，但也会有一些时代的特色。据资料显示与访谈心得，不同类型的家庭亲子关系具有不同的特点。

党政干部或军人家庭中，父亲对于子女的教育一般比较少，多是母亲来承担养育子女的责任。父亲由于干部或军人出身，常常不苟言笑，在家里也比较严肃。在孩子取得成绩的时候，父亲一般不会有多大反应，偶尔一句夸奖就不错了。而当孩子犯了错误，特别是男孩子淘气的时候，父亲一般会严厉地教训孩子，用皮鞭抽打或其他暴力手段惩戒孩子是常见的情况。而母亲出于天性，一般对孩子都慈爱备至，呵护有加。笔者访谈中遇到一位中年男士，他的父亲在新中国成立前是地下工作者，他本人小时候在南京生活过10年，1956年全家跟着父亲调到北京。他父亲在水利水电科学院一个附属工厂当厂长。他的父亲在他和妹妹小时候很少和他们说话，家中都是母亲在管教孩子。

受访者：Y先生，祖籍江苏，1956年随父母来京。

> 受访者：我记得头一回挨打的时候在南京呢，三年级，放暑假，疯玩儿。快开学了，我父亲检查作业，那时候就发了暑假作业的册子，语文好做啊，数学不好做。我就把数学题给抄上了，没做得数。我父亲这一顿打呀，就挨这一次打，那个疼呀。那时候的父母跟现在不一样，现在的父母跟孩子交流多，那时候父母不怎么管孩子，交流的少。[①]

类似的情况比较常见，作家石钟山以自己的父亲及其战友为原型创作了小说《激情燃烧的岁月》，后来改编成电视剧，收视率很高，可谓脍炙人口。剧中人物的生活经历很有时代性。石光荣与褚琴的身份与结合方式特别有代表性，革命成功了，一个是战功显赫的军中将领，为革命出生入死而大龄未

---

① 梁景和主编《中国现当代社会文化访谈录》（第五辑），首都师范大学出版社，2016，第324页。

婚；一个是年轻貌美的文工团演员，天真聪颖有文化。男方首先看中了女方，女方在党组织说服动员工作下，不得不嫁给他。因年龄、文化、经历、性格的种种差异，二人婚后经常吵架，纷争不断。父亲石光荣，对孩子的教育方式也是这一类人通用的方式，粗暴呵斥，经常体罚，为父独尊，放不下架子，与孩子交流少，而且沟通不顺畅，甚至把追求理想的大儿子逼得离家出走。这部剧激起了很多过来人的共鸣，歌手韦唯曾经怀疑编剧是不是认识她爸，因为她爸完全是石光荣那个样子，对战友比对老婆孩子还要亲近。她父亲对她的母亲和孩子很不关心，家庭关系非常糟糕。①

知识分子家庭与工人家庭中，亲子关系多是比较亲密的。具体的表现也不相同，多数工人的文化程度不高，对于孩子的教育多体现在日常生活中的嘘寒问暖层面，很难在知识文化层面对孩子起到多少培养作用；而不少知识分子对孩子的教育则进入文化素质培养层面。陈凯歌的父母都是知识分子和艺术家，很有文化，他回忆小时候母亲教他读诗：

> 从小学起，母亲就陆陆续续教我念些诗，她穿着一件淡果绿色的绸睡衣，靠在院里的一张藤椅上，手里握着一卷《千家诗》。太阳出来，就念："清晨入古寺，初日照高林。曲径通幽处，禅房花木深。"暮春了，则是："双双瓦雀行书案，点点杨花入砚池。"逢到夜间，就会是："有约不来过夜半，闲敲棋子落灯花。"这样的功课一直持续到我可以几百行地背诵排律。母亲只要我体会，很少作意义之类的讲解，所以至今不忘。这些图画了的诗歌不能不对我日后的电影有了影响。②

事实证明，文化程度高的家庭，孩子自小受耳濡目染之熏陶，比普遍人家的小孩更具有知识储备和自信心方面的优势，当然为孩子长大成人后的成就打下了良好的基础。

夫妻两地分居的家庭，或一方长期出差在外的家庭，亲子关系也会出现一定的问题。有的人回忆童年时，甚至想不起身居异地的父亲或母亲的形象，这可能会对亲子关系造成一些负面的影响。陈凯歌说："我的童年，更亲近的是母亲。父亲总是忙，难得见到。我觉得他很严厉，也记不得他年轻时的样子。他去外地拍电影我总是很高兴，临走时他拍拍我的头顶，说一句

---

① 山东卫视《歌声传奇》2012 年 3 月 30 日。
② 陈凯歌：《少年凯歌》，人民文学出版社，2001，第 22 页。

'好好念书',我就点点头。他有时写信来,我就回一封,说一切都好。对父亲的了解是在'文化大革命'开始以后。"① 陈凯歌在"文化大革命"期间曾经不得不与红卫兵一起批斗过他的父亲,这虽然是疯狂年代的疯狂之举,成年后反思过。这可能与自小和父亲相处的时间短,和父亲感情不够深有关。

当时也存在亲生父母虐待子女的情况,笔者找到一则史料,读来令人咋舌。北京铁道学院的数学教授汪集生,经常残酷地虐待他的亲生女儿汪若。她母亲和汪集生早已离婚,汪若和她母亲原先都寄住在河南某县乡下的舅父家里,因为生活困难,汪若就在1952年8月间到北京来找她父亲。因为这个女孩子是汪集生再婚的一个阻力,所以他经常虐待女儿。又打又骂,孩子头上出血也不给治,不给吃饱饭,房间里不让生火。学校的同事都看不下去了。②

对于孩子多的家庭,处理孩子之间的关系也是令家长头疼的一个问题。在孩子比较小的时候,都喜欢争强好胜,经常因为一些小事打打闹闹,如何处理孩子之间的矛盾呢?有的家长选择打孩子,把一个孩子打哭了,其他孩子也不闹了。但有的家长在日常生活中积累了很好的解决孩子之间纠纷的方法。王叔瑾是六个孩子的母亲,大男孩18岁,长女16岁,二女13岁,三女四女是双胞胎,9岁,五女7岁。孩子们经常争吵,家里天天都不安静。有一次,几个孩子为争抢一块花布而打起来了,孩子的爸爸把三女打了一顿,家里才安静下来。王叔瑾经过反思,准备改变教育孩子的方法,她让家里的孩子学着社会上流行的检讨会的形式,孩子们分别检讨一下自己的错误:

> 他们选举了大哥做主席,大姐担任记录。主席先报告了开会意义,跟着一个一个的,根据昨晚的事情,自我检讨,别人也帮助检讨。小三头一个发言:"昨晚的事情,最初是我开的头,妈妈给的布,本来是叫咱们学着补袜子的,我不该看着好看,就不愿给别人,这是我不对,我接受大家的批评,以后我要改过。"小四举手了,得到主席的允许,她就说:"三姐和小五,已经因为争布闹起来了,我虽然还有一双袜子没补,也应当先劝她们不要打架,不应当也参加到里面去抢,我也有点自

---

① 陈凯歌:《少年凯歌》,人民文学出版社,2001,第22页。
② 《北京铁道学院教授汪集生残酷虐待自己的女儿》,《北京日报》1953年2月12日第二版。

私。"小二发言说："我是看见你们打得那样凶，爸爸在预备功课，妈妈在预备明天开小组学习会，都很忙，我才不要你们打架，好！结果倒跟我干起来了。"小三接着说："你的意思虽然好，可是你的态度不好，所以我才那样说。"跟着主席又批评了小二爱起急，并且还举了另一个例子来说明，终于小二自己也承认了错误。小五因为太小，从一开会就是吃着瓜子，揪揪这个衣服，摸摸那个头发的从中起哄，不好好地发言。我说："你们再谈谈，大哥和大姐昨天有没有错误。"小二很快地就说："他们三个争布，已经打成了一片，大哥大姐不给调解，还好像没事似的看他们的书，也不对。"小三对着大哥撇嘴说："你还是个共产党员咧！你平常就照顾的我们不够。"小四说："大姐总不言语，我们请她给做点事，她也不吭声，就是摔摔打打的，好像不愿意的样子，我们也不知她是什么意思。"大家又批评了大姐不爱说话，不活泼……①

以上一段话是家长处理孩子们之间纠纷的方法，既省去了家长的烦心事，又能让孩子们懂得事理。开检讨会，批评与自我批评，本来是中国共产党人政治民主的作风，文中所载的家庭开检讨会的事情，不论真与假，都是新中国成立初期政治宣传的一个好方法。

二　养父母、继父母与子女的关系

养父母或继父母与子女的关系历来是一个难题，特别是重组家庭的孩子与继父母的关系非常不好相处。有的家庭成功地处理好关系，但有的家庭一直也处理不好。

北京市电话局的工人老金七年前丧妻，留下三个孩子，大的十岁，小的五岁。在朋友的介绍下，老金认识了丁荇原，小丁被老金老实质朴的性格吸引了，二人结婚前，老金坦诚地告诉她，自己的三个孩子非常不听话，不好管教。但小丁还是同意做后娘。起初三个孩子对她都有敌意，后来小丁特别用心，在她的苦心教导和真情感化下，三个孩子都改掉了原来的许多坏毛病，两个大孩子都戴上了红领巾，当上了"三好学生"，小的还是淘气一点。② 这样成功的继母非常不容易。

---

① 《民主家庭快乐多》，《北京妇女》1950 年 4 月 1 日第 5 期。
② 《好妻子》，《北京日报》1957 年 3 月 7 日第二版。

有的夫妻因为结婚后没有生育亲生骨肉而领养孩子，他们待孩子一般会如亲生一样好，但一旦他们有了自己的亲生子女，可能对养子就不那么好了，还有可能出现虐待的情况。

张维英虐待养子受制裁

西四区大荷叶胡同的居民在街道整风中，揭发了住在十一号的张维英虐待养子的罪行，要求政府处理。西四区人民法院依法判处张维英二年徒刑。

张维英和陈友林夫妇俩结婚多年没生小孩，便抱了一个十多个月的男孩，取名小柱，夫妇俩很喜欢这个孩子。可是小柱四岁的时候，张维英生了一个男孩，从此小柱就成了张维英的眼中钉。三年多来，小柱过着非人的生活，受着百般的虐待，虽然已经七岁，可是因为发育不良，瘦小得像个四五岁的孩子。小柱常吃不饱，还常被毒打得遍体鳞伤。张维英用一寸多长的针扎小柱的肩，有时把小柱捆在床上，用铁锅、铁簸箕往小柱的头上脸上乱打；她还用布勒上小柱的嘴，用木板子毒打。小柱渴了，就给他脸盆里的脏水喝。

街坊们曾经劝告过张维英，张维英不听，还骂人家"多管闲事"；公安派出所也教育她很多次，她仍不改正。街道整风中，街坊们又揭发、检举了张维英的罪行，要求政府严加处理。西四区人民法院很重视这个案子，院长王真贤亲任审判员审理，并约请当地公安派出所、街道办事处和了解情况的群众举行座谈会。4月18日，召开了公开宣判大会，这个怙恶不悛的罪犯受到了法律的制裁，小柱由他祖父领回抚养了。因为张维英正怀孕，所以缓刑三年。宣判大会开完后，很多群众跟到张维英家去，说："看看你住哪儿，好监督你！"[①]

这种情况是养父母婚姻完整，只是有了亲生骨肉就虐待养子。案件中的情况跟笔者曾经了解的当代一个真实的事件非常相像，一对夫妻结婚多年没有孩子，无奈领养一个男孩，当养子长到10岁左右的时候，他们有了自己的亲生儿子，之后便虐待养子，这个养子很不幸在14岁的时候发生车祸身亡。时代不同，地域不同，但事件非常相似。为什么这样的夫妻有了亲生骨

---

① 《北京晚报》1958年4月25日第四版。

肉就虐待养子？大概他们原来领养孩子的时候基本上都基于"养儿防老"这个传统观念，觉得没有儿子就没人养老了。有了亲生儿子后，他们觉得老有所依，养子反而成了累赘，吃饭穿衣上学都需要耗费金钱与精力，所以夫妇二人百般虐待养子。这是基于物质方面的考虑，但笔者以为，可能他们心里还有更深层次的社会习俗层面的忧虑。当没有自己亲生骨肉时，他们尚凭养子将来能给他们养老送终而待他略好；一旦有了亲生子女，养子的作用被亲生子女取代，又无血缘关系，所以待养子非常薄情。这样的夫妻会百般溺爱亲生子女，把曾经失落的回忆幻化成万千宠爱，这么做的结果是常常培养出骄纵无理的少年。

由于经历了多年的战争，许多家庭破碎，再加上新中国成立后的离婚和再婚热潮，于是出现了许多重组家庭。众所周知，重组家庭的家庭关系非常不好处理，这主要表现在继父母与前生子女的关系方面。对于继父母而言，前生子女与自己没有血缘关系，亲密程度很难与亲生等同。有的继父母嫌前生子女在新家庭中"碍事"，千方百计地刁难甚至虐待孩子；也有的继父母具有强烈的爱心，将前生子女视如己出，给予孩子家庭温暖。

在 20 世纪 50 年代，讨论继父母与前生子女关系的资料并不少见，足以说明当时的重组家庭存在不少问题。下面一则史料，就体现了继母与养子之间的关系：

> 去年八月里的一天，两个天真活泼的孩子，笑容满面地坐着火车由农村来到北京。他们是建筑工程部保卫处张处长前妻离婚后留下的孩子。他们来到北京，就成了张处长爱人、建筑工程部保卫处办事员李丽英的"眼中钉"，整天过着挨瞪眼、受辱骂、挨冻、挨饿的苦日子。
>
> 孩子很乖巧，管李丽英叫阿姨，但李丽英却完全不顾孩子的自尊心，公然说孩子是"牲口"，说"牲口不许叫我阿姨！"还常常不给孩子饭吃。孩子上学如果回来晚了，赶不上吃饭，就得挨饿，剩下的馒头李丽英扔到垃圾箱里去，也不给孩子吃。有一次星期天请客，剩下了饺子却不给孩子吃，保姆看不过去，暗地给他俩吃点，李丽英知道了训斥保姆一顿，说："谁叫你给'牲口'吃的。"还有一次，在中秋节早上剩下几个包子，李丽英对保姆说：给我留着，等我回来吃。但她一玩玩到晚上十点才回来，宁让包子搁馊了，也不给孩子吃。这两个孩子常常饿得发慌，同院的看着不忍，就给点吃的，李丽英大骂人家多事。孩子

有时哀求公务员给他们东西吃，李丽英就不许孩子进办公室。李丽英不准孩子同自己一起吃饭，说什么"牲口"怎么能同人一起吃饭。不但不让孩子同大人在一起吃，还不论天热天冷，一概把孩子撵到院子里，在大石头上吃饭。两个孩子睡在小茶炉房里，有一次一个孩子因为冷得受不住，跑到李丽英住房外间屋保姆的床上睡了，李丽英看见了就恶狠狠地把孩子赶起来撵出去，还骂："'牲口'和人不能在一起睡。"这时，另一个孩子在旁边看着很气愤，李丽英就瞪眼厉声喝道："看什么！再看把你眼睛挖下来！"两个孩子已经变成孤儿，流落在同院的宗局长家里住着。孩子穿得更糟：满身破烂不堪，没法换洗，以致生了虱子；冬天裤子破的露屁股，保姆想给补补，向李丽英要布要不到；孩子的鞋底已破成了窟窿，有一次因到苏联展览馆参观，孩子的脚磨得出了血。

李丽英对这两个孩子如此恶狠的折磨，但她自己不但不承认错误，别人同她谈起这事，她还不高兴。有一次，她的科长要帮助她认识错误，她竟破口大骂："滚蛋、瞎眼"等等。

李丽英的行为谁看见了也要气愤的吧！但张处长却熟视无睹，无动于衷，他只看见了爱人年轻漂亮，却看不见亲生儿女的眼泪。长时期以来，他听任李丽英任意迫害孩子，从没有吭过一声。

孩子是人类的未来，宪法规定要保护孩子，因此戕害孩子的行为是绝对不能容许的。希望李丽英和张处长所在单位，对他们俩虐待孩子的行为给以严肃处理。[①]

很多革命干部在老家有包办婚姻，有文化程度不高的原配妻子，与原配妻子育有子女。新中国成立后，有些干部进入北京工作，再婚的非常多。他们之前的子女在老家的生活环境不好，到北京投奔父亲也是理所应当。但继母与这些子女的关系就比较难处理了。

三　儿童教育

新中国政府非常重视儿童的教育，当时的口号"儿童是祖国的希望"，

---

① 《北京日报》1955 年 4 月 20 日第三版。

培养好少年儿童不仅是家庭的事情，更是关乎国家未来的大事。新中国对儿童保育和儿童教育高度重视，人民政治协商会议共同纲领除规定了包含儿童教育在内的文化教育政策外，还在第 48 条特别规定："注意保护母亲、婴儿和儿童的健康"；中华人民共和国第一部《婚姻法》《工会法》也都以保护儿童利益作为立法原则之一。在这一原则指导下，新中国的儿童福利事业得到迅速发展。

由于 20 世纪五六十年代是生育高峰期，一下子出生了很多儿童，在新中国建立初期，幼儿教育和基础教育刚起步，托儿所和幼儿园纷纷建立起来。孩子们在托儿所和幼儿园接受了较好的基础教育。

当时北京市建的托儿所和幼儿园的条件比较好，托儿所的保育员是经过专门训练的，幼儿园里的老师是幼师毕业的，基础设施各方面都比较完善。

图 5 – 1　托儿所和幼儿园里的孩子们

图片来源：《人民画报》1955 年 6 月、1953 年 5 月、1951 年 6 月的封面，展示了孩子们在幼儿园的快乐时光和保育员、大夫精心照顾托儿所里的孩子们。

而街道和单位所建的托儿所和幼儿园的环境和师资情况就不一定有保障了。下面以西城区为例，看看 1958 年幼儿的入托情况。当时，西城区共有 3 岁以下儿童 95492 人，3 ~ 7 岁儿童 103201 人，总计 7 岁及以下儿童共有 198693 人。当时全区共有各种托儿组织 347 处，共收托儿童 40208 人（其中街道上建立的为 217 处，收托儿童 21107 人），收托儿童占 7 岁及以下儿童总数的 20.3%。当时一些家庭因为有老人帮忙照顾孩子，或是孩子的母亲还没有参加工作，所以孩子的入托率不是太高。再有一个原因，有些家庭因为经济条件不够好，所以孩子没有办法入托儿所和幼儿园。这里有几组访谈是关于孩子上托儿所和幼儿园的。

案例（一）

受访者：W先生，1932年生于河北保定，1956年随部队到北京，后转业，一直从事地矿业工作。

> 采访者：您家那时候您是主要的经济来源，奶奶是什么时候出去工作的？
>
> 受访者：孩子上托儿所以后。有个条件，能吃饭才让上托儿所。
>
> 采访者：哪办的托儿所？
>
> 受访者：有的是单位的托儿所，有的是街道的托儿所。①

案例（一）受访者家的情况是，起初是丈夫在外工作，妻子在家带孩子，等家里的条件好一点了，孩子才能上托儿所，孩子上了托儿所，妻子才有时间出去工作。

据笔者访谈得知，有些比较好的托儿所和幼儿园收费不低。

案例（二）

受访者：C先生，祖籍江苏无锡，79岁，大学学历，20世纪50年代来京学习、工作、定居。

> 采访者：孩子上幼儿园，是全托吗？
>
> 受访者：不是，日托。
>
> 采访者：一个月花多少钱？
>
> 受访者：记不清了，也有伙食费，学费，得二十来块钱一个孩子。②

案例（二）受访者将孩子送到国家机关的幼儿园，估计条件会比街道或一般企业单位办的幼儿园好一些，所以价格比较高，一个孩子每月需要花费20多元。

---

① 梁景和主编《中国现当代社会文化访谈录》（第五辑），首都师范大学出版社，2016，第294页。

② 同上书，第336页。

案例（三）

受访者：H 女士，祖籍江西，76 岁，1956 年来北京，电车公司售票员，丈夫为抗美援朝复员军人。

> 采访者：家里孩子多吗？
>
> 受访者：三个，一个男孩两个姑娘……
>
> 采访者：年轻的时候，您和爱人都上班，孩子怎么办？
>
> 受访者：放在托儿所啊。
>
> 采访者：双方的老人没来吗？
>
> 受访者：都在老家了。那时候托儿所 15 块钱，我拿 7 块钱，公家拿 8 块钱。[①]

案例（三）受访者退休前是一位公交车售票员，她和丈夫都参加工作，孩子送到托儿所里。当时公交公司的待遇比较好，给职工的孩子出一半的托儿所费用，以便于职工安心在岗位上工作。

案例（四）

受访者：D 女士，吉林通化人，1934 年生，大学学历，1989 年退休后到北京定居。

> 受访者：要是上个好幼儿园，十多块钱，八九块钱，我说这话是 50 年代到 60 年代的事。幼儿园全托啊，咱们当老师的，把孩子礼拜一送去，礼拜六晚上接回来。幼儿园负责洗澡、理发，什么都管。这是第一个原因。第二个原因，为什么把孩子送去呢？家里粮食不够吃，一个人一个月几斤大米几斤白面。[②]

案例（四）受访者是吉林省通化市的一位中学老师，那个时期的吉林通化好的幼儿园费用大约需要 10 元钱，比北京的费用低一些。这位老师谈到把孩子送到幼儿园的全托，只有周末才把孩子接回家团聚。原因第一是当老

---

① 梁景和主编《中国现当代社会文化访谈录》（第五辑），首都师范大学出版社，2016，第 342 页。

② 同上书，第 304 页。

师的工作忙，没那么多时间照顾孩子；第二是家里的粮食不够吃，把孩子送到幼儿园，孩子就饿不着。可见当时地方上的粮食供应是比较紧张的。

当时街道办的托儿所条件相对于大企事业单位和大的公办托儿所较差，"由于在开始建立时，多是因陋就简，白手起家，因而不少托儿组织没有应有的房屋与设备，没有固定活动地点，有的保教人员带着孩子在大树下，胡同里、院子里与室内轮换活动，有的虽有房子也是拥挤不堪。如兴化寺幼儿班 65 个孩子只有半间房，皮库胡同幼儿班 40 个孩子，只有一间房，槐树胡同幼儿班 121 个孩子只有两间房，孩子们只能在室内一个挨一个地坐着无法活动。"① 由此可见，有的托儿所里的环境并不怎么好。到了冬天，取暖也是一大问题，针对此一情况，当时的托儿所曾发动机关及群众大力支援，市民帮助托儿所提供房间、提供炉子等，"但仍缺 600 套，需款 13200 元，再加上煤费 51597 元（按每炉一冬一吨计算）共需款 64797 元，目前尚无法解决。"②

街道托儿组织的保教人员中，绝大多数没有经过专业训练，业务水平普遍较低，对幼儿的教育不够好并有粗暴的行为，托儿所里的卫生条件也较差。"如口袋胡同一保教员，因孩子不听话就用脚踢孩子，有的摔孩子，有的绑起孩子的手，有的把孩子关在屋子里。在卫生上有的用一条手帕给几个孩子擦鼻涕，一个脸盆给几个孩子洗脸，这是普遍现象，也有的用一个碗一个匙子给几个孩子吃饭。"③ 这些问题如不解决，将直接影响儿童身心健康。

为了加强保育员的业务水平，1958 年西城区成立了保训班，开始对1030 名保教人员和一些准备做保教工作的家庭妇女进行培训，由 27 名二师、幼师、护校、卫生学校的教师及幼儿园园长、医院医生担任教员，并抽出上述四校学生 200 人做辅导工作。训练时间为两个月。除进行训练以外，还

---

① 北京市西城区档案馆（北馆）藏《北京市西城区商业局关于吸收街道妇女参加商业工作的几个问题的请示报告、街道居民参加生产劳动工作的情况汇报及街道妇女评薪转正的意见等材料》，档案号 075 - 002 - 00069，1958。
② 北京市西城区档案馆（北馆）藏《北京市西城区商业局关于吸收街道妇女参加商业工作的几个问题的请示报告、街道居民参加生产劳动工作的情况汇报及街道妇女评薪转正的意见等材料》，档案号 075 - 002 - 00069，1958。
③ 北京市西城区档案馆（北馆）藏《北京市西城区商业局关于吸收街道妇女参加商业工作的几个问题的请示报告、街道居民参加生产劳动工作的情况汇报及街道妇女评薪转正的意见等材料》，档案号 075 - 002 - 00069，1958。

由原基础较好的托儿组织中调出一些保教人员到新成立的托儿组织担负骨干。①

四 节制生育

从 1949 年到 1955 年，中国人口由"四万万"一下子跃升为六亿人口，战后的生息繁衍速度惊人，可是当时国力很弱，工农业生产的发展远远赶不上人口的增长速度。于是在 1955 年 1 月 31 日，卫生部党组向中共中央报送《关于节制生育问题的报告》，报告认为，在中国今天的历史条件下，是应当节制生育的。中国现在已有 6 亿以上人口，每年要增加人口 1200 万至 1500 万人。在目前条件下，人口增加过速，会使国家和家庭暂时均感困难。3 月 1 日，中共中央批准了这份报告。② 中共中央指示指出：节制生育是关系广大人民生活的一项重大政策性的问题。在当前的历史条件下，为了国家、家庭和新生一代的利益，政府是赞成适当地节制生育的。

当时专家讨论过节制生育、实行避孕的问题。1957 年 2 月 23 日，北京 30 多位著名医学家座谈了晚婚和避孕问题，全国人民代表大会代表邵力子也应邀参加了座谈会。座谈是从广大未婚男女最关心的"晚婚从各方面观察在生理上有什么影响"这个问题开始的。专家们认为，从生理上讲，女性在二十岁到二十五岁、男性在三十岁到三十五岁结婚并不算晚婚，因此，谈不上对人的生理有什么影响。妇产专家林巧稚说，妇产科还找不出任何根据说 25 岁左右结婚的女子不易怀孕或怀孕后难产。专家认为，从妇产学上看，女子 25 岁结婚是最好的时期。对于避孕方式，泌尿科专家吴阶平说，男性结扎输精管是简而易行的绝育方法。这种手术没有痛苦，对正常生理没有障碍，手术后对性生活没有影响。妇产科专家宋鸿钊说，某些妇女结扎输卵管后身体的变化，不是由于手术本身引起的，而是由于手术技术不好引起的。他认为目前推行的用避孕器械、药品以及计算安全期等避孕方法都有效果，但不一定适于在广大群众中推广。现有的方法如用子宫帽、安全套、避孕药膏等都

---

① 北京市西城区档案馆（北馆）藏《北京市西城区商业局关于吸收街道妇女参加商业工作的几个问题的请示报告、街道居民参加生产劳动工作的情况汇报及街道妇女评薪转正的意见等材料》，档案号 075－002－00069，1958。
② 旷晨、潘良编著《我们的五十年代》，中国友谊出版公司，2005，第 72～73 页。

是很好的，但人们不愿使用或不能坚持，其原因是不习惯，或是怕麻烦。人工流产有一定的危险性。人工流产有两种：一种是动手术刮子宫，一种是打胎；两种比较起来，手术较安全，但都有缺点。但专家也提醒，人工流产对身体危害很大。①

国家卫生部门也加强避孕指导和宣传，有些城市如沈阳、济南、太原、秦皇岛等，已举办过避孕展览会。北京市在"三八"妇女节举办大型的避孕展览会。卫生部宣传处编制的小画册"避孕前后"和"避孕指导手册"、幻灯片等，发行量很大。

由于当时节育是国家的一种倡导，并没有强制实行，对节制生育积极响应的家庭主要是干部家庭，夫妻二人是双职工，工作繁忙，都没有太多时间照顾孩子，所以干脆少生。笔者访谈过一个老先生，八十三岁，他和老伴只有一儿一女，孩子非常孝顺。问他为什么没有多要几个孩子，他说孩子太多费事儿。

许多妇女对于避孕工具不会用，或者根本不相信避孕。农村妇女对节育要求很迫切，但不懂得避孕方法。有的人怀了孩子，就故意参加重劳动，或乱服堕胎药物，对身体健康影响很不好。当时许多人对节育还有很多思想顾虑和不正确认识。例如不相信避孕的效果；担心使用避孕工具和药物会影响健康和性生活；有的人怕麻烦而不避孕；有些妇女怕羞，不敢谈避孕，不敢接受避孕指导；有些人有迷信思想，认为妇女孩子生的多少，是命中注定的，避孕是缺德的事，等等。

第三节　婆媳关系

从古代延伸至近代的家庭伦理中，公婆在家庭中具有至高无上的地位，儿媳必须对公婆的吩咐无条件地遵行。儿媳在家中的作用除了传宗接代外，还要侍候公婆，从日常起居到侍奉病卧，直至公婆驾鹤，必须毫无半点怨言地侍奉，方为贤良儿媳。儿媳恪尽职守，尽到本分，个别恶婆婆仍然表示万分不满，百般刁难，常常会使用各种方法虐待儿媳，受虐儿媳要么被虐待至

---

① 《对国家、个人、家庭来说，是早婚好还是晚婚好？实行避孕用甚么方法最科学有效？首都医学界座谈晚婚和避孕问题》，《人民日报》1957年2月23日第四版。

死，要么被赶出家门，还有的在恶婆婆过世后才得到解脱，终于是"多年的媳妇熬成了婆"。长年受婆婆虐待，她们也可能将这种痛苦转嫁到自己的儿媳身上，长此以往，形成了世代相沿的社会陋俗。这种旧式的陋俗一直延续到新中国建立，并没有因为新的政治制度的产生而消亡。查阅20世纪50年代的报刊资料，婆婆虐待儿媳的现象并不鲜见。在今天，这些事件应该被整理出来重新反思。据笔者总结，20世纪50年代受虐儿媳的结局一般有三种：第一种是受虐致死；第二种是长期受虐，苦海无边；第三种是借着新制度的建立，获得新生。

苏秀玲自杀是比较有代表性的一例，苏秀玲14岁时就死了爹娘，跟着姑姑、姑夫长大的。1949年3月，她19岁，由姑姑做主嫁给了谢同君，婆婆孙氏，为人非常刁钻。秀玲人老实又勤谨，每天脚不沾地地干活，连婆婆的裹脚布都是她洗。婆婆处处看着她不顺眼，一块胰子都锁在柜子不让她动。吃饭有时就不让吃饱，咸菜吃一顿买一顿，说怕她偷吃。秀玲的丈夫在婆婆的怂恿下打骂秀玲。秀玲像哑巴吃黄连，有苦诉不出，只好全闷在心里。开始的时候，秀玲闷急了，就自己偷偷哭一场。以后她变了，婆婆骂她，她就骂婆婆。有时候早上不起，婆婆叫她，她也不理，躺在床上唱歌，婆媳闹得更厉害了……后来秀玲夜里吃了红矾自杀了。[1] 苏秀玲一开始忍气吞声，后来与婆婆对骂，最终绝望自杀，一条典型的旧式受虐妇女的生命轨迹。这件事发生在1950年，新中国已经建立，妇女解放的口号早就喊得响亮。但苏秀玲没有受过教育，长期被困在家中，不知道外面的世界如何。所以年轻的生命只能遵循传统的方式无声地陨落，若不是正好有杂志登载了她的事情，至今又有谁会知道她的遭遇呢？绝大多数的受虐致死的家庭妇女都像一粒尘埃，来了又去了，无人问津。新国家刚刚建立，新旧社会制度交替的阶段，没有人为她们讨一个说法，也未见法律对恶婆婆孙氏有任何制裁。

还有些家庭妇女长期被婆婆、丈夫虐待，贾凤云就是一例。贾凤云1941年和张张氏的儿子张树林（在人民印刷厂工作）结婚，每天从早晨五点钟起来干活，干到深夜十二点多钟才可以休息。张张氏从来就没有让儿媳吃饱穿暖过，三九天，不给她棉鞋穿，屋里不让生火；她和孩子盖一条很薄的棉被。冬天叫她用凉水洗衣服，不给她肥皂，洗不干净还要骂她……抽她耳

---

① 《北京妇女》第7期，1950年6月1日。

光，把她的头发大把大把地往下扭。她不许贾凤云的孩子叫她妈。从生下来到现在，这个孩子对他母亲连一句"妈"也没喊过……恶婆婆还叫孩子咬她母亲的乳房，咬得鲜血直流。张张氏经常挑拨她儿子张树林打骂她，不许他和她同居，挑拨儿子和儿媳妇离婚……①贾凤云被恶婆婆虐待了十一年，新中国建立后，东单区妇联也知道了这个情况，但一直没有解决。贾凤云后来的生活到底怎样，由于缺乏资料，笔者并不清楚。我们可以看到，贾凤云完全是一个旧式的家庭妇女，已经习惯了被虐待，完全没有一点自我解放的意识。虽然当时已经是 1952 年了，《婚姻法》已经颁布两年，她似乎完全不知道有这么一部法律，也不知道法律是可以保护自己的，她只好对命运逆来顺受。试想，如果她同意和丈夫离婚，至少能够摆脱恶婆婆和丈夫的虐待。然而，从她的表现看，她根本就认为离婚是被夫家扫地出门，是奇耻大辱，宁可饱受虐待也不愿意离开婆家。就算是离婚了，自己到哪里安身立命呢？很可能面临"娜拉"一样的难题。再者，亲生儿子也是她的牵挂。

除了自杀和在苦海里挣扎的家庭妇女，还有一部分受婆婆或丈夫虐待的家庭妇女比较幸运，借着新中国的春风，跳出苦海，走向新生。《北京妇女》杂志于 1950 年 7 月报道了《安淑珍冲出了封建家庭》，作者是一位去北京市南横街调研的干部，她亲眼见证了安淑珍摆脱公婆虐待，赢得人身自由的过程。安淑珍 16 岁那年，她爹在一个朋友家喝酒，马马虎虎就把女儿的亲事订了。婆婆经常虐待她，她挨了不少打，十回有八回是因为看书。安淑珍是一个爱读书的女性，常常偷偷跟别人借书看，还想自己写自传。新中国成立了，婆家更不准她出门，害怕她跟干部接近。安淑珍在干部的帮助下，考上了保育员，毅然地离开了婆家。参加工作不久，就成了光荣的青年团员。她坚决提出要和她丈夫离婚，主动提出不要她丈夫给她的生活费。②

以上三例是比较有代表性的，三位受虐待妇女，三个结局。其实在当时，还有许多受虐待的事情。限于史料原因，笔者难以对在新中国建立之后（主要是 20 世纪 50 年代）仍受婆婆虐待的家庭妇女的数量和生活状况做出统计。我们主流的学术书写都在关注那些历史上"变化"的部分，而像家庭妇女受虐待这样一直静态持续着的事件，并不是社会的少数，却因为这种现象不是变化着的历史而被忽视。

---

① 《北京日报》1952 年 12 月 18 日第二版。
② 《北京妇女》第 8 期，1950 年 7 月 1 日。

随着新社会风尚的确立，婆媳关系出现追求平等的趋向，这种新式的婆媳关系被大加赞扬。

好婆婆和巧媳妇

在"四代同堂"的大家庭里，段淑芳上有老婆婆，下有儿媳妇和小外孙女，全家十三口，相处得和和睦睦。

段淑芳十七岁结婚，做儿媳妇有三十多年了。她没有跟婆婆红过一次脸，婆媳之间，总是互相体贴，彼此关怀。段淑芳常常对人说："老人把我们抚养大了，谈何容易。做儿女的应该体贴老人的一片苦心，婆婆八十多岁了，我要好好地照顾她，叫她愉快地度过晚年。"天气冷了，她叫婆婆多穿衣服；有时婆婆午睡忘了盖被，她就轻轻地给她盖好。婆婆年岁虽大，却还爱吃点硬的，在下面条时，段淑芳开锅前先给婆婆捞出一碗；春节前，孩子们讲节约不添新衣，段淑芳说，"老人的心情跟咱们不同"，给婆婆还是做了一套新衣，老太太那份高兴劲就甭提了。

人总是这样，好来好去。段淑芳待婆婆好，婆婆待她也好，把段淑芳看成亲生女儿一样的。有什么好的，就怕段淑芳吃不着，段淑芳做街道工作，有时晚间出去开会，她婆婆总是再三叮嘱她多穿衣服，不要冻着；有时，还催她快去，别误了开会。段淑芳去街道上开会了，家里的一些轻活，婆婆总尽量分担。

段淑芳待婆婆如亲妈，对儿媳妇就像对自己的女儿一样，她一谈到她的儿媳妇，就这样说："崇廉呀，父母都不在北京，我要格外地疼爱她，叫她安安心心工作。"儿媳妇是南方人，爱喝汤，婆婆常给她做点榨菜汤什么的。有回，崇廉随便说了句："我的蓝棉袄有点脏。"说完就穿了别的衣服上夜班去了。第二天早上回来一看，床上可不就放着干干净净的一身蓝棉袄吗！原来头天晚上，她婆婆就将它连拆带洗，用颜色煮了又烤干，当晚就做上了。

崇廉待她婆婆，就像段淑芳一样地好，不但在生活上很关心婆婆，还帮助婆婆学文化，帮助她做街道工作。前年，崇廉在机关里被评为优秀工作者；她婆婆在文化学习中是个优秀学员，在去年还出现在了全国职工家属代表大会。这三代真说得上"模范婆媳"哩。①

---

① 《北京晚报》1958年4月12日第三版。

图 5 - 2　　《婆媳上冬学》

图片说明：作者汤文选，作于 1954 年。此图为中国首枚美术邮资信封选用。

婆媳之间出问题，除了传统的尊卑关系外，还有经济方面的问题。婆婆想着控制家里的经济大权，统一分配全家的钱物。不少年轻的儿媳在外面有工作，有收入，她想支配自己的钱财，于是和婆婆产生了矛盾。再有一种情况，儿媳娘家的家庭负担重，儿媳如果身为长姐，即使出嫁了也需要承担起养家的重担，而这也常常成为婆媳矛盾的导火索。

妇女难道没有扶养家庭的义务

一个女孩子从出嫁那一天起，她的命运就由婆家来支配了。在过去的旧社会，这种现象并不奇怪，可是在男女平等的新社会里，人们的脑子里仍是那么想，就十分可怪了。

有一位女技术员，已经结婚，她的月薪是六十多元，因为父亲收入少，还要供应几个小弟弟上学，做女儿的就寄了二十块钱给她的父亲，其余的钱都交给婆婆使用，这件事情引起了一场家庭风波，她的婆婆逢人就是一顿诉落：咱们家真是有福气，娶了一个孝顺媳妇，有钱就往家寄，真是添了一个白吃饭的，就没有捞到一个挣钱的。上了年纪的人啰嗦几句也就算了，想不到正在大学读书的小叔、小姑也凑上来了。小叔说："嫁到我家就是我家的人，她有什么权力寄钱出去？要寄钱至少也得开个家庭会议来决定吧！况且只有儿子养妈的，没有叫女儿养父亲的道理！"

这位女技术员不愿和他们争吵，怕引起更多不愉快。夜深人静时，她扪心自问：难道女儿就没有扶养父母的责任吗？

有一位大学教授近来对他的妻子大发雷霆，原因是妻子给了她的妈妈一些钱。说来是应该引起人们同情的，那位老太太的儿子死了，就剩下这个女儿，孤苦伶仃，做女儿的当然有扶养之责，何况她支出的不是从丈夫口袋里掏出来的，而是她自己在中学里教书的工资。奇怪的是这样一位高级知识分子的大学教授也是这么一副脑筋！男女平等早已为人所皆知的口号了，可是遇到一些切身利益有关的，特别是经济问题，就忘记了"平等"之说了。埋藏在人们灵魂深处的男权统治的旧意识就耀武扬威地支配一切了。要不然，妇女扶养父母本来和男子扶养家庭一样的合理，为什么常常引起不愉快的家庭风波呢？[①]

结了婚的女儿还要养娘家人在那个时代确实不容易。笔者访谈过一位结了婚还要养活老母亲和弟妹的女士。

受访者：D女士，吉林通化人，1934 年生，大学学历，1989 年退休后到北京定居。

> 受访者：我爸爸走得早。我是老大，谁家有个什么大事小情的，都上我这来汇报。我爸爸走的时候，三个大的结婚了，又一下子下乡四个。我妈妈是小脚，做裁缝，生活可不容易了。我帮衬着，一个月六十块五，给我妈妈二十，一直到他们下乡回来工作了。[②]

这种已婚大女儿照顾家，给家里钱的事情是不少的。俗语说："女儿是妈妈的贴心小棉袄。"女儿无论出嫁与否，都惦念着家，牵挂着自己的父母。当时几乎没有什么社会保障，子女多的家庭一般来说负担也相对要大，这样的家庭在很大程度上依赖成年的能挣钱的子女的接济，几乎形成了大孩子养小孩子的局面。

中国家庭最重要的三个关系，夫妻关系、亲子关系、婆媳关系，有的关

---

① 《人民日报》1956 年 12 月 2 日第八版。
② 梁景和主编《中国现当代社会文化访谈录》（第五辑），首都师范大学出版社，2016，第291 页。

系好处理，有的关系不好处理。相对来说，亲子关系是最好处理的，因为多数家庭中的孩子是亲生子女，父母与子女间有天然的血缘关系，所以父母疼爱和教育子女都是顺其自然的。而因共和国十七年间的北京地区个别家庭的亲子关系比较复杂，有的家庭有前婚子女或领养子女，所以这些家庭的父母可能对孩子就不那么怜爱，甚至存在虐待孩子的现象。

夫妻关系不同的时代，不同的家庭，会有不同相处方式。新中国成立后，由于国家法律和社会风气都要求男女平等，女性在家庭中的地位比从前提高了很多。再加上不少女性参加社会工作，有了经济来源，自然"身板硬了，底气足了"，夫妻二人也比较平等。但也有一些家庭妇女受传统影响很深，在新中国时期仍然受着丈夫的压迫。

婆媳关系历来是中国家庭关系中很难处理的一种。究其原因，（1）婆媳之间没有血缘关系，不容易产生感情，媳妇嫁进婆家，婆婆不容易接受作为媳妇的"外人"。（2）婆婆生养儿子20多年，儿子结婚后，与媳妇的关系比母亲的关系更近，婆婆在心理上出现落差，不喜欢媳妇"抢"走儿子的感情。（3）媳妇与婆家的生活习惯不同，容易产生矛盾。新中国成立以后，婆媳关系经历了很大的变化，欺压媳妇的恶婆婆虽然一直有，但是越来越少；新式的追求平等互爱的婆媳关系越来越多，受到普遍的好评。

第六章　家庭的休闲娱乐

新中国成立初期，不仅人们的物质生活匮乏，精神生活除了接受爱党爱国的政治教育之外，表面看起来也是乏善可陈的，可是细细研究起来，还有一些显著的带有年代特色的休闲娱乐方式，非常值得回忆。不论是古代还是现当代，休闲娱乐都是带有阶层性和身份性，不同的阶层，不同的收入，不同的社会身份，娱乐方式是有差异的；而成年人和孩子们的娱乐方式也有着显著的不同。

如果是高干家庭，成人与孩子们可以选择的娱乐形式相对会比较多，而就一般收入的普通市民而言，当时比较时尚的休闲娱乐方式主要是看电影、听收音机、看报纸、看小人书等，特别是前两项，是全家老少皆宜的。有些单位工会举办交谊舞会，举行茶话会等，给年轻人创造交友和恋爱的机会。这些都是新中国成立后新兴的娱乐方式，还有一些传统的项目，特别是有老北京特色的传统娱乐形式，在"文革"前的十七年中，几乎没怎么受到太强烈的破坏，是很受欢迎的。

第一节　成人的世界

当时上班的成年人工作时间比较长，一周有六天是工作日，只有星期天休息。有的人星期天也不一定能在家里好好休息，还要参加一些义务劳动，把时间无私地献给新中国的建设事业。笔者访问过一位老先生，问他关于义务劳动和娱乐活动：

受访者：Q 先生，原为大兴县人，20 世纪 50 年代来北京市内工作定居。

采访者：那时候义务劳动是发自内心的吗？

受访者：那时候没有礼拜天，礼拜天还得挖防空壕去。那时候与苏联绝交以后口号是"深挖洞广积粮，备战备荒为人民"。人家都去，你怎么那么落后啊？

采访者：愿意去吗？

受访者：愿意。那时候看国家有希望，起码不打仗了。那时候生活简单，吃完晚饭就睡觉了，没什么娱乐。

采访者：看电影什么的吧？

受访者：也看。有时院里拉一个大幕布，晚上搬个小板凳就去看。

采访者：还有什么业余生活？

受访者：打扑克，下象棋，就这些。那时候没打麻将的，没钱啊。四个职工，都挣四十多块钱，一下子输四十，怎么生活啊？没这闲心。

采访者：家里有收音机吗？

受访者：我条件还可以，六几年的时候买个收音机，八十多块钱。但是不听啊，舍不得电啊。也没时间啊，礼拜天义务劳动也累，电灯25瓦的，劳动完了拉灯就睡觉。①

图6-1　参加十三陵水库建设的义务劳动者们

图片来源：《人民画报》1958年4月封面。

---

① 梁景和主编《中国现当代社会文化访谈录》（第五辑），首都师范大学出版社，2016，第329页。

当时人们的业余生活比较单调，大家常常把自己的休息时间无条件地献给国家，而在留给自己的时间中，也多是打扑克、下象棋、听收音机之类比较简单的娱乐休闲活动。这位先生特意说起当时没有赌博的，因为工资不多，一旦输了钱，这个月的生活费就无着落了。这也体现了当时人手中没有多少积蓄，除了工资之外也没有别的收入，基本上是"月光族"，衣食住行，全靠工资。所以现在的老年人，当初的年轻人，常常说起曾经"凭着一个月几十块钱，养活了全家老小"，话语中透露着自豪，也透露出艰难。

上述谈话基本上代表了当时人的日常生活，国家和政治命令永远是第一位的，必须无条件付出自己的业余时间，去完成国家的事业。而当时人的想法也很单纯，很无私，只要国家需要，自己必须冲上前去。人们普遍具有牺牲自我成全国家的勇气和决心。个人的事情，永远排在国家后面。非常重要的一点，当时人心中很少有"享受"的概念，偶尔出现喜欢"享受"的人，会被当成负面典型而遭到批判。笔者翻阅当时的报纸，经常会发现那些喜欢漂亮衣服或喜欢听戏的女性被当成批判的对象，批评她们有享受思想。那时的口号是"吃苦在前，享受在后"，当时人吃的苦自然不少，而享受，大概是改革开放后，特别是那一代人在退休后才能真正体会到。当时对于"享受"思想的批判，笔者以为基于两点原因：第一，新中国成立之初，物质生活匮乏，人们只有齐心协力创造出好的物质基础，才有享受的前提，否则，连可以享受的物质基础都没有，谈何享受？第二，中国共产党一直有着艰苦奋斗的传统，老一辈的共产党人在极为困难的条件下缔造了新中国，在新中国初期，特别注意党风与传统的保持，注意抵制"糖衣炮弹"的"腐蚀"，所以批判享受思想也是情理之中。

笔者总结当时成年人的娱乐休闲活动，大致有三种。

一　看电影

电影在当时人心目中占有极为重要的分量，现在人们每每回忆起来小时候看电影的经历，无不侃侃而谈，兴致盎然。当时电影的普及程度非常高，电影放映的场合也很广泛。城市里的人们可以手持电影票，到电影院对号入座，享受电影带来的乐趣。在郊区或农村，虽然没有固定的电影院，但是常常有流动的电影放映员携带着放映机、胶片和大幕布，定期或不定期地到各地，寻找一块空场地，悬挂好白色的大幕布，天黑了人们搬着小板凳从四面八方纷纷前来观影。这种室外电影一般是免费的。而 20 世纪五六十年代的电影票也不贵，成年人的全价票一般是三分、五分钱左右。笔者曾经访谈过一位北京的年近 60 岁的先生，他说小时候学校发过总计两元钱的电影票，在寒假里看。小学生看电影比成人便宜，看一次只要一分钱，所以他经常去电影院看，由于当时多是一部电影重复地放映，他能把台词倒背如流。当时人们不仅喜欢看电影，也喜欢看介绍电影的杂志《大众电影》，该杂志是共和国十七年间读者最多的文艺杂志。

图 6-2　五张与电影有关的图片

图片来源：从左至右分别为《人民画报》1964 年第 1 期封面，电影《阿诗玛》剧照，图为杨丽坤扮演的阿诗玛；中间三幅为电影《51 号兵站》《英雄小八路》《铁道游击队》的海报；右侧图片为《大众电影》1959 年第 17 期封面，电影《青春之歌》剧照，图为谢芳扮演的林道静。

　　由于北京是全国的政治文化中心，所以这里的电影院比别的城市多。有一些影院历史极为悠久，从晚清和民国时期的影剧院发展而来，至新中国初期还在发挥着作用。据老北京人回忆，当时不仅是电影院在放映电影，还有一些剧院和戏院，也兼放电影。

　　北京的电影事业在初期并无专门放映场所。前门外打磨厂的福寿堂，是北京首次放映电影之处。1902 年 1 月，有个外国人带着影片在此放映，当然是无声短片。次年，华商林祝三从欧美回国，带着电影放映机及一些影片，在打磨厂的天乐茶园放映。随后，电影传入宫廷。据说，慈禧七十大寿，英驻华公使曾进献放映机及一些影片，为祝寿之物，但因手摇发电机出故障，引起慈禧不悦，故而宫内禁演电影。自 1906 年起，一些戏园相继放电影，如大观楼、庆乐茶园、三庆园、吉祥戏园、和声戏园等，但都不是正式影院。

　　北京第一家电影院，是 1913 年开业的大观楼电影院。后来有些专演戏剧的场所也改为电影院。如抗战胜利后，由于大批散兵游勇到处滋事，戏园不能正常演戏，被迫改演电影，每日演三四场，亦有收益。有的场所干脆二者兼之，故此时至今日，北京尚有影剧院之合称。

在我的记忆中，当年的天桥剧场在天桥南大街西侧北纬路。1954年1月16日落成。场内座位舒适，有空调，演出歌剧《茶花女》、《货郎与小姐》，芭蕾舞剧《天鹅湖》等，演出效果良好。这里最初名"和平剧场"，使用时间不长，"文革"时曾一度改名为"红卫兵剧场"。场内分一楼22排，二楼10排，三楼12排三层观众席，共有座位1601个。

首都剧场在王府井大街北口路东，1955年落成，设备良好，座位舒适。舞台台口宽13米，楼下22排，楼上8排，全场共有座位1225个。话剧《雷雨》、《日出》、《北京人》、《茶馆》、《蔡文姬》、《虎符》等，均在此演出，深受观众喜爱。

人民剧场则在新街口南大街东侧，护国寺庙对面，1955年5月落成，建筑物古香古色，独具民族特色，是演出京剧的主要剧场。梅兰芳、马连良、裘盛戎、袁世海等京剧名家名戏，均在此演出，颇受京剧爱好者的青睐。这个剧场楼下26排，楼上16排，全场共有座位1487个。

北京展览馆剧场（原苏联展览馆）是在西直门外动物园东侧，开始建为露天剧场，始建于1954年，1959年加顶，改建为室内剧场，场内规模较大，舞台台口宽18米，43排，共2763个座位。初建时，苏联各芭蕾舞团、交响乐团、合唱团经常在此演出。

在复兴门外的二·七剧场是1960年落成的，以"二·七"铁路工人大罢工命名。楼下24排，楼上9排，全场共有座位1200个。

虎坊桥南路路西的北京市工人俱乐部，1956年元旦落成，门厅的包金大字为鲁迅手迹组成。该俱乐部是综合演出场所。楼下30排，楼上11排，全场共有座位1400个。当年歌剧《江姐》在此演出时，轰动全城。

民族文化宫礼堂在复兴门内大街路北，1959年国庆落成。这座礼堂为民族文化宫的一部分，北京十大建筑之一，具有浓厚的少数民族特色。有32排，共1151个座位。

青艺剧场在东长安街东单北侧，原东单菜市场西侧。上世纪三十年代初，意大利汽车行商人米纳在东单兴建"国际电影院"，即青艺剧场前身。日伪时期改为亚洲会馆，1945年日寇投降，亚洲会馆由国民党政府接收，后退还给米纳之子继承，渐渐衰退，转给英国人，起名"美琪电影院"。解放后，人民政府接管，共青团中央在此举办活动，命名为青年宫。上世纪五十年代中期，改名中国青年艺术剧院，主演话剧。"文革"时曾一度改名为"东方红剧场"，后更名青艺剧场。楼下28排，楼上16排，共有座位1426个。后因扩建新东安而被拆。

吉祥戏院在王府井大街北口金鱼胡同内，是老北京历史悠久的戏院之一，它是随着清末兴建的东安市场诞生的，解放后改为国营。1965年翻建一新，白天演电影，晚上演戏。"文革"时曾一度改名"东风剧场"，1980年恢复原名。楼下24排，楼上10排，全场共有座位1150个。因改建东安市场被拆。现在原吉祥戏院对面又新建"吉祥戏院"，建成后仍做戏院。

在前门外肉市的广和剧场，是老北京最早的剧场，初名查楼，距今三百余年，又名广和楼，到解放前夕叫广和戏院时，已衰败不堪。解放后，在广和戏院旧址上改建为礼堂，并命名为广和剧场。"文革"时，曾改名为"工农兵影剧院"，后复原名。楼下28排，楼上16排，共有座位1426个。

中和戏院在前门外粮食店胡同，开业于清朝末年，原名中和茶园。1951年改为国营，1961年因故停业，1979年彻底改建，楼下23排，楼上12排，共有座位1027个。这个戏院现在好像已经停业。

长安大戏院原在西长安街路南，也就是西单十字路口东南角，开业于1937年，为私人集资所建，是老北京老戏院的原貌保持最完好的戏院之一。1950年改为国营，白天兼演电影，夜晚演戏。"文革"时期曾一度改叫"延安剧场"。楼下20排，楼上9排，全场共有座位1221个。因占地拆迁到东边长安街路北处。新戏院虽好，但没了老长安的韵味。

北京市音乐堂在中山公园内。日寇侵占时期为奴化中国人，1943年强迫市民和学生平整"五色土"东南的高坡地，修建砖砌的舞台和观众席，遂成为实行文化侵略的阵地。因为时以演出音乐节目为主，故名音乐堂。解放后曾改建，座位为板条木长椅，1980年，再度大规模改建，将原露天观众席改为室内剧场。

西单剧场在西单十字路口西北角，其前身是解放前的哈尔飞戏院，上世纪四十年代改为大光明电影院，1954年改为国营，名"西单剧场"，"文革"时曾一度改名"长征剧场"，以演出戏曲、曲艺为主，白天兼演电影。1978 年翻建，增加坡度，取消了楼上观众席。全场共 35 排，1089 个座。后来西单扩建而被拆。

圆恩寺影剧院在东城区交道口南大街路西圆恩寺胡同，1956 年市文化局接管了团中央团校礼堂，增添了剧场设施，名叫圆恩寺影剧院，有座位 33 排，共 1138 个。后改前门在菊儿胡同，叫"七色光剧场"，后又叫个洋名字。

大栅栏路北的前门小剧场，原为清末开业的广德戏院，亦称广德楼，解放前失于火灾。解放后，在原址重建剧场，因其规模较小，改为小剧场，以演北京曲艺团曲艺为主，白天兼演电影。"文革"时，叫"卫东"剧场，1978 年扩建，增设空调及休息厅。有座位 21 排，共 500 个座。

北京杂技团排演场也在大栅栏路北，其前身是开业于清乾隆年间的庆乐戏院，1956 年转为公私合营，后归杂技团专用。楼下座位 17 排，楼上 7 排，共 857 个座位。

中央音乐学院礼堂则在宣武门西大街北侧鲍家街，修建于 1960 年，1979 年正式对外开放。这座礼堂按音乐演出效果设计，故效果极好。楼下有座位 24 排，楼上 9 排，共有座位 969 个。

此外，在甘家口南的物资礼堂，1980 年正式对外开放，有座位 44 排，1600 个；红塔礼堂在复外月坛街，原以电影为主，改建后演大型文艺节目。

记忆中，儿时的电影院还有明星电影院，在东四北大街路西；东四隆福寺街路北有蟾宫电影院；交道口东大街路北，是交道口电影院；东单北大街路东，有大华电影院；西珠市口路南有珠市口电影院，是原来的民主剧场；金鱼胡同东口是红星电影院。还有就是天桥南大街路西的天桥电影院、天桥南大街的中华电影院、东长安街"青艺"西侧的北京市儿童电影院、西单北大街东侧的红光电影院、西四丁字街南侧的红楼电影院、西四十字路口东北角的胜利电影院以及西长安街路南的首都电影院、新街口南大街路东的护国寺影院，西直门内大街则有新街口电影院，劳动人民文化宫内也有个影院……南城也有几家，比如白广路东侧的广安门电影院、花市大街路北的花市电影院、骡马市大街的菜市口电影院和陶然亭公园内的陶然亭影院等。那时，酒仙桥也有两家影院——电子电影院和红霞电影院。

此外，还有各区的工人俱乐部、文化馆、各单位的礼堂……都给老百姓演电影。五分钱一张票看得屁颠儿屁颠儿的，电影文艺是为广大老百姓造福的，当今想起来，心里还美滋滋的呢。①

引文中提到的多个影剧院，其中有少数专门用于戏曲和戏剧演出，多数用于专门放映电影和演戏、放电影兼用。在 20 世纪五六十年代一个城市能拥有那么多家影院，在当时国内城市中是名列前茅的，甚至可能拔得头筹。当然这是首都市民可以享受到的特别的福利待遇，地方城市的市民和非城市人口就难以享受到这么好的福利了。并且当时的电影票非常便宜，男女老少均看得起电影，从这个角度上讲，作为首都的北京市确实做到了"文艺为人民大众服务"。

当时观看的影片，主要是革命片和战争片，以打败敌人为叙事主旋律，以反映中国共产党的艰苦奋斗历程，塑造爱民亲民的正面形象为主要目的。电影不仅是娱乐大众的手段，更是政治宣传的主要工具。十七年间拍摄的影片数量并不少，据笔者看到的不完全的 1950～1966 年的国产影片目录，就有 330 部以上。看似当年可以选择的电影很多，但事实上并非如此。我国对于电影的审查一直非常严格，尤其在新中国成立之初，不少影片（如《武训传》）被扣上各种各样的"罪名"而遭到禁播。当时播放比较多的革命片、战争片、反映新社会风貌的故事片有：《白毛女》《董存瑞》《渡江侦察记》《狼牙山五壮士》《刘巧儿》《柳堡的故事》《南征北战》《平原游击队》《青春之歌》《铁道游击队》《五朵金花》《羊城暗哨》《永不消逝的电波》《英雄虎胆》《冰山上的来客》《地道战》《地雷战》《革命家庭》《红色娘子军》《洪湖赤卫队》等影片。许多台词和影像深深印在一代人的脑海里，中老年人至今仍然喜欢并传唱老电影的主题曲。在审美越来越多元化的今天看来，老电影过于单调和刻板，好人与坏人截然两分的人物形象，使得电影缺乏很多乐趣，更多的是教育和警示作用。当时的人们在没有对比的情况下，看得还是津津有味的。电影在对年轻人及少年儿童的思想塑造方面，起到了潜移默化的作用。除了国产影片，还有不少的国外译制片，上海电影译制厂②在

---

① 《老北京的影剧院》，http://news.163.com/10/0307/14/6169V6C1000146BB.html。最后访问时间：2017 年 1 月 18 日。

② 1949 年 11 月 16 日，上海电影制片厂成立翻译片组，开始译制外国电影。1957 年 4 月 1 日，上海电影译制厂在此基础上正式成立，是我国唯一一家拥有独立建制的译制外国影视片的国有企业。

1950～1965 年译制的外国电影至少有 304 部。① 笔者翻阅 1950 年代的报纸，发现当时登出广告的苏联电影不少，以 1957 年 11 月 18 日的《北京日报》为例，在第三版登出了五部苏联彩色故事片：《仇恨的旋风》《天职》《革命的前奏》《骑鹅旅行记》《唐·吉诃德》。分别在市内的一些剧场上映。有的场次为"学生成人场"，有的为"儿童成人场"，还有的为"儿童或学生专场"。

二　看曲艺和戏剧

老北京人具有看戏剧、看曲艺节目的老传统，这个传统直到"文革"前仍然保持得很好。当时的人们喜欢听戏，看曲艺演出。笔者翻阅当时的《北京日报》，经常能看到各种戏剧和曲艺节目的预告，以 1957 年 4 月 13 日第三版为例，该日上演的节目有：中国戏曲学校学生实习演出的《钟馗嫁妹》《玉堂春》《取金陵》，晚 7 点在长安剧院开演；革新京剧团在东单区工人俱乐部晚 7 点演出《秦香莲》；山海曲剧团在护国寺游艺厅晚 7 点演出《脂肪判》；新华曲剧团在东四剧场晚 7：15 演出《喝面叶》《借罗衣》《挑女婿》；团结评剧团在朝外新声日场演《女开店》、夜场演《盗金砖》；民众评剧团在中山公园音乐堂晚 7 点演《十五贯》；群声河北梆子剧团在天桥丹桂戏院日场演《十五贯》，夜场演《冤缘报》《金水桥》；新中华河北梆子剧团在中和剧院晚 7 点演《朱痕迹》《拜寿》《算粮》《大登殿》；中国杂技团在西单商场由皮德福表演《飞车走壁》……以上列举的只是几个剧场的演出，同版报纸还刊登了其他剧场的演出。之所以有那么多的演出，说明喜欢戏曲和曲艺的观众多。当年的曲艺演出盛况，当今社会已经不可复制了。票价以 2 角至 4 角的居多，虽然当时工资水平低，但戏票的价格也低，一般的市民是可以走进剧院享受传统艺术的。当时不少新进北京城的工人的娱乐活动比较少，好多人是不去看戏的。去看戏的，要么是爱好曲艺的老北京人，要么是条件较好的干部和收入较高的工人阶层。

每逢节日，戏曲演出更是盛行，下列资料是当时人总结的节日戏曲舞台经常上演的剧目。

---

① 这个数字是笔者根据上海电影译制厂 http：//baike. baidu. com/view/206959. htm 中的资料统计而来。

应节剧目一览

"七夕"将近，北京戏曲舞台已经有不少"牛郎织女"出现了。这出戏就是平日也演得很多，不过，它最初是个应节戏。应节戏很多，现在将应节剧目抄录在这里，一看也就知道了。

春节元旦："过新年""鸿鸾禧""青石山""英雄会""翠凤楼""彩楼配""贵妃醉酒""打金枝""镇潭州""定军山""马上缘""朱砂痣"。

元宵节："闹花灯""斗牛宫""上元夫人"。

二月二："彩楼配""闹龙灯"。

三月三："艳阳楼""蟠桃会"。

清明节："状元谱"。

端阳："雄黄阵""斩五毒""白蛇传""雷峰塔""童女斩蛇""混元盒"。

七月七："天河配"（"牛郎织女"）"长生殿""七巧图"。

七月十五："盂兰会""闹龙舟""献鱼篮"。

八月中秋："嫦娥奔月""游月宫""天香庆节"。

九月九："焚棉山"。

除夕："小过年"。①

当时的演出场所，除了一般的工人俱乐部和剧场外，有很多是在天桥地区进行的。晚清以来，天桥是集吃喝玩乐于一体的大型综合娱乐场所，这里是传统的娱乐天堂。天桥的娱乐业一直保持到"文革"之前。

晚清以来，南城天桥地区的商业及娱乐业非常繁荣，有各门艺人在此辟地献艺，各类曲艺演出场所伴随茶肆、酒楼、饭馆、商摊、武术杂技场地蜂拥而起，这里遂成为民间曲艺的集中地。在抗日战争时期，天桥的演艺曾经一度衰落，在新中国成立后，社会越来越安定，天桥演艺复兴，去天桥玩乐的人非常多。笔者访谈过一位曾经在天桥地区唱河北梆子的老艺人，从他的口中，我们渐渐可以感受到天桥演艺曾经给人们的日常生活带来很多欢乐。

受访者：Z 先生，65 岁，老北京人，生于曲艺世家，河北梆子演员。

---

① 《北京晚报》1959 年 8 月 2 日第三版。

采访者：大爷是老北京人吗？

受访者：是的。

采访者：您出生在什么地方？

受访者：宣武老天桥。

采访者：您小时候看过天桥的杂耍、玩意儿吧？

受访者：对。天桥的东西我都知道，整个天桥杂技、相声、变戏法的、砸石头的都有。

采访者：您见过著名的相声演员吗？

受访者：那时候有名的相声演员没在天桥。山东快书有孟广岳在那演出。我看的都是五十年代以后的演出。

采访者：五十年代还有天桥演出啊？

受访者：有，到"文化大革命"时撤了。我印象很深的有拉洋片的小金牙、大金牙。

采访者：洋片是什么样的？

受访者：就跟放电影似的。片子都在上面吊着，一拉，就换一张。有个放大镜，可以看。拉洋片还得唱，他唱上一段后，给你换上一张。还有皮影、各种戏曲，天桥那边光评戏就三个剧场，万圣轩剧场、小小剧院、小桃园剧场。有一个丹桂剧场，是演河北梆子的。天乐剧场是演京剧的，老名华京剧团在那演，现在叫风雷京剧团，他们在湖广会馆那儿唱呢。那时候天桥是个大空场儿，有买卖间儿，也有搭的场儿，放着大长板凳。分好几圈儿，那边是杂技，这边是武术，你演你的，他演他的。天桥那边挺大的，比这公园小不了太多。有演的，也有卖小吃的。

采访者：搭棚子演吗？

受访者：过去没有棚子，有白帐篷，1958 年以后才盖的大篷子。那时候有张宝忠的大刀，大刀比较沉，有一百多斤。宝三儿摔跤，他师傅是沈三儿，也在天桥。小金牙的师傅是大金牙，名字都是这么来的。宝三的名字叫宝善林，那会儿叫"宝三儿跤场"。

采访者：是几个人摔跤？

受访者：两人摔，他带一帮徒弟，还有师兄弟，他们那儿是四方场儿，周围是板凳。中间都是黄土，得挖深了，土松了，摔得不那么疼啊。他的徒弟现在马贵宝（音）还活着，别的可能都没了。

采访者：您说演评戏的剧场就三个。

受访者：对，现在就剩下万圣轩了。还有一个中华电影院，现在德云社那位置就是天乐剧场。现在就剩下这三个了。原来的丹桂剧场、小小剧院、金麟电影院都没了。过去宣武区就是娱乐场所，商业区就是大栅栏。平常的时候坐车看大栅栏里就是人挤人，什么时候人都多。天桥的人也多。我过去上学想从天桥穿过去，走不动，人多。那里就是小吃带玩，没有别的。小吃有羊双双（音），实际上就是羊肠灌羊血，连汤一块儿，倒点辣椒酱、芝麻酱、蒜泥。别的小吃现在还有，驴打滚、艾窝窝、豌豆黄、麻花。

采访者：您家在天桥住？

受访者：对，我父亲是评剧打鼓的，单皮鼓，是司鼓，相当于乐队的指挥。

采访者：您也是搞曲艺的吗？

受访者：对，我学的河北梆子，在丹桂剧场演出。到了1990年，我们团解散了，我到皮影剧团了。

采访者：您原来的团叫什么？

受访者：群生河北梆子剧团。

采访者：后来到皮影剧团了做什么工作？

受访者：给他们配音。

采访者：您现在经常唱吗？

受访者：不唱了。

采访者：原来您学的是什么？

受访者：学的是老生。

采访者：那时候演出多吗？

受访者：多，平常是一天两场，周末是一天三场。

采访者：在天桥演出？

受访者：对，在丹桂剧院。

采访者：从什么时候开始演出？

受访者：从1959年开始，1958年进的科班，之后就开始演出了。

采访者：唱到什么时候为止？

受访者：到1990年。北京就两个河北梆子剧团，一个叫北京河北梆子剧团，原来他叫新中华河北梆子剧团，还有一个是我们的群生河北梆子剧团。现在就剩下他们一个了。宣武现在不好振兴，也是因为它过去是娱乐场所，别的干不了。皇上都要去那地方玩了，到八大胡同逛窑子，八大胡同就是妓院。同治皇帝就是在韩家潭胡同得的梅毒，这是真事。过去说到哪儿玩去？就是逛天桥去，到大栅栏去。过去说恢复老天桥，如果恢复的话，得全部都恢复。世界大赌场、亚洲大赌场、跑马场、红灯区都得有，才是老样子，但是不可能全都恢复。

采访者：您唱戏是童子功吗？

受访者：我从十二三岁学的。

采访者：五六十年代那时候，观众买票看戏吗？

受访者：对。票价不贵，四毛五毛，一个剧场四五百人。三七分，100块钱，剧团拿70块钱，剧场拿30块钱。现在哪成啊？你要租一剧场，先给五万，人家不管你卖多少票。原来剧场次一点的二八分账，剧场20，剧团80。现在演出的地方少，看的人少了，票也贵了。现在的演出吸引力也不行了，电视是家家都有。过去的东西便宜，你去天桥逛，叫两个菜，一碗饭，半斤酒，才一块钱。那时候的宫煲肉丁才两毛八，三毛多钱，还是大盘的。再要一凉菜，也是几毛钱。过去一个人挣三四十块钱，东西也便宜，过的也挺好。现在工资涨那么多，东西也贵了，有的都涨百倍了。

采访者：大爷那时候的工资是多少？

受访者：刚毕业是32，后来是42块5，再后来是50多，1985年还挣50多呢，90年代以后慢慢就上去了。

采访者："文革"时候还唱戏吗？

受访者：唱现代戏，接受工人再教育。现代戏唱《沙家浜》，像我这形象瘦点，就演刁德一；《江姐》，我演甫志高；还有《女政委》《站柜台》《战火中的青春》等。

采访者：您爱人也是搞曲艺的吗？

受访者：她不是，她是工厂的。

采访者："文革"时您到什么工厂里工作？

受访者：我去的调压器厂，学了一门手艺——电工。①

从老艺人的口述来看，天桥地区的演出在"文革"前还是红红火火的，

---

① 梁景和主编《中国现当代社会文化访谈录》（第五辑），首都师范大学出版社，2016，第343~346页。

并没有因为新政府的改善社会风貌、治理旧式风俗而凋敝。众多的曲艺种类，卖力的表演，低廉的价格水平，延续了"吃喝玩乐一条龙"的服务，一般的百姓都消费得起。

天桥地区虽然是一般的百姓吃喝玩乐的绝佳去处，但是天桥地区因为自身的缺陷而风光不再。在 20 世纪五六十年代，全国一片轰轰烈烈搞社会主义建设和政治运动的时候，政府提倡的是勤俭节约、无私奉献，个人的玩乐与享受是不被提倡的。天桥的存在代表着还有一批人热衷个人主义的享受，与国家的主旋律是背道而驰的。在天桥地区的表演中，延续了传统的"封建迷信"一类的东西，这正是国家为树立社会主义形象而需要严厉打击的对象。后来天桥的解散，完全符合逻辑。下文所示的资料，体现了当时人对天桥的质疑：

对"天桥"地区影剧院的意见

"天桥"是北京劳动人民的乐园，在成年累月中，整天的有上千上万的人到这儿来玩，他们是为恢复一天生产的疲劳，为增进身心的健康，来寻求正当文娱活动的，在天桥地区包括电影院、戏院十几个演出场所，是多少劳动人民文化生活的主要供应站。它对劳动人民的爱国主义思想的教育及劳动热情的鼓舞启发上，起着非常重要的作用与影响。

但因为这些戏院影院在设备上的简陋和管理制度上的落后，以至出现许多不够理想的现象和封建残余的毒素，是严重的危害劳动人民身心健康的。

这个地区的影剧场，一般的都是在地势狭小十五公尺——二十公尺左右的区域里要容纳六七百人，由此也就可以想到拥挤的情况了，坐在里边的人想要出去，就得叫坐在外边的人站起来，让出去的人从"椅子"上走出去。男女厕所大都开在场子里，上厕所出入很自然的带进熏人的臭味来；没有观众休息的地方，烟味再伴着臭味笼罩着全剧场。

过去台上唱戏，台下达官贵人们举行宴会，他们一边大吃大喝，一边谈笑风生地看着艺人唱戏。现在天桥区的剧场，前台还卖茶，还允许吃东西（包括糖果、食品等），还允许吃食的在场子里作买卖。

在戏的进行中可以吃茶吃东西，就随便的可以随地吐痰，说不定还会有小孩就地撒尿，大轴戏刚上场，惯例要收茶壶茶碗，几个前台工作人员托着茶壶茶碗四处乱转，紧跟着就扫起地来，这时戏正在紧张的进行着，暴土飞扬卷着烟味臭味。环境卫生，戏剧的教育价值，艺人表演的尊重等问题，一扫无余了！

戏的质量不好，演员因为生活不安定，演出态度不严肃，不卖力气，或是起哄开搅。戏的内容有问题，表演也有问题，二月份（二月二十四日）《北京日报》有一篇谈："加强对民间剧团和戏曲艺人的领导"，具体的说明在戏曲艺人中所存在的缺点如："庸俗色情的表演""欺骗的宣传""说没有意义的故事""陈旧的相声"和"摧残儿童身体的卖艺"，这只不过是多少落后现象中极小部分，也可说极轻微的部分，有的只是没有被热心人发现而已，但这些现象又都集中的出现在"天桥"地区，这就不得不引起我们的重视了。

最近我本人还在"天桥"看到某京剧团演出的"石猴出世"，场上又出现了"丰都城"，角色里又出现了"地府"的统治者"地藏王"，其余的"庸俗""低级""色情""恐怖"的表演和内容不够健康的戏依然存在，我怀着惊奇的心理去探听了一下剧团负责人，我问他："你们排过的新节目，经过领导上的审查没有？"他仅仅苦笑了一下，没有说什么。这一切就都可以明白了，因此我感觉二月二十四日《北京日报》的文章："加强对民间剧团和戏曲艺人的领导"是当前北京文化领导部门应解决的问题。

我曾多次在晚上的时候到天桥十几个演出场去看过，有的剧团演出很严肃，只是上座太惨，场里稀稀落落坐上三五十人，据说演员都以"卖衣服"来维持生活的。全国工商业在公私合营后，对他们的鼓舞很大，他们热烈期待对他们有进一步的具体办法。

天桥区域影剧院都已公私合营，希望能够大力的改进戏院环境，改善卫生条件，改革管理制度，更好的"为人民服务"。①

在新中国成立后，政府对天桥进行一定的治理，填平了龙须沟，修建了马路，翻建、新建了一批剧院、影院及医院、博物馆，组织曲艺、杂技等艺人成立了国营、集体的文艺团体，天桥发生了根本的变化。在演出内容方面，天桥的演员也做出了改进，但似乎观众不买账，"有的剧团演出很严肃，

---

① 北京市档案馆藏《对北京市有关市民福利的意见》，档案号：002－026－00028，1949。

只是上座太惨"，说明革新的曲艺节目对于观众的吸引力不足，观众还是比较喜欢看传统节目。

从全国范围来讲，传统曲艺和戏曲的从事者在革新节目方面做了很多工作，他们把原先带有一定粗俗、封建、色情的民间艺术进行了改革，将其变成雅俗共赏、质朴亲民、有教育意义的艺术。这种改变当然与传统艺术表演者的身份改变有关，旧中国他们是"下九流"的"戏子"，虽然他们表演的节目受观众喜爱，除了个别名角大腕以外，其他的诸如在天桥卖艺者都是社会的底层，身份卑微，不受主流社会尊重。新中国成立后，一些知名的曲艺、戏曲演员如侯宝林、梅兰芳、新凤霞、常香玉、红线女等人受到新中国领导人的礼遇，有的人成为全国人大代表、政协委员，参与国事，并经常到中南海为国家领导人演出，这代表了"戏子"一跃翻身成为受尊重的演员。戏曲、曲艺演出再也不只是他们个人谋生的手段，更是响应并实践"为工农兵服务"的号召，具有积极的政治意义。既然国家给了他们高尚的社会身份，他们的曲艺、戏曲节目理所当然也要配合国家政治宣传，以改进社会风尚为目的。

图 6 - 3　戏曲与舞蹈演出

图片来源：《人民画报》1956 年 1 月、1961 年 10 月、1963 年 4 月的封面。中间一幅为京剧大师梅兰芳的剧照。

据笔者浅见，传统艺术品种多数都有变革，但变革比较大的是相声和一些地方戏曲。先说相声，新中国成立后，以侯宝林为代表的相声演员在相声内容方面做了非常多的革新，如《婚姻与迷信》《一贯道》《相面》《买佛龛》《万吨水压机》等，很多相声段子都是反映新社会新风气的，兼有讽刺旧社会旧习俗。既给听众带来了愉悦，又在潜移默化中宣传了新道德、新风尚。

除了戏曲和曲艺之外，当时首都北京的戏剧舞台上也是熠熠生辉的，许多优秀的剧目和演员给市民带来了很大的艺术享受。当时人们喜欢看话剧、歌舞等文艺演出。当时话剧舞台中最具知名度的北京人民艺术剧院成立于1952年，在五六十年代，这里为观众奉送了《龙须沟》《雷雨》《日出》《北京人》《虎符》《茶馆》《蔡文姬》《骆驼祥子》等一大批优秀的剧目，令观众大饱眼福。而在歌剧舞台上，郭兰英的歌曲可谓沉醉了一代人，她的《山丹丹花开红艳艳》《绣金匾》《北风吹》等歌曲一直传唱至今，经久不衰。

图 6－4　话剧与歌曲演出

图片来源：《人民画报》1959 年 9 月和 1960 年 2 月封面。左为话剧演员朱琳扮演的蔡文姬，右为郭兰英在舞台上演唱。

三　其他休闲活动

（一）　阅读活动

当时报纸和杂志对于一般的市民来讲，是比较重要的稀缺产品，看报纸杂志是一项高尚的文化活动。那个时代，不少人喜欢攒报纸和杂志，以家里报刊多为荣，即使包过食物的报纸也不肯轻易丢弃。为什么人们那么喜欢报刊？第一，当时成年人基本上是从民国时期过来的，受教育水平比较低，很多人不识字，据本文第一章中引用的资料显示，1949 年北京的文盲人数约占人口总数的一半。新中国成立后，大力普及识字运动，不少文盲因此识字并开始阅读文字。报纸和杂志是相对比较容易得到的文字材料，中国人传统上有尊重文字、尊重知识的习惯，所以人们喜欢阅读并收藏报刊。第二，新中国成立后，各种报纸和杂志都归政府管理，基本上所有的报刊都是政府宣传的主要舆论工具，其中承载了大量的国家政治和政策，阅读报刊，可以"与时俱进"地学习政治理论，提高个人的政治修养，也可以准确掌握国家的政策方针。第三，政府提倡并组织阅读报刊，在 1958 年之前，许多家庭妇女还没有出去工作，不少街道居委会每周组织一次家庭妇女读报学习活动，向她们宣讲和传达中国共产党的政策。在这种风潮的影响下，一些政治学习积极的杂院，也常常组织读报活动。第四，除了政治宣传之外，报纸杂志上还刊登了文学、历史、科普等多种多样的文章，在信息来源比较少的时候，读者确实能从报刊中学习不少家庭生活小常识、法律常识、各地风土民情等知识，确实能扩大视野，学习到新东西。

当时有一些成年人喜欢阅读书籍，阅读的对象主要分为几种：（1）马列主义经典著作，主要有马恩列斯著作，以及毛泽东等中国共产党领导人的著作。当时的政治学习之风十分浓厚，人们也以掌握理论为荣。（2）阅读中外的文学作品，如中国传统的四大名著，苏联的文学作品。（3）当时人编辑的一些通俗易懂的书籍。

（二）逛庙会

老北京人具有逛庙会的传统，老北京著名的庙会有成方街、长椿街、白塔寺、护国寺、隆福寺、厂甸、白云观等。此外，还有五显财神庙会，朝外东大桥的东岳庙庙会和蟠桃宫庙会，也都很有名气。北京最知名的庙会要算厂甸庙会。新中国成立后厂甸的庙会仍一直举行到 20 世纪 60 年代初期。厂甸庙会所依托的是位于北京市宣武区南新华街一带的火神庙、吕祖祠和土地祠三座小庙，全盛时的厂甸庙会北起和平门，南抵梁家园，西到南北柳巷，东至延寿寺街，整个庙会的核心是位于新华街的海王邨公园（今中国书店）。因为临近书肆密集的琉璃厂，厂甸庙会的文化气息非常浓郁，有很多经营书籍古玩、字画文具的摊商，这也是厂甸庙会所独具的特色。海王邨公园设有茶社，有各种小吃，游人可以品茶休息。这里还集中了全市民间玩具的精华，比如说风车、风筝、空竹、气球等。可以说，不论是文化人还是普通的老百姓，不论是中老年人还是小孩子，在厂甸庙会，都能找到自己喜欢的玩意。

图6－5　厂甸庙会

资料来源：《人民画报》1960年2月封面，图为春节开心逛厂甸庙会的大人和孩子。

第二节　游戏的童年

据笔者访谈的感受，现在的五六十岁的中年人每当回忆起他们童年的生活，多是喜笑颜开的。小时候的生活虽然清苦，但没有现在的孩子那么多课业负担，玩得过瘾。那个时候普通市民阶层中，家长大多对孩子没有过高的要求，只要孩子茁壮成长就好。至于孩子学习成绩如何，是否有一份特别的才艺，是无关紧要的。

新中国在20世纪五六十年代出现了人口出生的高峰期，那时的孩子特别多，扎堆游戏的也多。基本上有几个或十几个甚至更多的孩子组成一个游戏群体，这一帮孩子的年龄都是相仿的。当时游戏，多是男孩子与女孩子分开进行的，男孩们玩得"生猛"一些，而女孩们玩得文静一些。一个游戏群体中的孩子多是住所较近的，要么是前后胡同的，要么是一个单位大院里的。在一群孩子中，总会出现一两个"孩子王"，带领并指挥大家游戏，这种身份尤其在"军事战争"中凸显得淋漓尽致,"孩子王"一般都扮演着最高长官,指挥着整场"战斗"。而当这个游戏群体中的一个孩子受到了别人欺负时,"孩子王"常常带领大家为这个受气的孩子"报仇"。能成为"孩子王"的孩子,往往自小就性格坚毅有主见,有领袖气质和超强的说服力、感染力,其他孩子一般都心甘情愿地跟着他玩。

图 6-6　女孩喜欢布娃娃

图片来源:《人民画报》1957 年 11 月和 1960 年 4 月的封面。二图展示了当时女孩子们喜爱玩布娃娃。

笔者在访谈中遇到了一位五六十岁的先生,他讲述了自己小时候在北京的游戏经历。

受访者:Y 先生,祖籍江苏,1956 年随父母来京。

采访者:您小时候都玩些什么游戏呢?

受访者:疯跑,玩打仗游戏。我们住的那儿后面有个烧窑的废弃的窑址,有大坑,就在那儿玩。我们住机关宿舍的,一个单位的跟另一个单位的玩儿,去窑地里边,有的守,有的攻,拿着泥巴,玩儿。那会儿上小学,上中学就不这么玩儿了。

采访者:衣服弄脏了,回家父母不说吗?

受访者:怎么不说呀,说。说说也就过去了。那时候上学跟现在不一样,现在孩子压力多大啊,我们没压力,作业也不多。分小组的,一块儿做，会做的先做完了，不会做的就抄吧，也就那么回事。

采访者：那时候还玩什么，我听说有一种抽汉奸的。

受访者：那就是陀螺。男孩子有时候玩弹弓，打鸟什么的。

采访者：那会儿看书吗？

受访者：有，《少年报》什么的已经有了。一人订一份，不怎么看。家长要是喜欢看书看杂志，孩子也能跟着看。我的家长也不看，我也就看看《少年报》。

采访者：那时候报上都登什么内容？

受访者：也就是给孩子看的故事，连环画什么的。

采访者：也看小人书吗？

受访者：也有啊，没钱买。同学看，也就借着看。

采访者：小时候看的连环画多吗？

受访者：也不怎么多。那时候科学院里有阅览室，我们就进去看，看幽默、漫画。

……

采访者：家里人多吗？

受访者：不多，我就一妹妹，家里俩孩子，不多。

采访者：那时领着妹妹出去玩吗？

受访者：不领。女孩跟女孩有一帮子，男孩跟男孩有一帮子，分开玩。那时候孩子多啊，基本上都是四个五个的，还有七八个，甚至十个的呢。一个院的，上学也一个学校，都认得。

采访者：女孩都玩些什么？

受访者：跳皮筋吧，玩拐，就是羊骨头，还有丢沙包。男孩玩的多，拍洋画，拍烟盒，一摞儿，给它扇过去就归你了。男孩还有弹玻璃球，有的水平特高，真不是一般瞎打着玩的，真练出技术来了，离一米多两米多远，"啪"一弹，真能弹着。有的弹得手都出茧子了。冬天也都滑冰车啊。

采访者：冰车是自己做的吗？

受访者：自己做的。用木头钉的框子，下边安上俩铁丝。那会烧炉子，有通火的通条，用那个滑，相当好玩。那时候冬天冷，十一月就能结冰了，十一月就能滑冰了。你想想有多冷。现在到一月才结冰。

采访者：您在南京时候都玩些什么？

受访者：那会小，五岁去的南京，之前在农村，都是随着父亲工作调动才换地儿的。太小，没记着玩什么。小时候爬树啊，下河啊，什么都玩。我十岁来北京，那会树也很大，在树上弄一个窝儿。

采访者：树上也能弄一个窝儿？

受访者：拿树枝、木棍捆吧捆吧，弄点草铺上，没事就上去玩，那树也好爬。男孩都愿意一个人弄一个玩。不像现在的树，都修剪了，可爬不上去。

采访者：那时候学习也不认真吧？

受访者：不认真，皮着呢，老被罚站。夏天抓知了，用自行车里面的内带，熬胶，给剪吧剪吧，放在一铁罐里，在火上烧，特别粘，用这个胶贴知了。有一天我带着知了放在书包里，上课，它爬出来了，"哇"一声飞出去了。得——被罚站了，靠着教室后面的墙站着。皮着呢，也不听讲，学什么呀，不学。我记得头一回挨打的时候在南京呢，三年级，放暑假，疯玩。快开学了，我父亲检查作业，那时候就发了暑假作业的册子，语文好做啊，数学不好做。我就把数学题给抄上了，没做得数。我父亲这一顿打呀，就挨这一次打，那个疼呀。那时候的父母跟现在不一样，现在的父母跟孩子交流多，那时候父母不怎么管孩子，交流的少。[①]

当时孩子们的游戏有不少是带有时代色彩的，如打仗游戏，那时候战争刚结束没多长时间，从战场走出来的人特别多，全国还没有完全从战争阴影中走出来，所以孩子们会效仿战争。孩子们打"国民党反动派"，打"美帝国主义"，从小就把国家意识形态带进了个人的生活和观念中。这从侧面上也反映了国家当时沉浸在战争思维中，少年儿童受的教育和玩的游戏都沾上备战思维。

男孩子们玩得总是很疯狂，受访者的童年是以玩为主，玩大了，也就长大了。上述受访者应该是当时众多北京儿童中比较有代表性的，他10岁之前在南京生活，后来随父亲工作调动而到北京居住，可算是"新北京人"中的一员，他玩的多是全国范围内比较常见的游戏。而对于从小就生长在老北京胡同的孩子来说，他们玩的与"新北京人"略有不同，除了常见的游戏项目，自小就生活在北京的孩子玩得更具有北京特色。如著名电视节目主持人

---

① 梁景和主编《中国现当代社会文化访谈录》（第五辑），北首都师范大学出版社，2016，第322～324页。

图 6－7　男孩喜欢玩打仗游戏

　　赵忠祥，虽然祖籍是天津，但自小在北京的胡同里长大，他在自己的作品《岁月情缘》[1] 中用了很大篇幅回忆了自己儿时的游戏：捉迷藏、玻璃球、拍洋画、养蛐蛐和蝈蝈、抖空竹、放风筝、养蚕宝宝等。特别是养蛐蛐和蝈蝈、抖空竹、养蚕宝宝这几样，是比较有北京特色的游戏，别的地区的孩子虽然也有玩的，但不如老北京的孩子玩儿得多，玩儿得欢。

　　除了游戏项目，孩子们的阅读世界也很值得关注，当时是连环画风靡一时，是少年儿童和一部分成年人喜爱的阅读对象。连环画又称小人书，是用多幅画面连续叙述一个故事，画面上方是图画，下面配上几行文字叙事（也有左图右文或左文右图的），是一种图文并茂又通俗易懂的书籍。连环画对于读者的知识水平要求不高，所以受到广大少年儿童的普遍喜爱，不少成年

———————————

[1]　赵忠祥：《岁月情缘》，作家出版社，1999。

人也读得津津有味。连环画开本比较小，多为 64 开，也有少量的 60 开的，便于携带和翻阅。连环画的种类比较多，主要有：漫画连环画、木刻连环画、年画连环画、影视连环画、卡通连环画等。连环画诞生于 1920 年代的上海，到新中国成立后达到了全盛。连环画也可以说是那个时代人们的主要"精神食粮"。新中国初期的连环画内容不少以土地改革、抗美援朝、婚姻法等国家的大事为题材；也有很多的革命战争故事题材，如《小兵张嘎》《鸡毛信》《地雷战》《地道战》等；一些古典名著和历史题材的故事也成了连环画的表现内容，代表作有四大名著系列、聊斋系列、《桃花扇》、《白蛇传》、《小刀会》、《商鞅变法》等，一些外国文学名著和电影也被绘制成连环画，如《被开垦的处女地》《列宁在十月》等。多种多样的题材，包含了很多的信息和故事，可以说小人书是当时人窥探大世界的一扇窗口。

　　孩子们获得连环画的方式主要有三种：第一种是购买，第二种是租阅，第三种是借阅。家里条件稍好的孩子可以购买小人书，一般是一角多、两角多、三角多一本，个别画工特别优秀，题材特别好的小人书可能要卖上五角多一本。如果是单本买的话，可能问题并不大，如果集全套书，那么不仅仅是钱的问题，还是要花时间的。因为那个时候的很多大型连环画系列是分册出版的，以上海美术出版社出版的连环画《三国演义》为例（见图 6-8），

图 6-8　连环画《三国演义》

这套连环画成书于 20 世纪 50 年代末至 60 年代初，文本作者达几十人之多，历时数载，一共 63 集，共 66 本，要想集齐 66 本，并不是那么容易的，需要多年坚持收藏才可以。孩子们看连环画更喜欢租阅，到书摊或少年宫，花上一分钱，能美美地看上整个下午。孩子们之间也经常想到借阅，互通有无，把你有的书与我有的书相互交换着看，或是直接向同学借着看。不管用什么方式，只要能看上小人书，那么就是开心的事。

除了一般的游戏和阅读之外，当时的少年们都怀揣着科学之梦，他们希望成为共产主义事业的建设者、保卫者，成为改造自然、征服宇宙的英雄。这一时期，学校和社会对科学技术的教学尤其重视。各地成立了很多"少年之家""少年俱乐部"等校外活动组织，让孩子们在轻松愉悦、理论联系实践的环境中学习掌握科学知识。

当时的人，不论男女老少都非常喜欢听广播，广播节目受欢迎的程度应该不亚于今天的电视节目，可能有过之无不及。因为当时可供娱乐形式较少，收音机也没有现在的电视机那么普及，所以听广播是当时人最重要的娱乐形式之一。如果院子里有一家放着收音机，别家的孩子会搬个小板凳来听，把这家门口围得里三层外三层。据笔者了解，20 世纪 50 年代拥有收音机的家庭还不是太多，20 世纪 60 年代，度过了困难时期，家庭条件稍好一些，不少家庭拥有收音机了。一位受访者说："六几年的时候买个收音机，八十多块钱。但是不听啊，舍不得电啊。"① 80 多块钱在当时可不是一笔小数目，一个普通的家庭可得攒上一年半载甚至更长时间。收音机是有了，但是电在当时是个金贵的东西，人们都尽量少开灯，少用电。听广播毕竟属于娱乐活动，不算生活必需品，所以能省则省。宁可收音机闲着也不听。

当时北京有不少青少年，特别是男学生，对无线电特别感兴趣。他们喜欢自己购买零部件，亲自动手组装无线电设备。矿石收音机就是当时孩子们经常组装的无线电设备之一。那时候电费是市民很在意的，而矿石收音机不用电，这在当时也是一大优点。下面的资料，是老北京人回忆的 20 世纪 50 年代孩子们制作矿石收音机的情形。

　　家住崇文区、出身在工人家庭的陈金贵从上小学就迷恋上收音机，那是因为同班同学张仁贵的父亲是资本家，家里有台日本收音机，有次

---

① 梁景和主编《中国现当代社会文化访谈录》（第五辑），首都师范大学出版社，2016，第 329 页。

他去张仁贵家玩儿，张仁贵打开收音机听起了连阔如的《东汉演义》，说的非常传神。后来他老和张仁贵在一起，就是为了放学能到张仁贵家听。由于家里比较挤，张仁贵的母亲把收音机放在家门口，他们坐在院子里听。为了能更多地听，他就找上家里有收音机的同学，向他们推荐有什么好节目，然后一起听。但总归不自由，他幻想以后有了工作一定先买收音机。进了初中，有的同学尝试着装矿石收音机，几块钱就可以装一台，于是他把每天吃早点的一毛钱剩下了，饿了一个月早上，攒下的钱够买零件了。他到花市新华书店里花两毛钱买了一本如何自装矿石收音机的书，他又跑到五金交电商店买了一个成品矿石机，里面密封着一块指甲盖大小的天然矿石（闪锌矿或者自然铜），外面有个小小的手柄连着一根细细的铜丝。可矿石收音机需要的线圈让陈金贵犯了难，因为需要5毛9分，他为矿石收音机已经荡尽了所有的积蓄，到哪里去要5毛9呢。为此他整整等了半年，从夏天直到春节，爷爷和姥爷各给了他5毛压岁钱，等春节刚过，他一溜烟儿地跑到崇文门无线电器材商店，买下闪着亮光的线圈。

陈金贵装好后捏着那个手柄不停地仔细调节那根铜丝，他的心也怦怦地跳动，突然出来了声音，陈金贵高兴地跳起来，不由高喊："我有收音机啦！"此次陈金贵再也不用到同学家了，他用这个矿石收音机听《小喇叭》，听《东汉演义》。陈金贵还不满足，又参加了少年之家的无线电学习班，他的矿石收音机不断地升级。陈金贵11岁那年，班主任在班里宣布："今年5月7日，是波波夫发明无线电60周年纪念日，周恩来总理还观看了孩子们做的矿石收音机。咱们班的陈金贵等同学也都学会了自己安装矿石收音机。根据国务院在全国将一次建立1万个收音机站的指示，咱们学校和咱们班要开展普及无线电技术学习，提倡发明创造。"

陈金贵回忆，那时候不少少年都因为安装矿石收音机成为无线电爱好者。陈金贵后来进了工厂，他心灵手巧，搞了多项发明创造，他特别感谢这段经历。陈金贵说，北京城50年代有矿石收音机的青少年少说也有几万。①

像陈金贵这样的少年非常多，笔者也多次在电视访谈中看到这样的故事。他们大多是积累为数不多的零花钱，购买零部件，然后亲自组装，并因

---

① 金汕：《五六十年代矿石收音机大行其道》，http://blog.sina.com.cn/s/blog_4eddf60c0102dwk0.html。最后访问时间：2017年1月18日。

此爱上了无线电和科学事业。当时有一本杂志叫《无线电》，可见无线电在当时有多么的重要。笔者想象中，那时的少年对于无线电的热爱，绝不会亚于现在的青年对于电子产品的喜爱。况且那个时候，物质条件匮乏，科学事业不太发达，无线电在当时，应该是"高科技"的代名词。

图6－9　《无线电》杂志

20世纪五六十年代的市民家庭休闲娱乐活动从总体上来说不太丰富，但细细看来，也有不少值得回味之处。由于当时全国把政治放在第一位，所以居民的生活基本上要服从政治需要。国家一声号召，居民必须马上积极响应，常常需要付出自己的业余休息时间。

当时人如果喜欢阅读的，在休息时间会看看书报杂志，以提高自己的文化素养和理论水平。也有的喜欢去看电影、听戏，在家或蹭着邻居家的收音机听听广播。而孩子们当时就欢乐得多，几乎每天都会成群结队地玩闹。年纪大一点的孩子，特别是上了初中的，玩的就相对高深一些，他们喜欢搞搞与科学技术相关的活动，做做收音机之类的。总之那个时候的北京普通市民家的孩子童年多是充满快乐的回忆。

结　语

中国历来是一个以家庭为本位的社会，中国人把"国"叫作"国家"，说明在中国人眼中，"国"与"家"是分不开的。所以家庭的命运与国家的兴衰紧密地联系在一起。看似平静的家庭生活的背后，一切都有国家与政治的影子。

20世纪50年代的社会风气、社会面貌，乃至每一个人的面部表情，都发生了"焕然一新"的变化。人们迅速看到了中国共产党作风之顽强，执政能力之强悍。农村重新分配了土地，农民生活有了保障。不仅农村发生了巨大的变化，城里的变化引人注目，普通民众也过上了比从前有尊严有保障的新生活。因为价值观念变了，人们不再以贫困为耻辱。工人、农民、士兵，是无产阶级光辉形象的代言人，而不再是备受有产者压迫的可怜人。

于是，社会生活的每一个层面都变得与从前不一样，现在的无产阶级，从前的穷人，当上了新中国的主人翁，把祖国当成了自己的家。所以，"翻身得解放"的人们释放出了所有的热情和能量，孜孜不倦地为建设新中国而拼搏着。人们忘我的工作与奉献，是对新中国的"解救"之恩的一种回报。

从政治方面讲，世界公认中国共产党的动员能力是极为强劲且富有成效的。中国共产党可以把从前对其不大熟悉甚至敬而远之的民众完全说服，变成其理论和政策的信仰者。

受访者：H先生，79岁，祖籍河北，1948年在河北省参加工作，后调到北京的印钞厂工作。

> 采访者：过去的工厂里经常开会吧。
> 受访者：对，基本天天开会，下了班开会，开会学习。
> 采访者：学什么？
> 受访者：学政治学经济，上马克思主义党课。
> 采访者：学多长时间？

> 受访者：一般是一个半小时，没有一天不开，礼拜一到礼拜六。
> 采访者：你们那时都愿意开会吗？
> 受访者：愿意开会，能学好多知识呢。①

每天的政治理论学习，不仅没有使人感到疲倦，而且还让人喜欢了开会学习，这大概是中国共产党成功的关键因素之一。它调动了多数人的求知欲望，使很多人由文盲、半文盲变成识字，有文化的人。同时，它明确地告诉人们应该感恩谁，应该仇恨谁，并成功地把这种感恩与仇恨变成人们内心中坚不可摧的信仰。所以，人们愿意跟着共产党走，把党的理论变成个人的信仰。

纵观百年来的中国，1949～1966 年的十七年是稳定发展的年代，也是一个比较特殊的时段，是两个动荡无序年代的中间时期，也是一个承上启下的时期。在这为时不长的十七年间，全国人民经历了很多大事：1949 年的新中国成立，五十年代中期的"三大改造"，1958～1961 年的"大跃进"，六十年代前期的经济调整，1966 年开始的"文革"。每一件政治与经济方面的大事，都直接关系到每一个居民的生活，进而影响着千家万户。在日常生活与政治的互动关系中，政治变动较大的时代，对个人的命运的影响会比较大；而在政治稳定，民众会安居乐业，生活受政治影响不明显。在共和国十七年间，虽然政治较之前稳定，但是处于新中国成立初期，一切都在探索中前行，政治与政策较为多变，所以民众的日常生活受政治影响比较明显。北京作为全国的政治中心，这里的居民对于政治更加敏感，居民的生活受政治的影响更为突出。

本文的做法不是先描述国家的政策，然后再叙写民众的反应；而是直接叙写民众的一般生活，顺便窥探政治的踪影。这是想尽量减少先入为主的臆测，尽量客观而真实地描述那个时期北京市民的家庭生活。因为对于市民而言，首先是生活，然后才是政治，当然人们超越不了政治对于生活的影响。正如林·亨特在总结《法国大革命时期的家庭罗曼史》中所说："政治上和家庭上的革命界限纠葛难划，而革命的信仰会狰狞而可笑地沉淀在当时的工艺品中，又偶然地保留至今，有如考古遗迹中不曾被发现的古老文明之残存。"② 笔者所力图呈现的，正是当时家庭生活的一般图像，把这个图像作为

---

① 梁景和主编《中国现当代社会文化访谈录》（第五辑），首都师范大学出版社，2016，第 352 页。
② 〔美〕林·亨特：《法国大革命时期的家庭罗曼史》，商务印书馆，2008，第 202 页。

理解当时政治与社会的一个背景。

　　那么，政治与家庭，到底有怎样的密切关系？笔者从访谈中找到有关"国家"的字句，可以探究"国家"到底怎么样影响民众的生活，尤其是北京市民的生活。

案例（一）

　　受访者：W 先生，1932 年生于河北保定，1956 年随部队到北京，后转业，一直从事地矿业工作。

　　　采访者：您现在想想，五六十年代那时候过得苦吗？
　　　受访者：怎么说呢？你得算计着花，多少口人，多少收入。再一个，那会也没多大油头，国家都给计算好了，什么都定量。发完工资，先把这个月的东西都买好了，不发愁了。零花，有就花，没有就拉倒。①

　　在票证时代，每个人吃多少粮票，自己不能做主，而是国家根据每个人的工作给定量，特重体力劳动者是最多的，每月能分到 60 斤粮食，用一位受访者的话叫"像皇上似的"，而脑力劳动者一个月有的只有 28 斤。这就是差别。中国有句俗语"民以食为天"，吃饭是人生中的头等大事，吃多吃少历来都是自己决定的，而在历时近四十年的票证时代，民众吃多少饭是由国家定量的。国家之所以如此，是因为产量不够，只得计划着分配。由此可见，在那个时代，政治决定了民众最基本的生活。

案例（二）

　　受访者：Y 先生，1946 年生于山东，1956 年随父母到北京定居，曾是工农兵大学生。

　　　采访者：您分配到什么单位工作啊？
　　　受访者：实验工厂，我们单位是做计算机的，电子计算机，还是大型的，机房都看不到边。我们所是咱们国家计算机技术发展最快的一家。②

---

①　梁景和主编《中国现当代社会文化访谈录》（第五辑），首都师范大学出版社，2016，第 295 页。
②　同上书，第 297 页。

这位受访者为自己的单位而自豪，因为是全国计算机发展最快的一家。其实在共和国十七年间，中国的科学技术取得了很大的成就，1956年中国提出了"向科学进军"的口号，其后在原子能、电子学、半导体、自动化、计算技术、航空和火箭技术等新兴科学技术领域都取得了重要的成就，可惜其后的"文革"浩劫严重破坏了我国的科技事业。笔者一直记着上述受访者谈到工作单位时的自豪神情，这不仅为自己自豪，更为国家的科技事业取得成就而自豪。这种真挚的民族自豪感一直伴随着那一代中国人。

案例（三）

受访者：D女士，1929年生于重庆，曾在中共中央西南局工作，1955年调到北京，在中共中央办公厅秘书局工作，1958年后进入中学做行政干部，1988年退休。

> 受访者：现在国家档案局在丰盛胡同，那时曾山是局长。那时很注意培养工作，让人民大学历史系的老师给我们讲历史，档案系的老师给我们讲党的科学理论与实践。[①]

这位受访者曾经在国家档案局工作过，与那时的老同事一直都有联系，五十多年过去了，有些同事已经故去，但健在的人还经常聚会叙旧，五十年真诚的友情伴随她们一辈子。而笔者更要谈的是，在北京生活的人，很多都在国家机关工作，这是北京市民构成的一个有别于地方城市的特点。即，国家机关给北京市民和由外地调来的"新北京人"提供了很多就业岗位。这种在国家机关工作的人，是"国家干部"身份，要比工人和农民的社会地位高。只要不调动，岗位就是终身制的，一直工作到退休。这就是国家政治制度给一些人带来的好处，一进机关，相当于获得了"铁饭碗"。"国家干部"家庭要比一般的工人家庭条件好，干部家庭的子女受到的教育也更出色，所以普通的工人在国家干部面前，总觉得不如人家。这是政治对社会身份的界定，可见市民的家庭层次是有高低分别的。

---

① 梁景和主编《中国现当代社会文化访谈录》（第五辑），首都师范大学出版社，2016，第302页。

案例（四）

受访者：L先生，20世纪30年代生于湖南岳阳，大学学历，20世纪90年代来京，教师。

受访者：其实我是很敏感的，1957年没有公开（中苏矛盾），只有中央和苏联高层知道，我是凭一点看出来的。因为我们国家的玉门油田是第一个油田，苏联专家带领我们开采，这是好事嘛。可是苏联要分一半的油，这叫什么无私援助啊？我对这个问题有想法。无私援助还要我们的原油，你是冲我们的油来的。①

这位受访者是高才生，在20世纪50年代考上了某工业大学，当时北大也是要他的，可是某工业大学不收学费，他去了这所学校。他不幸在1957年被错划为"右派"，入党、提干都轮不上他。他本身学习的专业是飞机设计，而毕业后却被分配到学校教书。虽然被冤枉了二三十年，但是爱国热情一点没有减少，始终正直而客观地面对生活和工作。他机敏地看出了当时中苏两国之间存在的问题，即便说出来有危险，还是把这点看法说出来了。一说出来这话，就有破坏中苏友好之嫌，所以被错划为右派。明明知道说这种话会有危险，为什么他还要说出来呢？理由只有一个，那就是爱国之心。无论国家的政治如何混乱，但青年的爱国热忱不会变，希望国家越来越好的憧憬不会变。

案例（五）

受访者：Q先生，原为大兴县人，20世纪50年代来北京市内工作定居。

受访者：解放后，把文艺界都归在文化部领导，不等于说他们生活有保障了吗？给开工资。为什么国家分几级演员啊，就是这个道理。过去不一样，你去剧院唱，你得给剧院钱啊。②

---

① 梁景和主编《中国现当代社会文化访谈录》（第五辑），首都师范大学出版社，2016，第307页。

② 同上书，第327页。

　　这位受访者谈到了演艺人员在新中国成立前后地位的变化和收入保障。旧中国他们在剧场卖艺，甚至在天桥摆摊卖艺，收入不稳定，有的人生活可能朝不保夕。新中国成立后，他们有了单位，有了工资，生活稳定下来。表现了国家政治对于普通的卑微人群的扶助和关心。从这个意义上讲，政治的变革，确确实实改善了人们的生活。

　　　　采访者：您在那搞什么工作？

　　　　受访者：搞恒温的。那时候很多人不懂，搞的人也很少。科研机构，我们搞的是国家标准。过去有人讥笑共产党是"一个鸡蛋的家当"，穷啊，一切都得从头开始。建国不久朝鲜战争就打起来了，我们都努力奋斗，义务劳动。①

　　这位受访者讲到心甘情愿地为建设新中国而义务劳动，笔者曾经问过他，对于义务劳动有没有怨言，他说没有，因为看到国家有希望了，愿意奉献。当时虽然国家穷，但是没有人会介意。就是这种赤诚的爱国之情，才使得国家发展得越来越好。

　　　　受访者：那时候锅碗瓢盆都要票儿，解放初期，别说小商品没那么多，就连锅碗瓢盆都得订购。国家没那么多钢铁，还得打仗呢。②

　　这位受访者谈到国家的钢铁主要用于军事和国防建设，而普通居民的生活日用就被排在了后面。这说明当时国家政治思想是军事第一，民众次之。在当时的国家里，民众家庭连最基本的炊具都不能置办齐全，他们也知道是什么原因，但他们表示非常理解。在政治面前，在需求冲突面前，民众始终是把国家放在第一位。

　　　　采访者：那时候住的觉得窄吗？

　　　　受访者：困难时期，什么叫窄啊？那时候人的苛求没那么高，没有攀比，住两间的已经不错了，没有想着再宽敞点。国家给分房子，归我

---

① 梁景和主编《中国现当代社会文化访谈录》（第五辑），首都师范大学出版社，2016，第328页。
② 同上书，第329页。

自己了，有产权了。那时候工作也是分配的，要是能干就干，不能干就调动别的。①

这位受访者说国家给分房子，给分工作，意在说明当时福利待遇好，国家想着老百姓。有些人运气比较好，确实得到了国家给分配的房子和工作，但还有许多人，工作了一辈子，也没有分配到房子，一家人一直都租住在私人的房子中。

　　受访者：我们上学不用学费，是国家供的，自己拿点书本费，吃的也是国家管的。②

这位受访者在20世纪50年代上学不用交学费，连饮食费用都由国家来出，说明国家当时非常重视教育，在极为贫困的条件下，还为学生免除学费和餐费。教育是功在千秋之事，说明此时期的政治眼光长远，为国家的长期发展积蓄人才。而对于有大学生的家庭来说，无疑减除了巨大的负担。此外，当时小学和中学的学费都很低，而且国家在20世纪50年代开办了大批的扫盲班和识字班，对全国扫除文盲，提高人民文化素质起到了非常大的促进作用。

综上所述，从普通市民的言谈中，我们能感受到国家政治对于他们日常生活各个方面的影响。有不少影响是在那个时代独有的特色，如票证制度下的生活，吃饭、穿衣、日常用度，无不由国家控制。

政治对于家庭的影响，简而言之，可总结为三点。

（1）在我国，政治制约着经济水平，进而决定了家庭日常物质生活的水平。在20世纪五六十年代，我国经济刚刚起步，生产方面倾向发展重工业，与家庭生活息息相关的轻工业水平不高。农业产量也因为"大跃进"、人民公社运动等政策的影响呈现出起伏不定的状况，严重影响了家庭的生活质量。粮食方面，城市家庭因为有国家定量供给，即便在"三年自然灾害"时期，虽然供应量少之又少，但市民还是能吃上一点粮食。虽然浮肿病盛行，但绝大多数市民还是可以渡过难关。

（2）政府给市民家庭提供了教育、就业机会，提供了比较好的福利待

① 梁景和主编《中国现当代社会文化访谈录》（第五辑），首都师范大学出版社，2016，第329页。
② 同上书，第348页。

遇，给大部分职工分配住房，实行了较好的医疗政策。当时家庭付出的中小学教育费用非常少，几乎所有的市民家庭都可以负担得起。而当时大学教育费用则由政府负担，大学生只需要读好书，将来用自己的实际工作回报国家即可。新中国初期，国家兴起建设的热潮，使得多数市民都有了工作机会，他们所挣得的工资也成为家庭生活的主要来源。当时国家福利待遇比较好，许多单位给职工分配住房，这些住房多是国家或集体所有，职工只需要每月交几元或略多的房租即可享受住房，职工的住房负担是比较小的。当时医疗政策也比较好，许多单位都设有医疗室，职工看病拿药只需要个人付出二成或者更少的医药费用，职工家属也可以享受五成的医疗报销比例。

（3）市民心甘情愿为国家奉献自己的青春，不求回报。在国家不能满足个人需要甚至委屈了个人的时候，作为个体的市民不报怨，主动体谅国家的难处。那个年代的人在回忆往事的时候，多数会说自己这一生"对得起党和国家"，自己"为党和国家干了一辈子"，无怨无悔。为什么人们会对国家和政府抱有如此深的情感，原因一方面是政治动员很成功，令人们自愿付出自己的毕生心血；另一方面，这些人大多与新中国共同成长，他们是新中国的见证人和建设者，是他们的辛苦工作，才缔造了这个国家。所以这些人对国家的情感，是对自己青春岁月无悔付出的肯定。

政治在有形或无形中控制民众的日常物质生活的同时，还进一步渗透到人们的思想观念中。国家宣传方面有意而为之，1957年的《中国妇女》杂志刊登一篇文章，名为《让社会主义思想深入家庭》，其中写道："'五好'活动是一个长期的向家庭妇女进行政治思想教育的工作，它涉及人的思想的改变和移风易俗问题。"[1] 可见"五好"活动只是一个表面现象，从根本上说，是要通过实践"五好"活动来改变人的思想，改变社会风尚。在一个家庭中，特别是妇女地位较高的家庭，主妇具有决定性的影响力。如果家庭主妇拥护政府，那么她教育出来的孩子一般也会和她一样，她的丈夫基本上和她也是一个立场的，那么这个家庭在政治上就是稳定的。"由于社会主义改造的基本完成和社会主义建设事业的发展，已有数达一亿一千五百万的妇女参加了社会劳动。"[2] 如果这一亿一千五百万的家庭妇女的思想都拥护政府，

---

① 李宝光：《让社会主义思想深入家庭》，《中国妇女》1957年第5期。

② 同上。

那么这些妇女的丈夫和孩子会有几个不拥护呢？马克思主义认为家庭是社会的基本单位，如果每一个家庭都有稳定的政治思想，那么这个社会的政治当然也会稳定，政党的执政也会巩固。所以说，把政治渗透到家庭中，是政治思想最好的宣传方式之一。

在家庭与国家孰重要的问题上，从上述几个案例可以看出民众已经有了答案。国家也有明确的表示："不是把一个家庭的利益摆在整个社会的公共利益之上，而是要从促进整个社会事业进步的观点出发建立民主团结的家庭生活。"① 这是中国共产党的理论家胡绳说的，这句话代表了国家在处理家庭关系问题上的考虑。所谓的"整个社会"就是指国家，家庭不能摆在国家之上，而是要服从国家的利益。家庭事小，国家事大。胡绳还批判了美国国务卿杜勒斯的针对中国的言论："现在杜勒斯之流的帝国主义者又在叫嚣说，中国的人民公社是犯了'破坏家庭'的罪过。他们想使人相信，家庭是资本主义所全力卫护的，而'万恶'的共产主义却要加以破坏。"②

在那个时代，国家利益永远高于家庭利益。当时国家的钢铁产量少，在国家与家庭生活都需要钢铁的时候，钢铁供应首先要保证国防建设的需要，其次才能顾及居民的家庭生活。矛盾的化解，需要家庭牺牲自己的利益保证国家的需要。此外，在国家建设需要人才的时候，只要国家一声号召，个人就要抛家舍业，到"祖国需要的地方去"。在国家的宏大的建设目标中，个人与家庭的需要渺小到可以被忽略和被牺牲的地步。国家是强势的，个人与家庭是弱势的。

在笔者访谈中，没有遇到一位受访者抱怨个人利益的得失，没有一个人后悔当初付出的辛勤劳动。他们普遍觉得，为国家付出自己的青春是应该做的。有一位受访者在回首自己的青春岁月时，谈到了自己为了工作而多次调动的经历。她生于1929年，1950年7月在重庆国立女子师范学院毕业，参加革命，被分配到"中共中央西南局统战部，当小干部。刘伯承是我的部长，邓小平是书记"。然后她参加了西南区第三批土地改革，在达县专区万源县长坝乡二村待了半年（51年10月到52年4月），"打倒地主分田地，访贫问苦"。她于1953年入党。"54年高饶反党联盟，七届四中全会以后，各大区撤消了"，当时机关里的年轻人都准备考大学，她正在备考的过程中，

---

① 胡绳：《关于家庭——给朋友的一封信》，《中国妇女》1958年第18期。
② 同上。

领导找她谈话，要她调到中央搞档案工作。于是"我就调中共中央办公厅了，秘书局三处，搞档案工作。"后来 1958 年 2 月，"整风反右，要加强文教战线，我就要求到学校。我 1988 年 10 月退休，正好 30 年教龄。"这位受访者给笔者带来了巨大的感动。

受访者：D 女士，1929 年生于重庆，曾在中共中央西南局工作，1955 年调到北京，在中共中央办公厅秘书局工作，1958 年后进入中学做行政干部，1988 年退休。

> 采访者：您 82 了?! 看着可不像，真年轻啊，革命人永远是年轻啊！
>
> 受访者：对。（唱）革命人永远是年轻，它好比大松树冬夏常青。它不怕风吹雨打，它不怕天寒地冻。它不摇也不动，永远挺立在山巅……（眼含泪水，笑)①

她眼含热泪地唱完了那首《革命人永远是年轻》，诉说着自己大半生兢兢业业地工作。因为党组织的安排，她从祖国的西南方重庆调到了北京来工作。又因为国家需要加强文教战线上的工作，她主动要求由很多人羡慕的中共中央办公厅调到中学里去工作。大半生忠诚地为中国共产党和国家工作，没有要求党和国家对她有什么回报。而遇到涨工资之类的事情，她都主动让给了别人。

> 受访者：没考虑自己，遇到涨工资的事，都让出去了。所以我的工资在五十年代初是七等四级，78 块钱，还不错。到学校后，书记工资比我还低，在学校里，没调一次，都让给别人了。因为我作为一个党员，又是搞人事工作的，校长说要给我调，评委会说要给我调，我说不要。我原来是 19 级，到后来全调的时候，我才调，18 级。
>
> 采访者：大家都调是什么时候啊？
>
> 受访者：退休之前有一次普调，可能是 1986 年。
>
> 采访者：您挣了三十年的 78 块钱啊！
>
> 受访者：对。革命先烈抛头颅，洒热血，还没见过改革开放，我就

---

① 梁景和主编《中国现当代社会文化访谈录》（第五辑），首都师范大学出版社，2016，第298 页。

那么想。比较想得开，不去想那些乱七八糟，无聊的。我心胸还比较开阔，想得开。工作反正是问心无愧，认真干了就完了。①

这位受访者忠诚、无私、敬业的精神真正代表了从那个时代走过来的人的高尚情操。从一个角度来说，在国家面前，她是渺小的，她的工作和生活需要服从国家的安排。但从她个人的角度来说，她对国家抱着一种敬仰和热爱之情，不论国家强势与否，她都心甘情愿地付出自己大半生的心血为之工作。后人可以说是因为国家的政治思想工作做得到位，才可以令她无悔地付出。而我们更应该看到，这并不是问题的关键，她的辛勤工作，是出于自己对于国家和中国共产党的真挚热爱。

所以，在政治、国家与家庭、个人的互动关系中，一方面国家的利益要高于家庭与个人的利益，家庭和个人需要无条件地服从国家；另一方面，个人和家庭又真诚地热爱这个国家，不管国家贫困与富强，都会心甘情愿地为国家付出自己的心血。

历史具有鉴往知来的功能，家庭史的研究贴近生活，又间接反映了国家的政治和经济状况，所以笔者通过研习新中国初期的家庭史，总结出两点教训。

（1）国家在政治方面需要减压，即把权力放开，许多方面可以放手让社会自行调节。"上帝的归上帝，恺撒的归恺撒。"国家主要负责社会管理职能，政治不能过多地干预经济生活和居民的日常生活。票证时代，居民的衣食问题几乎都是由国家决定，间接导致了混乱的经济状况和分配制度，这造成了居民基本生活状态的低下。

（2）我国需要着重抓经济建设的问题。因为国家的经济状况决定了居民的家庭生活水平。20世纪五六十年代，国家的经济水平低，居民的物质生活条件比较差，而改革开放之后，随着国家经济状况的好转，居民的家庭生活质量有了大幅度的提高。当前的中国各地经济水平发展不均衡，各地区居民的家庭生活水平差距很大，所以要加强落后地区的经济建设，才能保证当地居民家庭生活质量的提高。

---

① 梁景和主编《中国现当代社会文化访谈录》（第五辑），首都师范大学出版社，2016，第300页。

参考文献

一 档案

《北京市户口统计月报（1949 年 8 月～12 月）》，档案号 133 - 010 - 00495，1949，北京市档案馆藏。

《对北京市有关市民福利的意见》，档案号 002 - 026 - 00028，1949，北京市档案馆藏。

《［第二区区公所第一科 1949 年］八、十、十二月份办理申请定婚、结婚、离婚情况统计表》，档案号 002 - 002 - 00090，1949，北京市西城区档案馆（北馆）藏。

《公安局户籍工作初步意见及户口统计月报》，档案号 002 - 026 - 00047，1950，北京市档案馆藏。

《北京市妇联 1950 年度、季度工作计划、总结报告、通知及女工工属工作和组织家庭劳动妇女的工作总结等》，档案号 084 - 002 - 00023，1950，北京市档案馆藏。

《［北京市第四区人民政府民政科 1951 年］离婚情况统计表》，档案号 004 - 002 - 00089，1951，北京市西城区档案馆（北馆）藏。

《［北京市西四区人民政府民政科 1952 年］结婚情况统计表》，档案号 004 - 002 - 00100，1952，北京市西城区档案馆（北馆）藏。

《普选运动户口调查工作报告、总结》，档案号 014 - 002 - 00073，1953，北京市档案馆藏。

《北京市民政局关于优待抚恤标准，贯彻婚姻运动工作、寺庙管理办法、规定、意见及华北行政委员会张苏副主席在划乡会议上的总结报告》，档案号 002 - 105 - 00108，1953，北京市海淀区档案馆藏。

《［西单区人民政府民政科 1953 年］春节拥军优属工作总结立功革命军

人家属名单和残废军人烈军属调查登记表》，档案号 002 - 001 - 00254，1953，北京市西城区档案馆（北馆）藏。

《［北京市西四区人民政府民政科1954年］全年离婚登记表及领销婚姻证书月报表》，档案号 004 - 002 - 00132，1954，北京市西城区档案馆（北馆）藏。

《［北京市西四区人民政府1954年］关于街道居民委员会统计及人口统计》，档案号 004 - 001 - 00105，1954，北京市西城区档案馆（北馆）藏。

《中华全国总工会政策研究室关于北京市私营商业调查资料（一、二、三、四、五、八、九）前门区五金、百货纸张批发商中心商店、家庭店调查部分》，档案号 039 - 001 - 00567，1955，北京市档案馆藏。

《烈军属、残废军人代耕及家庭情况统计表》，档案号 037 - 001 - 00092，1955，北京市档案馆藏。

《［西单区人民委员会节约粮食办公室1955年］关于居民、集体伙食单位粮食定量工作的计划和总结》，档案号 002 - 001 - 00511，1955，北京市西城区档案馆（北馆）藏。

《［北京市西四区人民委员会人事科1956年］关于干部工资待遇、技术人员、环境卫生、工人、国家机关工作人员、共同性工种的工资待遇标准和通知》，档案号：004 - 002 - 00061，1956，北京市西城区档案馆（北馆）藏。

《西城区清洁队关于居民污水池问题的调查报告》，档案号 055 - 002 - 00003，1956，北京市西城区档案馆（北馆）藏。

《北京市1957年职工家庭收支调查综合资料》，档案号 133 - 011 - 00279，1957，北京市档案馆藏。

《1957年北京市房地产管理局印发国务院关于国家机关工作人员退休、退职、公费医疗、婚、丧假等问题的暂行规定》，档案号 054 - 002 - 00017，1957，北京市西城区档案馆（北馆）藏。

《1957年北京市房地产管理局印发国务院关于国家机关工作人员退休、退职、公费医疗、婚、丧假等问题的暂行规定》，档案号 054 - 002 - 00017，1957，北京市西城区档案馆（北馆）藏。

《公安局1958年1至12月北京市户口统计月报》，档案号 002 - 010 - 00050，1958，北京市档案馆藏。

《北京市1958年职工家庭收支调查综合资料》，档案号 133 - 011 -

00280，1958，北京市档案馆藏。

《市人委关于加强保姆管理工作大力发展街道托儿站、幼儿班和家庭服务站指示、市人委办公厅关于各区人委星期一和假日办理结婚登记问题的函》，档案号002－021－00210，1958，北京市档案馆藏。

《［西城区人民委员会人事科1958年］市人事局、市人委关于任免国家工作人员及文教科干部工资等问题的通知》，档案号008－002－00150，1958，北京市西城区档案馆（北馆）藏。

《［西城区工业局人保科1958年］市有关局关于职工服兵役退伍；拥军优属；家属绝育手术费支出；临时工待遇；技校、干校学员助学金经费开支以及安全生产、打击刑事犯罪》，档案号011－005－00286，1958，北京市西城区档案馆（北馆）藏。

《西城区委1958年街道工作办公室关于福绥境、展览路街道党委发动群众开展街道居民炼钢运动的体会》，档案号007－007－00376，1958，北京市西城区档案馆（北馆）藏。

《北京市西城区商业局关于吸收街道妇女参加商业工作的几个问题的请示报告、街道居民参加生产劳动工作的情况汇报及街道妇女评薪转正的意见等材料》，档案号075－002－00069，1958，北京市西城区档案馆（北馆）藏。

《［西城区委街道办公室1958年］关于在街道居民中开展整风运动的计划、动员报告、存在的问题和下步意见等》，档案号007－001－00790，1958，北京市西城区档案馆（北馆）藏。

《西城区委1958年西城区街道居民整风办公室及有关单位关于在整风中答复居民意见的函件》，007－007－00375，1958，北京市西城区档案馆（北馆）藏。

《西城区委1959年西城区工业局党组关于工厂撤消、合并、分家及1958年进厂临时工福利问题的请示报告》，档案号007－006－00054，1959，北京市西城区档案馆（北馆）藏。

《动员临时户口还乡和整顿粮食当中的一些问题和一些典型调查材料》，档案号002－020－01023，1960，北京市档案馆藏。

《本局关于职工历年收入和家庭人口调查情况和调查报表》，档案号119－001－00525，1961，北京市档案馆藏。

《职工家庭收支调查综合资料》，档案号133－011－00286，1962，北京市档案馆藏。

《职工家庭收支调查综合资料》，档案号 133 – 011 – 00288，1962，北京市档案馆藏。

《职工家庭收支调查季度与全年分析资料》，档案号 133 – 011 – 00290，1962，北京市档案馆藏。

《职工家庭收支调查 1 – 3 季度与全年资料汇编》，档案号 133 – 011 – 00291，1962，北京市档案馆藏。

《国家统计局职工家庭生活调查方案》，档案号 133 – 001 – 00213，1962，北京市档案馆藏。

《劳动部、全总、本局、市总工会关于进行职工家庭生活情况调查的通知和调查报告》，档案号 110 – 001 – 01313，1962，北京市档案馆藏。

《本局 1963 年全局干部本人成份家庭出身情况调查统计表》，档案号 130 – 001 – 00509，1963，北京市档案馆藏。

《职工家庭收支调查综合资料》，档案号 133 – 011 – 00292，1963，北京市档案馆藏。

《典型农村人民公社社员户家庭收支调查年报表》，档案号 133 – 006 – 00442，1964，北京市档案馆藏。

《职工家庭基本情况调查表（国民经济八大部门及分单位资料）》，档案号 133 – 011 – 00297，1964，北京市档案馆藏。

《农村人民公社社员家庭付业调查报告》，档案号 134 – 001 – 00672，1964，北京市档案馆藏。

《市人民银行关于农村社员货币持有量、工业企业资金潜力、工业企业存款和调整工资后职工家庭收入和储蓄力变化情况的调查报告》，档案号 002 – 021 – 00415，1964，北京市档案馆藏。

《［西城区委员会组织部 1964 年］关于国家机关、党派、团体工作人员工资年报表和福利费收支情况年报表》，档案号 007 – 001 – 00447，1964，北京市西城区档案馆（北馆）藏。

《［西城区委员会组织部 1964 年］关于国家机关、党派、团体工作人员工资年报表和福利费收支情况年报表》，档案号 007 – 001 – 00447，1964，北京市西城区档案馆（北馆）藏。

《1964 年国务院批转国家房产管理局关于私有出租房屋社会主义改造问题的报告》，档案号 054 – 002 – 00162，1964，北京市西城区档案馆（北馆）藏。

《［西城区委办公室 1964 年］关于区服务公司当前工作任务以及二龙路地区居民住房紧张情况的调查报告》，档案号，007－002－00041，1964，北京市西城区档案馆（北馆）藏。

《［西城区工业局秘书室 1964 年～1965 年］西城区委关于公社工业工作报告及本局关于公社工业一九六五年基本情况和一九六六年工作安排、工业调整情况及接受家属工厂的报告》，档案号 011－004－00154，1964，北京市西城区档案馆（北馆）藏。

《［西城区人民委员会人事科 1965 年］市人事局关于动员外调职工留京家属迁出费用开支问题的座谈会纪要等》，档案号 008－002－00186，1965，北京市西城区档案馆（北馆）藏。

《1965 年北京市房管局关于居民车棚管理、订租问题，各单位零星交房接管工作，统管；楼房住宅租金，停止群众评议分配房等方面通知》，档案号 054－002－00187，1965，北京市西城区档案馆（北馆）藏。

《西城区煤建管理处转发区计量所、市煤建公司关于改变收费办法、收费标准、停止出售桃材通知动员居民贮存生活用煤请示报告五寸蜂煤保管汇报》，档案号 068－002－00057，1966，北京市西城区档案馆（北馆）藏。

二 资料汇编

《新中国成立初期北京市中小学教育史料选》，《北京档案史料》2004 年第 1 期，新华出版社，2004。

《新中国成立初期北京市实行免费医疗史料》，《北京档案史料》2007 年第 4 期，新华出版社，2007。

《1952 年北京市救济失业工人和贫民工人和贫民史料》，《北京档案史料》2007 年第 4 期，新华出版社，2007。

《二十世纪六七十年代北京市的商品供应》，《北京档案史料》2008 年第 1 期，新华出版社，2008。

《解放初期北京市改造连环画工作史料选》，《北京档案史料》2010 年第 4 期，新华出版社，2010。

《1959 年北京市女工劳动保护工作史料》，《北京档案史料》2010 年第 4 期，新华出版社，2010。

《1957 年北京市委市政府关于北京市人口政策及人口规模等问题文件一组》，《北京档案史料》2002 年第 4 期，新华出版社，2002。

北京市统计局、国家统计局北京调查总队编《北京市六十年》，中国统计出版社，2009。

李庆山主编《新中国百姓生活 60 年》，人民出版社，2009。

梁景和主编《中国现当代社会文化访谈录》第一辑、第二辑、第三辑、第四辑、第五辑，首都师范大学出版社，2010、2011、2013、2014、2016。

三　报刊

《人民日报》1949 年 10 月～1966 年 5 月。

《北京日报》1952 年 10 月～1966 年 5 月。

《北京晚报》1958 年 3 月～1966 年 5 月。

《中国妇女》（原名《新中国妇女》）1949 年 10 月～1966 年 5 月。

《北京妇女》1949 年 11 月～1952 年 3 月。

《人民画报》1950 年 7 月～1966 年 5 月。

四　方志

北京市地方志编纂委员会编《北京志·综合经济管理卷·劳动志》，北京出版社，1999。

北京市地方志编纂委员会《北京志·市政卷·房地产志》，北京出版社，2000。

北京市地方志编纂委员会编《北京志·市政卷·供水供热燃气志》，北京出版社，2003。

北京市地方志编纂委员会编《北京志·商业卷·副食品商业志》，北京出版社，2003。

北京市地方志编纂委员会编《北京志·卫生卷·卫生志》，北京出版社，2003。

北京市地方志编纂委员会编《北京志·综合卷·人口志》，北京出版社，2004。

北京市地方志编纂委员会编《北京志·商业卷·粮油商业志》，北京出版社，2004。

北京市地方志编纂委员会编《北京志·综合卷·人民生活志》，北京出版社，2004。

北京市地方志编纂委员会编《北京志·人民团体卷·妇女组织志》，北京出版社，2007。

五　著作

国内著作：

张国刚主编《中国家庭史》（第一卷－第五卷），广东人民出版社，2007。

张国刚编《家庭与社会》，清华大学出版社，2010。

张国刚主编《家庭史研究的新视野》，生活·读书·新知三联书店，2004。

祝瑞开主编《中国婚姻家庭史》，学林出版社，1999。

蒲慕州主编《生活与文化》，中国大百科全书出版社，2005。

潘允康主编《中国城市婚姻与家庭》，山东人民出版社，1987。

笑思：《家哲学：西方人的盲点》，商务印书馆，2010。

邓伟志：《近代中国家庭的变革》，上海人民出版社，1994。

邓伟志、徐榕：《家庭社会学》，中国社会科学出版社，2001。

邓伟志：《我的家庭观》，天津教育出版社，1998。

邓正来：《国家与社会：中国市民社会研究》，北京大学出版社，2008。

李胜渝：《建国初期西南地区婚姻家庭制度变革研究》，中国政法大学出版社，2011。

李小江、朱虹、董秀玉主编《批判与重建》（性别与中国第四辑），生活·读书·新知三联书店，2000。

梁景和：《近代中国陋俗文化嬗变研究》，首都师范大学出版社，2009。

梁景和：《五四时期社会文化嬗变研究》，人民出版社，2010。

梁景和主编《中国社会文化史的理论与实践》，社会科学文献出版社，2010。

梁景和主编《社会·文化与历史的思想交汇》第一辑、第二辑、第三辑，社会科学文献出版社，2011、2013、2015。

梁景和主编《社会生活探索》第一辑、第二辑、第三辑、第四辑、第五辑、第六辑、第七辑，首都师范大学出版社，2009、2010、2013、2013、

2014、2015、2016。

梁景和主编《婚姻·家庭·性别研究》第一辑、第二辑、第三辑、第四辑、第五辑，社会科学文献出版社，2011、2012、2013、2014、2016。

杨东平：《城市季风：北京和上海的文化精神》，新星出版社，2006。

严昌洪：《20世纪中国社会生活变迁史》，人民出版社，2007。

费孝通：《生育制度》，商务印书馆，1999。

行龙：《从社会史到区域社会史》，人民出版社，2008。

王军：《城记》，生活·读书·新知三联书店，2003。

吴建雍等著《北京城市生活史》，开明出版社，1997。

习五一：《北京的庙会民俗》，北京出版社，2000。

尹钧科：《北平和平解放》，北京出版社，2000。

袁熹：《近代北京的市民生活》，北京出版社，2000。

高巍等著《四合院：砖瓦建成的北京文化》，学苑出版社，2003。

李建盛：《北京文化六十年》，北京大学出版社，2010。

曹子西主编《北京通史》（第10卷），中国书店，1994。

尼跃红主编《北京胡同四合院类型学研究》，中国建筑工业出版社，2009。

张郎郎：《大雅宝旧事》，文汇出版社，2004。

侯仁之：《北京城的生命印记》，生活·读书·新知三联书店，2010。

定宜庄：《老北京人的口述历史》，中国社会科学出版社，2009。

宋卫忠：《民俗北京》，旅游教育出版社，2005。

邓云乡：《北京四合院》，人民日报出版社，1990。

赵园：《北京：城与人》，上海人民出版社，1991。

肖复兴：《北京人》，浙江人民出版社，1995。

刘心武：《刘心武侃北京》，上海文艺出版社，2000。

刘一达：《凭市临风》，中国社会出版社，1998。

刘一达：《皇天后土》，中国社会出版社，1998。

刘一达：《城根众生　皇都市井》，世界知识出版社，2000。

刘仰东：《北京孩子：六七十年代的集体自传》，中国青年出版社，2009。

靳飞：《北京记忆》，时事出版社，2001。

周汝昌：《北斗京华：北京生活五十年漫忆》，中华书局，2007。

史铁生：《我与地坛》，人民文学出版社，2001。

张中行：《步痕心影》，中国旅游出版社，2000。

邹仲之编《抚摸北京：当代作家笔下的北京》，生活·读书·新知三联书店，2005。

姜德明编《北京乎——现代作家笔下的北京》，生活·读书·新知三联书店，1992。

赵忠祥：《岁月情缘》，作家出版社，1999。

薛炎文、王同立主编《票证旧事》，百花文艺出版社，1999。

国外著作：

〔德〕恩格斯著；中共中央马克思恩格斯列宁斯大林著作编辑局译《家庭、私有制和国家的起源》，人民出版社，1999。

〔法〕安·比尔基埃等主编；袁树仁等译《家庭史》，生活·读书·新知三联书店，1998。

〔美〕加里·斯坦利·贝克尔著；王献生、王宇译《家庭论》，商务印书馆，2010。

〔加〕切尔著；彭铟旎译《家庭生活的社会学》，中华书局，2005。

〔美〕阎云翔著；龚小夏译《私人生活的变革：一个中国村庄里的爱情、家庭与亲密关系》，上海书店出版社，2006。

〔奥〕迈克尔·米特罗尔、雷因哈德·西德尔：赵世玲等译《欧洲家庭史：中世纪至今的父权制度到伙伴关系》，华夏出版社，1987。

〔日〕上野千鹤子著；吴咏梅译《近代家庭的形成和终结》，商务印书馆，2005。

〔英〕简·弗里德曼著；雷艳红译《女权主义》，吉林人民出版社，2007。

〔瑞典〕洛夫格伦、弗雷克曼著；赵丙祥等译《美好生活：中产阶级的生活史》，北京大学出版社，2011。

〔法〕西蒙娜·德·波伏娃著；陶铁柱译《第二性》，中国书籍出版社，1998。

〔英〕艾华著；施施译《中国的女性与性相——1949 年以来的性别话语》，江苏人民出版社，2008。

〔美〕威廉·J. 古德著；魏章玲译《家庭》，社会科学文献出版社，1986。

〔美〕林·亨特著；郑明萱、陈瑛译《法国大革命时期的家庭罗曼史》，商务印书馆，2008。

Neil J. Diamant: *Revolutionizing the Family: Politics, Love, and Divorce in Urban and Rural China*, 1949－1968, University of California Press.

六 论文

报刊论文

梁景和：《中国传统家族文化的特征》，《松辽学刊》1997 年第 4 期。

梁景和：《论清末的"家庭革命"》，《史学月刊》1994 年第 1 期。

梁景和：《民国初期"家庭改制"的理论形态》，《江海学刊》2002 年第
2 期。

梁景和：《论五四时期的家庭改制观》，《辽宁师范大学学报》1991 年第
4 期。

梁景和、王宇英：《"文革"时期家庭问题研究论纲》，《通化师范学院
学报》2007 年第 6 期。

梁景和：《关于社会文化史的几个问题》，《山西师范大学学报》2010 年
第 1 期。

王玉波：《中国家庭史研究刍议》，《历史研究》2000 年第 3 期。

左际平：《20 世纪 50 年代的妇女解放与男女平等：中国城市夫妻的经历
与感受》，《社会》2005 年第 1 期。

张允熠、颜士敏：《关于家庭史的交叉研究》，《社会学研究》1991 年第
6 期。

余华林：《近 20 年来中国近代家庭史研究评析》，《中州学刊》2005 年
第 2 期。

王利华、张分田：《思想、社会和家庭的历史互动——中国社会史研究
中心 2001 年学术年会综述》，《历史教学》2001 年第 7 期。

朱高林、郭学勤：《1949～1956 年中国城乡居民消费水平总体考察》，
《当代中国史研究》2011 年第 1 期。

张永健：《家庭与社会变迁——当代西方家庭史研究的新动向》，《社会
学研究》1993 年第 2 期。

刘维芳：《新中国妇女地位的历史巨变》，《当代中国史研究》2010 年第
5 期。

吴宏岐：《区域社会生活史的若干理论问题》，《陕西师范大学学报》
2006 年第 1 期。

常建华：《从社会生活到日常生活——中国社会史研究再出发》，《人民

日报》2011 年 3 月 31 日第 7 版。

李小尉、朱汉国：《近年来中国当代社会史研究综述》，《重庆社会科学》2011 年第 3 期。

李长莉：《交叉视角与史学范式——中国"社会文化史"的反思与展望》，《学术月刊》2010 年第 4 期。

韩晓莉：《从文化史到社会文化史——兼论文化人类学对社会文化史研究的影响》，《华东师范大学学报》2009 年第 1 期。

左玉河、李文平：《近年来中国近代社会文化史研究述评》，《教学与研究》2005 年第 3 期。

雷洁琼：《新中国建立以来婚姻家庭制度的变革》，《北京大学学报》1988 年第 3 期。

丁文：《建国五十年来的中国家庭巨变》，《学习与探索》1999 年第 6 期。

谢俊美：《五十年来中国大陆婚姻状况的嬗变》，《太原理工大学学报》（社会科学版）2005 年第 4 期，第 56 页。

沈峻：《五十年来婚姻家庭中妇女地位的变化和面临的挑战》，《天津师大学报》2000 年第 3 期，第 65 页。

杨奎松：《从供给制到职务等级工资制——新中国建立前后党政人员收入分配制度的演变》，《历史研究》2007 年第 4 期。

齐世荣：《谈小说的史料价值》，《首都师范大学学报》2010 年第 5 期。

谭烈飞：《解放后北京城市住宅的规划与建设》，《当代中国史研究》2002 年 11 月。

Shuzhuo Li, Marcus W. Feldman and Xiaoyi Jin, Marriage Form and Family Divisionin Three Villages in Rural China, *Pulation studies*, vol. 57, No1, 2003, pp. 95 – 108.

学位论文

王宇英：《"文革"时期家庭政治化问题研究》，博士学位论文，首都师范大学，2007。

李慧波：《新中国十七年（1949～1966）北京市婚姻文化嬗变研究》，博士学位论文，首都师范大学，2012。

朱云河：《北京产业工人生活研究（1956～1966)》，博士学位论文，北京师范大学，2012。

郑全红：《二十世纪上半期中国家庭变迁研究》，博士学位论文，南开大学，2003。

李飞龙：《社会变迁中的中国农村婚姻与家庭研究（1950～1985）》，博士学位论文，中共中央党校，2010。

李斌：《1950年代的塘村妇女：村庄研究中的阶级、性别与家庭结构》，博士学位论文，华东师范大学，2011。

王跃生：《1930～1990：华北农村婚姻家庭变动研究——立足于社会变革背景下冀南地区的考察》，博士学位论文，中国社会科学院研究生院，2002。

张志永：《建国初期河北省婚姻制度改革研究》，博士学位论文，复旦大学，2003。

李小尉：《1949～1956年北京社会救助研究》，博士学位论文，北京师范大学，2007。

余华林：《中国现代家庭文化嬗变研究》，硕士学位论文，首都师范大学，2002。

李静：《新中国家庭文化变迁》，硕士学位论文，首都师范大学，2005。

李二岺：《婚恋观转变与基层行政：以1953年北京贯彻婚姻法运动为中心》，硕士学位论文，首都师范大学，2009。

李兴锋：《新中国初期北京地区家庭关系与家庭教育研究》，硕士学位论文，首都师范大学，2009。

贾大正：《新中国初期北京地区婚姻文化嬗变研究》，硕士学位论文，首都师范大学，2009。

七 网络资料

王一翁：《北京曾经的粮店和粮票》，http：//blog. sina. com. cn/s/blog_6314cb0a0100zzxk. html。

王一翁：《两限房申购记》，http：//blog. sina. com. cn/s/blog_ 6314cb0a01015w86. html。

《消逝的粮店》，http：//news. qq. com/a/20091110/000731. htm。

锦达：《上世纪五、六十年代北京的公共汽车》，http：//blog. sina. com. cn/s/blog_ 53e218e00100yzv3. html。

《中国生活记忆之60年代（上）：物质短缺时期》，http：//history. news. 163. com/09/0828/18/5HQTLNA700011247_ 17. html。

上海电影译制厂：http：//baike. baidu. com/view/206959. htm。

《人民记忆五十年》：http：//blog. sina. com. cn/s/blog_ 5d8437c301015lui. html。

《黄苗子和郁风 艺术界内亦师亦友的"双子星"》，http：//hb. qq. com/ a/20130327/000659. htm。

《老北京的影剧院》，http：//news. 163. com/10/0307/14/6169V6C10001 46BB. html。

金汕：《五六十年代矿石收音机大行其道》，http：//blog. sina. com. cn/ s/blog_ 4eddf60c0102dwk0. html。

附　录

附录 1

高等学校和中等专业学校毕业生分配工作以后临时工资标准

（1956 年 8 月）

毕业生修业年限		工资标准										
		1	2	3	4	5	6	7	8	9	10	11
高等学校	研究部毕业的	58	59.5	61.5	63.0	65.0	66.5	68.5	70.0	72.0	73.5	75.5
	大学院、校修业五年上毕业的	52	53.5	55.0	56.5	58.0	60.0	61.5	63.0	64.5	66.0	67.5
	大学院、校修业四年毕业的	49	50.5	52.0	53.5	55.0	56.5	58.0	59.5	61.0	62.0	63.5
	大学院、校及专科学校修业三年以上不满四年毕业的	44	45.5	46.5	48.0	49.5	50.5	52.0	53.0	54.5	56.0	57.0
	专科学校及大学附设之专修科修业二年以上不满三年毕业的	40	41.5	42.5	43.5	45.0	46.0	47.0	48.5	49.5	51.0	52.0
中等专业学校 高级	修业四年毕业的	35	36.0	37.0	38.0	39.0	40.5	41.5	42.5	43.5	44.5	45.5
	修业三年以上不满四年毕业的	32	33.0	34.0	35.0	36.0	37.0	38.0	38.5	39.5	40.5	41.5
	修业二年以上不满三年毕业的	30	31.0	32.0	32.5	33.5	34.5	35.5	36.5	37.0	38.0	39.0

续表

毕业生修业年限		工资标准										
		1	2	3	4	5	6	7	8	9	10	11
中等专业学校	初级 修业四年毕业的	27	28.5	28.5	29.5	30.0	31.0	32.0	32.5	33.5	34.5	35.0
	修业三年以上不满四年毕业的	25	26.0	26.5	27.5	28.0	29.0	29.5	30.5	31.0	32.0	32.5
	修业二年以上不满三年毕业的	23	23.5	24.5	25.0	26.0	26.5	27.0	28.0	28.5	29.0	30.0

备考：表列工资标准共分为十一种，除根据各地区物价、生活水平，规定各地区分别执行某一种工资标准以外，对少数物价过高的地区另加生活费补贴。各地区适用工资标准种类和生活费补贴比率，详见各地区适用工资标准种类和费补贴表。①

附录2

国家机关工作人员工资标准表（四）之一

级别	工资标准											职务名称	
	1	2	3	4	5	6	7	8	9	10	11		
1	290	298.5	307.5	316	325	333.5	342	351	359	368.5	377	总工程师、副总工程师	
2	250	257.5	265	272.5	280	287.5	295	302.5	310	317.5	325		
3	215	221.5	228	234.5	241	247.5	253.5	260	266.5	273	279.5		
4	185	190.5	196	201.5	207	213	218.5	224	229.5	235	240.5		
5	159	164	168	173.5	178	183	187.5	192.5	197	202	206.5	工程师	
6	137	141	145	149.5	153.5	157.5	161.5	166	170	174	178		
7	118	121.5	125	128.5	132	135.5	139	143	146.5	150	153.5		
8	102	105	108	111	114	117.5	120.5	123.5	126.5	129.5	132.5		
9	89	91.5	94.5	97	99.5	102.5	105	107.5	110.5	113	115.5		

① 北京市西城区档案馆（北馆）藏《［北京市西四区人民委员会人事科1956年］关于干部工资待遇、技术人员、环境卫生、工人、国家机关工作人员、共同性工种的工资待遇标准和通知》，档案号004－002－00061，1956。

级别	工资标准											职务名称
	1	2	3	4	5	6	7	8	9	10	11	
10	77	79.5	81.5	84	86	88.5	91	93	95.5	98	100	技术员
11	65	67	69	71	73	75	76.5	78.5	80.5	82.5	84.5	
12	54	55.5	57	59	60.5	62	63.5	65.5	67	68.5	70	
13	48	49.5	51	52.5	54	55	56.5	58	59.5	61	62.5	
14	42	43.5	44.5	46	47	48.5	49.5	51	52	53.5	54.5	助理技术员
15	37	38	39	40.5	41.5	42.5	43.5	45	46	47	48	
16	32	33	34	35	36	37	38	38.5	39.5	40.5	41.5	
17	27	28	28.5	29.5	30	31	32	32.5	33.5	34.5	35	练习生
18	24	24.5	25.5	26	27	27.5	28.5	29	30	30.5	31	

附注

1. 本表适用于：钢铁、煤矿、机械生产的有色金属、地质、火工、航空等工业。

2. 表列工资标准共分十一种，除根据各地区物价、生活水平、规定各地区分别执行某一种工资标准以外，对少数物价过高的地区另加生活费补贴。各地区适用工资标准种类和生活费补贴比率，详见各地区适用工资标准种类和生活费补贴表。

3. 本表系把原来按照技术能力评定工资的办法，改变为按照技术人员的职务评定工资的办法，每一职务分为几个工资级别。评定技术人员工资时，同样适用于根据现任职务结合德才并适当照顾资历的原则。

4. 表上未列的职务，可以比照表列的相当职务的级别评定。

5. 高等学校毕业生做技术工作时的，工作满六个月后，正式评定工资级别时，一般的是：修业四年或五年的，可以定为十二级；专修科毕业的，可以定为十三级。中专学校毕业生，工作满六个月后，一般的可按照助理技术员评定。①

---

① 北京市西城区档案馆（北馆）藏《［北京市西四区人民委员会人事科 1956 年］关于干部工资待遇、技术人员、环境卫生、工人、国家机关工作人员、共同性工种的工资待遇标准和通知》，档案号 004－002－00061，1956。

后　记

本书是在我博士学位论文的基础上修订而成。

在京城与恩师梁景和先生结师生之缘，实属三生有幸。恩师学识渊博、思维敏锐，气质儒雅、待人亲切，每一次与恩师交谈，总有如沐春风之感。恩师喜欢提携后学，为学生们创造了极好的学术氛围。我多次参加恩师举办的各种学术会议和学术沙龙，有机会亲耳聆听各方学者的高论，着实增长了见识。恩师还主编或撰写了中国近现代社会文化史方面的多种书籍，为传承历史文化做着孜孜不倦的努力，令人感佩至深。

在本书的准备和写作过程中，恩师在史料的搜集整理、指导思想、写作要点等几个方面都给予了悉心的教导，使我不断地突破障碍，取得进步。恩师在学术上颇具慧眼，指导学生开展中国现当代社会文化的访谈工作。当本书完成之时，自己感觉从事访谈是收获很大的一项工作，不仅开阔了史料的收集范围，更深化了我对社会文化的感知程度。遗憾的是，自己所做的访谈工作远远不够，有些愧对恩师的教诲。

首都师范大学中国近现代史专业的其他三位导师也给了我很多的帮助。魏光奇教授学识渊博，洞察力强，经过魏老师点拨，找到好的研究角度，使我豁然开朗。迟云飞教授宅心仁厚、亲切可敬、温文尔雅，心里永远关心着学生的学业和生活。史桂芳教授是四位导师中唯一的女性导师，她端庄大气、美丽优雅，是现代知识女性的典范。史老师作为一位老北京人，她从自己的生活经历出发，对本书提出具体的建议，不断地深化着我对研究对象的认识。

在本书进行过程中，余华林师兄、李俊领师兄、李慧波师姐、黄巍师姐等对我的帮助非常大，他们年纪轻轻就展现出超强的学术研究能力，并且已经出版了不少优秀学术作品。他们治学扎实、不浮躁、不随波逐流，兢兢业业地从事着自己钟爱的学术研究工作。在本书写作过程中，几位师兄师姐在资料搜集、全书框架结构讨论等方面对我的帮助很多，在此表示衷心的感谢。

　　在这里，我还要感谢北京市档案馆、西城区档案馆、首都师范大学图书馆、国家图书馆等单位为我查阅相关资料提供了各种便利条件。谢谢你们！

姜　虹

2017 年 1 月于北京

图书在版编目（CIP）数据

北京市民家庭生活研究：1949－1966／姜虹著. --
北京：社会科学文献出版社，2018.8
（中国近现代社会文化史论丛）
ISBN 978－7－5201－3040－0

Ⅰ.①北…　Ⅱ.①姜…　Ⅲ.①市民－家庭生活－研究
－北京－1949－1966　Ⅳ.①D669.3

中国版本图书馆 CIP 数据核字（2018）第 155435 号

·中国近现代社会文化史论丛·
北京市民家庭生活研究（1949－1966）

著　　者／姜　虹

出 版 人／谢寿光
项目统筹／宋月华　吴　超
责任编辑／刘　丹

出　　版／社会科学文献出版社·人文分社（010）59367215
　　　　　地址：北京市北三环中路甲 29 号院华龙大厦　邮编：100029
　　　　　网址：www. ssap. com. cn
发　　行／市场营销中心（010）59367081　59367018
印　　装／三河市尚艺印装有限公司

规　　格／开　本：787mm × 1092mm　1/16
　　　　　印　张：18　字　数：313 千字
版　　次／2018 年 8 月第 1 版　2018 年 8 月第 1 次印刷
书　　号／ISBN 978－7－5201－3040－0
定　　价／99.00 元

本书如有印装质量问题，请与读者服务中心（010－59367028）联系